先延ばしで
後悔しないための
新しい経済学

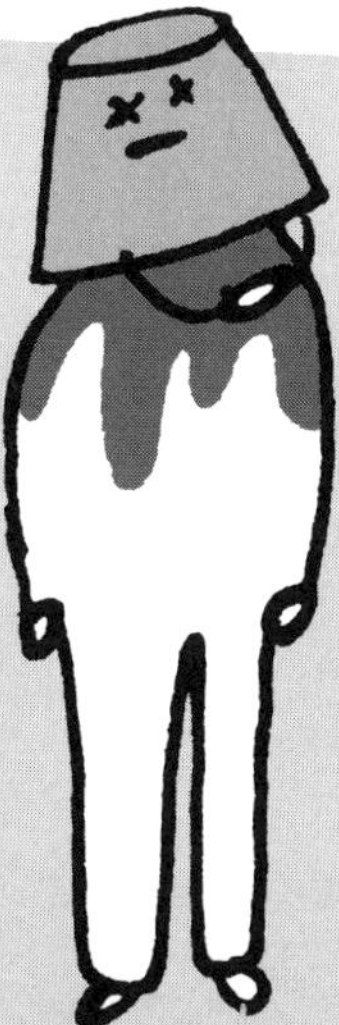

自滅する選択

IKEDA Shinsuke
池田新介

東洋経済新報社

はじめに

つい食べ過ぎてしまったり、仕事を先延ばしにして締め切り間近にあわてたり、喫煙やギャンブルの習慣からいつまでも抜けられなかったり……。だれにでもあるこうした経験は、よく考えると腑に落ちません。長期的な視点からは自分の利益にならないからです。本書の目的は、そうした不利益をもたらす「自滅する選択」のメカニズムを解き明かし、改善策と対応策を考えることにあります。

もし私たちが、うまく統合された単一の意思決定マシーンであれば、自分の幸せや利益を最大にするような最適な選択を迷いなく行うはずですが、実際はそうなってはいません。私たちには、短期にウエイトを置く自分と長期にウエイトをおく自分という2つの顔があり、選択はそのつらい葛藤の下で行われると考えられます。「仕事を先延ばしにして遊びたい自分」と「先に仕事をすませたい自分」、「好きなものを好きなだけ食べたい自分」と「健康でスマートな自分を作りたい自分」、「愉快に太く短く生きたい自分」と「平凡でもつつがない人生を全うしたい自分」、という具合です。日常は、いまを考える自分と明日を考える自分の葛藤の連続だといえるでしょう。

この本では、最新の経済学、とりわけ心理学の影響を強く受けた行動経済学の知見にもとづいて、こうしたジキル博士とハイド氏の分裂症的な意思決定のメカニズムを説き明かし、それが具体的にどのような自滅的な選択や行動を私たちにとらせるのかを明らかにしていきます。そのなかで重要なキーワードとなるのが、双曲割引とよばれる意思決定上のバイアスです。数学的な表現で難しい印象を与えてしまいますが、要は、いつも目先の利益が遠い先の利益よりも大きく見えてしまう傾向のことです。ここで「いつも」「目先の」と断っているのがミソです。1年後のことであれば、辛抱強い厳しい選択ができていても、1年経ってそれが「目先の」選択になるとにわかに堪え性のない衝動的な選択になってしまいます。その結果、前もって立派な長期計画を立てていても、そのときどきの短期的な自分によってそれは緩い計画に書き換えられ、自滅的な行動が実行されていきます。

そうしたやっかいな傾向が私たちに備わっているとすれば、どのように「さき」の自分をコントロールし、「明日」や「十年後」の利益を確保していくのか、という「自制」(セルフコントロール)の問題が重要になります。この自制という言葉が本書のもう1つのキーワードです。自分をコントロールするという意味のこのコンセプトは、本来統一した意思主体が前提であれば意味をなさない当たり前の概念ですが、双曲割引で表される主体——これを本書では「双曲的な」人とよびますが——の場合には、実質的な意味をもってきます。自制の問題を考えその対応策を見いだしていくことは、私たちが自分の選択や行動を改善して生活の質を高めるうえで重要であることはもちろんですが、家族から社会全体を含む、広い意味での社会の仕組みやあり様を設計していくうえでも大きなヒントを提供してくれます。

自滅と自制の問題をみなさんに考えていただくために、本書を書くにあたってとくに3つの点に腐心しました。第一に、現在から将来にかかわる選択や行動のメカニズムをできるだけ理論的に理屈付けて説明しています。私たちが従来の経済学が考えてきたような単純な最適化のマシーンでないことは確かですが、かといってまったくのデタラメな選択をしているわけではありません。選択の背後には理屈で説明できるような――これを「合理的な」といいますが――何らかのメカニズムが働いていると考えられます。双曲割引などの選択上のバイアスの下で、どのような選択が行われるのかをできるだけ日常の言葉で理屈づけ、記述することを心がけました。経済学では通常数学的なツールを用いて厳密な論理展開を行います。本書のベースにも、そのような数学的分析があるのですが、説明にあたってはそれを表に出さずに日常の言葉使いで直感に訴える記述に努めました。

第二に、できるだけ多様なデータを示すことで、選択バイアスと自滅選択の関係を実証的に浮き彫りにしたつもりです。国全体のマクロの傾向を示すために政府などが公開する統計データを用いる一方で、個人の選択傾向を示すためにいくつかのミクロデータを利用しています。大阪大学COEプログラムと大阪大学グローバルCOEプログラムの一環として行われた全国規模のアンケート調査と、私自身が2010年に行ったインターネット調査『時間とリスクに関する選好調査』（文部科学省科研費補助金基盤研究（B）課題番号21330046による）です。私たちにどのような選択上のバイアスがあり、それが実際に過剰債務やギャンブル習慣のような具体的な自滅選択とどのように関連しているのかが、これらのデータを直接掲載し、またはそれを用いた研究結果を引用することで、客観的に示されます。

目先を優先させる双曲割引という選択バイアスが、肥満や過食、借金、仕事の先延ばしのような不摂生や無節制（放縦）をもたらすことはわかりやすいのですが、双曲割引という自制問題をはっきりと自覚する人の場合、将来のルーズな自分を悲観するあまり、逆に将来の自分の行動を過度に封じ込めたり、教条的な節制を続けたりする可能性があります。本書の3つめの特徴として、双曲割引の影響が自覚される場合に、その同じ選択バイアスが、拒食、吝嗇（けち）、仕事の前倒し、といった過度の節制につながる可能性があることをいくつかの形で説明しています。

現在と将来の意思決定を行う上での選択バイアスに焦点を当てた一級の読み物がすでに海外で出版され、そのすばらしい翻訳が日本でも広く読まれています。一つは、イスラエルの精神分析医で経済学者であるジョージ・エインズリーによる『誘惑される意志』であり、今ひとつは米国のリチャード・セイラーとキャス・サスティーンによる『実践行動経済学』です。行動経済学のリーダーたちの深い洞察に基づいたこれらの成書があるなかで、多少とも本書を出版する意味があるとすれば、右の3つの特徴によるのではないかと僭越ながら期待する次第です。

＊＊＊

本書の構成は以下のとおりです。まず第1章で、私たちの身辺にある自滅選択を思い出すことから始めて、そのメカニズムを説き明かすポイントを簡単に説明します。この章は、簡単に全体を総括しているので、ここをお読みいただけば全体の議論の流れがわかる仕組みになっています。第2章は、時間を通じた選択に際して私たちがもっているさまざまなバイアスについて説明しています。必ずしも本書の中心テーマである自滅選択と結びつくわけではありませんが、行動経済学の知見の数々が整理されているので、一読すればその成果を一通り学習することができるでしょう。第3章で、本書のキーワードである双曲割引とは何かについて、心理学や脳科学からの知見を紹介しながら詳しく見ていきます。第4章では、双曲割引という自分の中の葛藤の問題を自覚しているかどうかで、私たちの行動がどのように変わってくるかを考えていきます。第5章では、消費行動、借金、肥満、ギャンブル・喫煙習慣を例にとり、双曲割引という選択バイアスの有無と、それを自覚しているかいないかの違いで、自滅的な行動をとる傾向が実際にどのように変わってくるかを実証的に明らかにしていきます。第6章では、どのように選択を改善し、社会制度を設計していけばよいかという問題について考えています。

一般読者を念頭において本書は書かれていますが、大学や社会人研修での教科書や教材として利用することも可能でしょう。狭い意味での自滅選択だけに関心のある読者は、第2章をとばして読み進んでいただいても結構です。経済学（行動経済学）や研修の教材として使う場合には、第1章、第2章、第5章、および第6章が有用でしょう。第4章は、多少理論的な色合いが強くなっているので、もっぱら現象面に関心を持たれる読者はここをスキップするか、章末のまとめだけをお読みいただくだけでも全体の理解を損なうことにはなりません。逆に理論的な部分に興味のある人は、第4章をお読み下さい。本文を構成するにあたって参照した文献は極力、章末注の形で引用するように心がけました。これは専門的な慣習にしたがったものなので、一般読者の方は無視していただいて結構です。

＊＊＊

本書は、直接ではないにせよ、何らかの形で、これまでに新聞や雑誌に寄稿した一般向けの文章や、一般向けの講演がベースになっています。関連する寄稿文については、巻末の参照文献にリストしています。関連する講演は、たとえば、キャリアデザイン講演「人はなぜ後悔するのか？——宿題を後回しにするあなたへ」（高知県立高知追手前高校、２００９年）、日経健康セミナー21「どうして食べることはやめられない？──肥満とやせの経済学」（大阪市中央公会堂、２０１０年）、石川県税理士協同組合年次総会講演「自滅する選択──自制する知恵」（ホテル金沢、２０１１年）などです。合計すると１０００人を越える方々にご参加いただいたこれらの講演では、さまざまな年齢と背景の方からご自身の問題に即したご意見や感想を頂戴しました。そうした中で、自滅選択という問題の日常性と普遍性、およびそれに対する関心の高さを肌で感じることができ、それが本書を書くうえでの強い動機となっています。貴重な機会を頂きました関係者のみなさまにはお礼申し上げる次第です。

本書を執筆するにあたっては、大阪大学の同僚、共同研究者の方々、資産価格研究会のメンバー、行動経済学会でお付き合いいただいている方々など、多数の人に直接・間接の形でお世話になりました。草稿の段階で、大垣昌夫氏、小野善康氏、加藤英明氏、康明逸氏、言美伊知朗氏、田中沙織氏、筒井義郎氏、堀敬一氏、二神孝一氏から貴重なコメントを数多く頂戴しました。とりわけ小野氏からは、本書の執筆を含めて、研究活動全般への取り組みについて不断の励ましと勇気づけをいただきました。田中氏からは脳科学の専門的なお立場から数々のご指摘を頂戴しました。また本書の着想から執筆にいたる段階で、アンケート調査を含めた大阪大学ＣＯＥプログラムと大阪大学グローバルＣＯＥプログラムの活動から頂戴した恩恵は計り知れないものがあります。各プログラムの代表者である筒井義郎氏と大竹文雄氏に深謝する次第です。またこのお二人に加えて康明逸氏と晝間文彦氏からは、本書のテーマと深く関わる共同研究を通じて非常に多くのことを学ぶことができました。

大阪大学大学院の小島健氏は、リサーチ・アシスタントとしての義務をはるかに超える注意深さで草稿を読んでいただき、大小の誤解と誤りを指摘し訂正してくれました。小島香代子さんにはわかりやすいイラストを描いていただきました。また、本書で引用した文献には、大阪大学大学院の授業で議論したものが数多く含まれています。その意味では、これまで授業に参加された生藤昌子氏、大木一慶氏、数見拓朗氏、張琳氏、中川雅央氏、盛本晶子氏、山田克宣氏との議論に負う部分も少なくありません。右藤恵子さん、後藤理佐さん、中西貴美子さんには表現のチェックと校正をお願いしました。もちろんこうしたご協力にもかかわらず、何らかの誤りが残っているとすれば、すべて筆者自身に帰することをここに明記しておきたいと思います。

もともと本書の企画は、筒井義郎氏から東洋経済新報社の矢作知子氏をご紹介いただいたことに始まります。当初、時間割引全般をテーマにして書き始めましたが、そのテーマがあまりにも漠然として広かったために、テーマを絞り込んで新たに本書の形に書き直すという遠回りをしました。その間、さまざまな形で双曲的な特性を示した私に辛抱強くお付き合いいただいた同社の伊東桃子氏と矢作知子氏にお礼申し上げる次第です。

大学時代の恩師、故天野明弘先生には、経済学のもつ可能性と社会を見る暖かな眼差しの大切さを教えていただきました。その教えをどの程度本書に生かすことができたかは些か心もとないところです。

最後に私事で恐縮ですが、亡父吉輝、母栄子、そしてこれまで研究生活を支えてくれた妻惠子に本書を捧げたいと思います。

2012年3月　研究室にて

池田　新介

自滅する選択――先延ばしで後悔しないための新しい経済学　目次

第2章 せっかちさは変わる――時間割引の行動経済学 37

第3章 不本意な選択のメカニズム——双曲割引 71

第4章

分裂する自己の自制問題
──先延ばし・前倒し・コミットメント

第5章 借金・肥満・ギャンブルに見る自滅選択

第6章 自制する知恵と手立て 221

ギリシャ文字の読み方

小文字	大文字	読み方	小文字	大文字	読み方
α	A	アルファ	ν	N	ニュー
β	B	ベータ	ξ	Ξ	クシー
γ	Γ	ガンマ	o	O	オミクロン
δ	Δ	デルタ	π	Π	パイ
ε	E	エプシロン	ρ	P	ロー
ζ	Z	ゼータ	σ	Σ	シグマ
η	H	イータ	τ	T	タウ
θ	Θ	シータ	υ	Υ	ユプシロン
ι	I	イオータ	φ, ϕ	Φ	ファイ
κ	K	カッパ	χ	X	カイ
λ	Λ	ラムダ	ψ	Ψ	プサイ
μ	M	ミュー	ω	Ω	オメガ

装丁　米谷　豪
装画　浅妻健司

第1章

なぜ太っている人は借金をするのか？
——自滅する選択のなぞ

自滅する選択とは何か？

損をする選択

貯蓄の不足、多重債務やカード破産、肥満などの生活習慣病、タバコや薬物、ギャンブルへの依存。こういった現代社会を特徴づける病理的な問題は、構成員である私たち自身の意思決定や選択にかかわっています。借金を重ねてモノを買う、食べ過ぎる、不健康な生活を送る、タバコを吸う、電車賃までギャンブルに注ぎ込む。これらは確かに私たち自身の意思決定や選択に基づいているのですが、のちのちのことを考えると自分自身に決してよい結果にならない行動です。

極端な例でなくとも、たとえば、翌朝早いのがわかっていても、ずるずる夜更かしをしたり深酒をしたりする、仕事の締め切りが迫っているのに、どうでもよい仕事から取りかかってしまう、というような締まりのない日常の行動もまた自分の利益を損なう選択です。

もちろん私たちは、自身の行動がときとして衝動的で自傷的な性格を持つことにずっと昔から気づいていています。ギリシャ哲学では、道徳的に抑制しなければならない誘惑に負けてしまう意志薄弱さを「アクラシア（akrasia）」という言葉で表しています。道徳上の問題に限らず、長期的には悪い結果にしかつながらないひとときの快楽に対して、私たちがどれだけこらえ性がなく、いかに幸福ではなく不幸を選んできたか、それは古くから芸術や映画の格好のテーマになるほど私たちがよく知っている問題です。

自分で選んでいるのに自分の利益に反してしまう矛盾した行動のことを、少し大げさですがここでは「自滅する選択」とよびます。

なぜ私たちは自滅するような選択をしてしまうのでしょうか。どうすればそれを回避できるのでしょうか。こうした問題について考えることは、私たち自身の選択や行動を改善するために必要であるのはもちろんですが、社会の仕組みを望ましい形に作りかえるうえでも重要です。

経済学や行動経済学の知見を取り入れながら、自滅する選択のメカニズムと対処法を考えるのが本書のテーマです。

太っている人ほど強い負債傾向――相関する自滅選択

さまざまな違った行動を、「自滅する選択」という統一的な視点から理解しようというのが本書です。そのスタンスがあながち的外れでないことは、これまでに挙げたさまざまな自滅選択の間に多くの場合無視できない相関が見られることからわかります。Aという自滅選択をする人は、Bという別の自滅行動を取る傾向も強いという事実です。

たとえば、肥満と借金です。この章のタイトルにあるように、肥満の人はそうでない人よりも強い負債傾向を示します。図1−1は、2005年に大阪大学が行った全国規模のアンケート調査の結果をもとに、住宅ローン以外の負債を持っている回答者と持っていない回答者で肥満者の比率を比べたものです。男女とも、負債者グループの方が高い肥満率を示しているのがわかります。これらの差は統計的にも誤差の範囲を越えた大きなものです。同様の傾向は、肥満と低貯蓄との関係でも観察できます。第5章で示しますが、先進国のマクロデータを調べてみると、貯蓄率の低い国ほど高い肥満者比率を示す傾向がはっきりと観察されます。

自滅選択間の相関は、喫煙やギャンブルの習慣についても見られます。図1−2は、2010年に行ったインターネット調査の結果から、喫煙習慣を持つ人と持たない人の間で、ギャンブル習慣者や負債者、肥満者の割合がどのように違うかを比べています。喫煙者の方が、より高い確率でギャンブル習慣を持ち、負債を保有していることがわかります。喫煙と肥満の相関は、ギャンブルや負債の場合ほど強くはありませんが、男性について、やはり正の相関が読み取れます。これらはみな有意な相関です。

図1-1　負債者は肥満傾向（%）

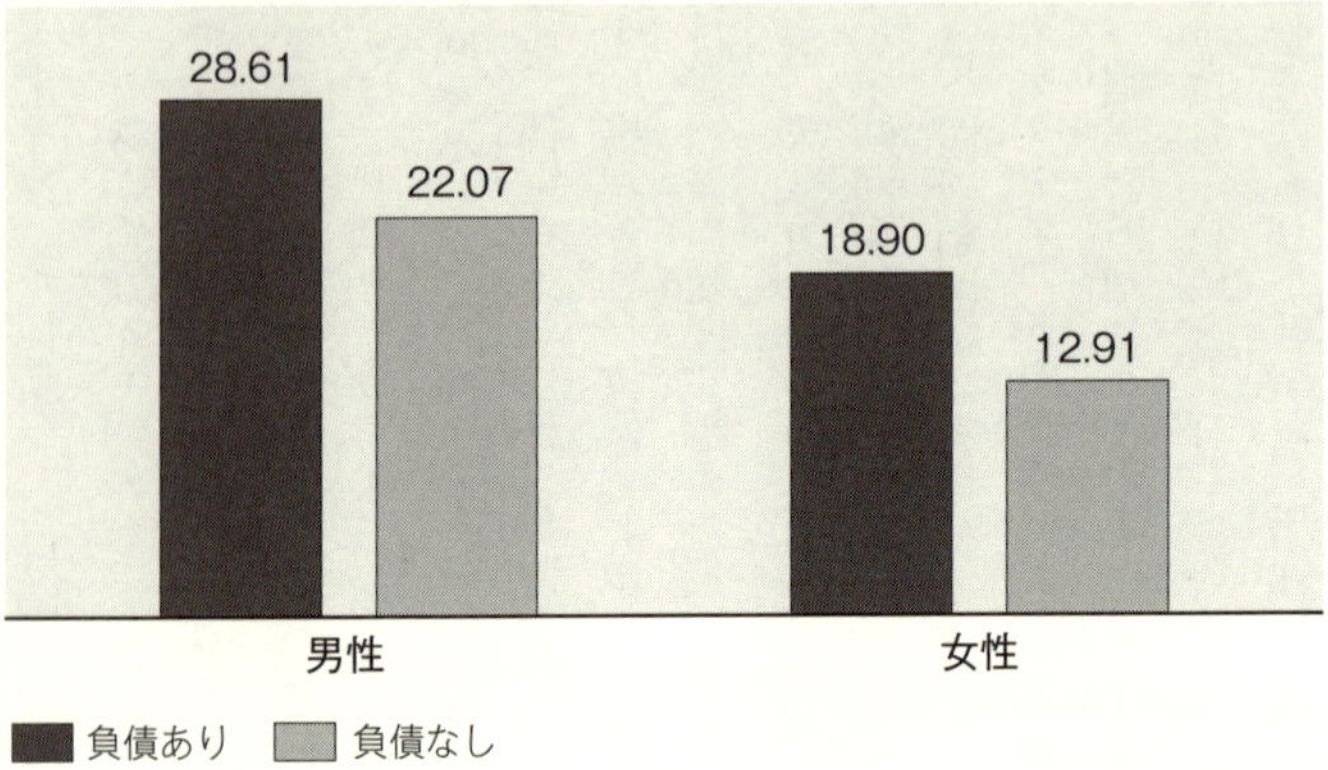

注）2005年大阪大学アンケート調査『くらしの好みと満足度についてのアンケート』より筆者作成。サンプル数2870。

喫煙行動と肥満傾向の間の相関があまり強くないのは、喫煙が直接的に体重を減らす効果を持つためと考えられます。とりわけ体重を抑制する効果をねらってタバコを吸うケースが多い女性の場合に、喫煙と肥満傾向に目立った相関が見られないのはこのためでしょう。さらにいえば、喫煙は明確に体重を減らす方向に働くにもかかわらず、喫煙者グループの肥満率が非喫煙者グループのそれよりも低くならないのは、背後にそれを打ち消して正の相関をもたらすようなメカニズムが働いていることを示唆しています。

自滅選択の間に見られる以上のような相関関係は、直接的な因果関係を示しているとはもちろん考えられません。借金をするから肥満になるとか、タバコを吸うとギャンブルにはまりやすくなると解釈するのはとんでもない誤りでしょう。本書では、さまざまな自滅選択はその背後に選択上のバイアスが共通して働くために相関性を持ってくるものと考えます。

図1-2　喫煙習慣の有無と他の自滅選択の相関（%）

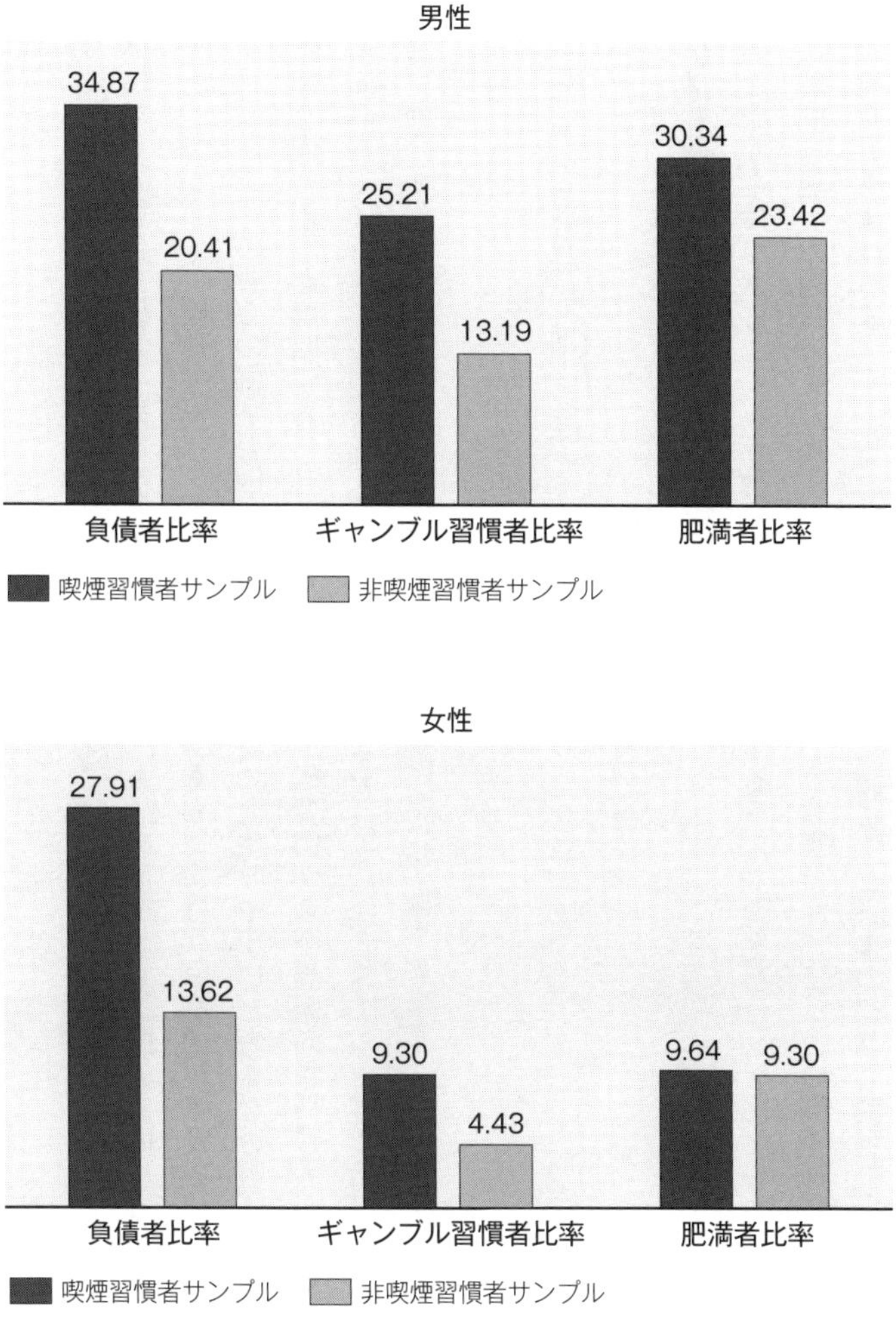

注）インターネット調査『時間とリスクに関する選好調査』2010年。サンプル数2386。

本節の最初に「自滅する選択」を統一的な視点から理解するといいましたが、それはこうしたことを意味しています。

もちろん、ここに挙げたような選択や行動には、それぞれ固有の決定要因があるでしょう。たとえば、負債は多くの場合、病気や失業が原因となります。双子の研究から、肥満傾向には遺伝要因が数十%かかわっています。[1] 喫煙やギャンブルの習慣を持つかどうかは、家庭環境や友人にも大きく左右されます。しかし、これらの個別要因が1人の人に同時に発生しやすいと考えない限り、個別要因で自滅選択相互間の相関を説明することはできません。遺伝要因から肥満傾向を持つ人が同じ遺伝要因から負債傾向やギャンブル傾向を強く持つとは到底考えられないでしょう。自滅選択の間の相関は、その背後に何らかの共通した要因が働いていることを私たちに想像させます。

現在と将来を秤にかける

現在か将来か？――時間を通じた選択

自滅的な側面を持つさまざまな行動を統一的に理解するうえで大きなヒントになるのは、それらが本質的に時間を通じた選択でしか起こらない現象だという事実です。ここで時間を通じた選択――異時点間の選択ともよばれますが――とは、現在の利益（満足）と将来の利益（満足）を秤にかけてどちらかを選ぶという選択です。異時点間の選択を理解することは、自滅する選択のメカニズムを知るうえで大変重要ですので、少し具体的に説明しましょう。

たとえば、「(A) 今日のリンゴ1つ」と「(B) 明日のリンゴ2つ」のどちらを選ぶか、という問題は、現在の満足（(A)）と将来の満足（(B)）のどちらを取るかを決める典型的な異時点間選択の問題です（リンゴが嫌いな人は、(A) 今日の1万円か (B) 10年後の2万円かで考えてください）。すぐにリンゴが食べたい人は、明日まで待てば1個余分にもらえる利益を捨てて (A) を選びますし、我慢できる人は明日の2個 (B) を選びます。このように「今日」という現在と「明日」という未来の2時点の利益を比較するのが異時点間選択です。

この例は、中国の古典『列子』に出てくる「朝三暮四」の故事を思い出させます。狙公という人が自分の飼っているサルに、朝に3個、夕方に4個のどんぐりを与えようとしたところ、サルたちが不満を訴えたので、朝4個、夕方に3個にしたら納得したという話です。そもそもこの話は、目先の違いにとらわれてごまかされてしまう愚を戒めるために用いられますが、実はサルの立場から言えば、朝四暮三と朝三暮四は同じではなく、どちらを選ぶかというのは重大な異時点間の選択問題になっています（コラムA参照）。

朝四暮三か朝三暮四かという問題は、仮に朝4個のどんぐりをもらった場合に、その中から1つを夕方のために「貯蓄」するかどうかという問題に置き換えてみれば、それが消費か貯蓄かの選択問題と実は同じであることがわかるはずです。そもそも月々の所得のうちどれだけを今月の消費に充て、どれだけを貯蓄に回すかという問題は、もっとも身近な異時点間選択の1つです。貯蓄を将来の消費と考えれば、消費と貯蓄の割合を決めるという選択は、限られた所得で現在の満足と将来の満足をどのような割合で購入するかという、時間を通じた意思決定そのものなのです。

同じ経済的な選択でいえば、定年までの賃金スケジュールとしてどのようなものを選ぶか、たとえば、年齢とともに賃金が上がっていく年功賃金がよいのか、それとも上がらなくてよいので若い頃から能力に応じた高い賃金が欲しいのか、というのも異時点間の選択です。「将来」を取る人は年功賃金を、「現在」を取る人は能力給を選ぶはずです。省エネ型の高価なエアコンを買って将来の光熱費を節約するのか、省エネ機能では劣るが安価なエアコンを買うのかという選択も、結局は「現在か将来か」の時間を通じた選択です。最近、ガソリン車よりも値段の高いハイブリッド車の普及率が飛躍的に上昇しているのは、現在少々高い価格を負担しても将来の燃費を節約したいという異時点間選択の結果と考えられます。

仕事をどのタイミングでこなすかという問題も異時点間選択です。わかりやすいのは、夏休みの宿題のように期限のある仕事です。夏休みという決められた期間の中で、宿題のような面倒な仕事（マイナスの満足）をどのタイミングで負担するかという問題は、結局は「現在か将来か」の選択です。夏休みの宿題の場合には、多くの場合、レジャーの選択とセットになっていて、結局は、前半で遊んで後半で苦しむのか、前半で頑張って後半で遊ぶのかという、「朝三暮四」や「消費か貯蓄か」と同じ異時点間選択の構造を持っています。

すぐにはわかりにくいかもしれませんが、健康にかかわる選択もまた異時点間選択の特徴を備えています。選択とその結果の間に時間的なずれがあるからです。たとえば、何をどれだけ食べるかという選択です。「食べたいけれど、太るから食べない」という選択は、「（将来）太るから、（いま）食べない」という異時点間の選択です。「（将来の）体質を改善するために、（いま）野菜を摂る」や、「（将来の）健康のために、（いま）歩く」も同じです。

タバコを何本吸うか、というのも異時点間選択です。タバコの価格という現時点のコスト以外にも、健康への悪影響という将来のコストを考えながら吸うからです。「吸いすぎているので、きょうはこれ以上吸わない」という決定や、逆に「将来肺癌になっても、この一服は止められない」という選択は、現在と将来を秤にかけた異時点間の選択です。

さらにタバコの場合、ニコチン中毒という要素が入ります。今日の一服が明日以降の喫煙のうまみを増加させるという側面です。将来「クセになる」ことを織り込んで現在の消費を行うとすれば、そこに異時点間選択の要素が生じるわけです。同じ理由で、ギャンブルや飲酒、ドラッグなどにかかわる選択などは、すべて異時点間の選択として捉えることができます。

さて、自滅する選択に話を戻しましょう。自滅する選択は、自分で選んだにもかかわらず後になって自分を傷つける矛盾した行動なので、時間を通じた選択だけに起きる現象です。自滅選択が本質的に異時点間選択だというのはこの意味においてです。たとえば、過食という現在の選択は、現時点で満足感や活力という利益を与えてくれますが、その一方で肥満という形で将来の不利益をもたらします。今日過剰に消費することは、将来返済のために消費を減らさなければならないことを意味しています。喫煙はひとときの安らぎを与えてくれる代わりに数年後の不健康をもたらします。今夜夜更かしをすると明朝起床がつらくなります。自滅する選択は、このように現時点の利益か将来時点の利益かを決定する異時点間の選択の場合だけに生じる自傷的行動だといえます。

同時点の選択と比較してみればよくわかります。たとえば、（1）リンゴ1つ、と（2）リンゴ2つ、のどちらを選ぶかと問われれば、どの人も多いの方の（2）を選びます。ところがこれに時間の要素を加えて、（A）今日のリンゴ1つ、と（B）明日のリンゴ2つ、のどちらを選ぶかと問えば、平気で（A）の「リンゴ1つ」を選ぶ人が出てきます。2つのリンゴという大きな利益を犠牲にして、1つのリンゴという小さな利益を選ぶようなことが起きてくるわけです。

同じように、健康か不健康かと問われれば健康を取りますが、今日の快楽か5年後の健康かと尋ねられると、5年後の健康を捨ててまで今日の快楽になびく人が出てきます。このように、同時点の選択で選ばれるはずのない小さい方の利益が選ばれるようなことが異時点間の選択では生じ、それが自滅する選択につながっていくことになります。

ただ、ここで「つながっていく」と述べていることに注意してください。本書では自滅選択のメカニズムを選択の時間的な構造の中で説明したいのですが、次に説明するように、明日の大きな利益を捨てて今日の小さな利益を選ぶことは、とりあえずはその人の現在指向性という好みの問題であって、直ちに不合理な自滅選択というわけではないからです。自滅選択の具体的なメカニズムを考えるために、まず現在指向性という好みの問題についてよく考えておく必要があります。

現在指向性がポイント——時間割引率で考える

時間を通じた選択は、選択する人が将来よりも現在にどの程度ウエイトを置いているのか、言い換えれば、どの程度現在指向的か、どれだけせっかちか、ということに大きく依存します。将来のことにウエイトを置いて生活設計をする人は、きょうのリンゴ1つよりも1年後の2つのリンゴを選ぶでしょうし、現在に重きを置く人は、今日の1つのリンゴに大きな満足を感じるはずです。逆にいえば、その人が持っている現在指向性の程度がわかれば、ある程度異時点間選択にかかわるその人の行動が予想できるはずです。

こうした観点から、人々の現在指向性の程度、つまり、せっかちさの程度を捉えるために経済学が考案したのが「時間割引率」という概念です。時間割引率は、将来の満足を評価するときに現在の満足に比べてどの程度割り引いて考えるかを表す割合として定義されます。言い換えれば、将来よりも現在にどれだけウエイトを置いて行動するかというその強さの度合いを表すのが時間割引率です。時間割引率の高い人は、将来よりも現在の満足に高いウエイトを置いて行動する「せっかちな」人であり、それが低い人は、将来の満足のために現在の満足を我慢する「忍耐強い」人と考えられます。

通常、時間割引率は一定額の金銭の受け取りを将来に延期するときに要求する金利として測られます。たとえば、今日受け取る予定の1万円があったとして、その受け取りを1年待ってほしいと頼まれたときに、あなたはいくらの金利を要求するでしょうか。簡単にいえば、そのときに要求する金利こそがあなたの時間割引率です（コラムB参照）。こうして測られた時間割引率が10％の人は、5％の人よりも5ポイントだけ余分に金利がもらえなければ受け取りを待てないという意味でせっかちな人であり、逆に5％の人は低い報酬でも待てる忍耐強い人だと考えられます。時間割引率がせっかちさや現在指向性の尺度だというのはこのような意味においてです。

時間割引率は、せっかちさ（現在指向性）を表す好みのパラメーターとして、異時点間の選択やそれに関連した行動を大きく左右すると考えられます。先のリンゴの選択でいえば、時間割引率が高い人ほど、1年後の2つのリンゴをあきらめてもいまの1つを選ぶ傾向があり、それが低い人ほど、いまを辛抱して1年後の2つをとるでしょう。

同じように、高い時間割引率の人ほど、将来より現在を優先させるので、高い消費性向（低い貯蓄性向）と高い負債傾向を示すはずです。影響は経済的な意思決定に限らず、すべての異時点間選択に及びます。時間割引率が高い人ほど、将来の健康や美しい体型よりも、現在美味しいものを食べて食欲が満たされる方を優先させ、結果として高い肥満度を示すことが予想されます。タバコやギャンブルのような習慣性を持つ財やサービスの消費についても、高い時間割引率を持つ人ほど、長期の損失を顧みずそういった消費習慣を身につける傾向があると予想されます。健康を害する違法な薬物や社会規範に反したセックスに対する依存も同様でしょう。

実際に、実証的な研究が進むにつれて、時間割引率の高低が自滅的な選択を含めてさまざまな異時点間選択に影響することが確かめられています。たとえば、2005年にわたしたち大阪大学のグループが行ったアンケート調査では、時間割引率で測られるせっかちさの程度が平均から標準偏差1つ分上昇すると、負債者である確率は8・5ポイント、肥満者である確率は3・7ポイント上昇し、喫煙本数は1日当たり0・39本増える結果となっています(2)。

ただ、先にも断ったように、時間割引率が高く、現在指向性が高いからといって、そのことが直ちに自滅的な選択を人にとらせるわけではないことに注意してください。時間割引率は、あくまでもその人が将来よりも現在にどれだけウエイトを置くかという、いわば「好み」を表すパラメーターなのです。時間割引率が高いことは、リンゴよりもバナナを好むように、現在の満足を将来の満足よりも強く好むことを意味するだけで、そのこと自体はとりあえず自滅選択という非合理性の問題と切り離して考えることができます。これから順を追って説明していくように、自滅選択という非合理的な行動は、この時間割引率が一定に定まらずに変なクセを持つことから生じてきます。そのクセが、長期的な視点から立てた傾向を実行に移そうとする直前になって、私たちにその場限りの矛盾した行動をとらせることになります。

銀行員の割引では割り切れない現実

そもそも時間割引という考え方は、古くは19世紀から国富の分布と成長のメカニズムを探る中で人々の貯蓄性向を決める心理要因として議論されてきたものですが、実証技術とデータの制約から、かなり最近まで「指数割引」という割引モデルを前提にした抽象的な議論に終始していました。

指数割引については第3章で詳しく説明しますが、要するに、T年後の価値、たとえば10年後の1万円を現在の価値に換算するのに、一定の割引率、たとえば10％を使って、$1/(1+0.1)^{10}$という値を1万円に掛け合わせる方法です。この分数は1より小さい（いまの場合、0・386）ので、それを掛け合わせることで10年後の1万円を「割り引いて」現在の価値に換算しているわけです。これを指数割引とよぶのは、割り引くために掛け合わせる分数$1/(1+0.1)^T$が、価値発生までの時間の長さT——これを「遅れ」といいますが——の指数関数で表されているからです。分母の$(1+0.1)^T$は、金利が年率で10％のときに、1円を複利運用した場合のT年後の元利合計を表していることに注意して

図1-3　指数割引とは

●時間割引率が年率10%の場合の、1年後の10,000円の現在価値

$$\frac{1}{1+0.1} \times 10{,}000 = 9{,}090\text{円}$$

●時間割引率が年率10%の場合の、10年後の10,000円の現在価値

$$\frac{1}{(1+0.1)^{10}} \times 10{,}000 = 3{,}860\text{円}$$

$$\frac{1}{(1+0.1)^{10}} = 0.386$$

●時間割引率が年率10%の場合の、T年後の10,000円の現在価値

$$\frac{1}{(1+0.1)^{T}} \times 10{,}000$$

T年後の10,000円の現在価値は、それを金利10%で複利運用したときにT年後に10,000円の元利合計になる額。

T年後の10,000円を割り引くために掛け合わせる分数がTの指数関数で表されるので、指数割引という。

ください。指数割引は、複利計算によって元利合計を計算する手続きを逆に使って現在価値を求める、いわば銀行員が用いる割引方法です（図1-3参照）。

一定の割引率（先の例では10％）で将来の価値を割り引くこの銀行員方式は、後で見るように、さまざまなタイミングで生じてくる価値を現在の価値に換算し、つじつまが合う長期の計画を立てていくうえで大変有用な割引方法です。

経済学の分野では、各時点で得られるだろう効用を指数割引によって現在価値に直し、その総和を最大にするように人々が行動すると考えてきました。これを「割引効用モデル」といいます。割引効用モデルは、第2回ノーベル経済学賞受賞者であるポール・サミュエルソンが1937年に弱冠22歳のときに発表した7ページの小論文に端を発します

が、いくつかの曲折を経てその後の経済動学理論の標準モデルになっていきます。とりわけ1960年前後から現在に至るまで構築されてきた壮麗で精緻な経済成長理論や貯蓄理論は、指数割引と「割引効用モデル」というパラダイムの中で打ち立てられた経済動学理論の金字塔の1つといってもよいでしょう。[3]

ところが、心理学や認知科学の影響を受けて1970年代から行動経済学の研究が徐々に進むにつれて、単純な指数割引は実際にはうまく妥当せず、現実の人々の異時点間選択を説明しないことがわかってきました。とくに、各個人が固有に持っているとされてきた時間割引率が、実は選択の条件によってさまざまに変わることが経済実験やアンケートで観察されています。もちろんその変わり方がランダムで、平均すればゼロになるようなものであれば問題ないのですが、選択対象の価値の大きさや、価値が発生するまでの時間的な長さといった選択の条件によって、ある規則性を持って時間割引率に偏りが生じるのです。その偏りは、単純な指数割引では説明できないさまざまなバイアスを異時点間選択に与えることになります。以下で具体的に見ていきますが、時間割引率に観察される一連のそうしたバイアスは、割引効用モデルでは説明できない「変な現象」（アノマリー（anomaly））という意味で、「割引効用アノマリー」とか「異時点間選択アノマリー」などとよばれています。[4]

たとえば、時間割引率には選択対象の価値が小さいほど高くなる傾向があります。私たちが2005年に行ったアンケートでも、1万円の受け取りについては年率で6・7％の時間割引率が観察されたのに対して、100万円の場合には1・16％に過ぎません。価値の大きさ（マグニチュード）によって時間割引率が変わってくるこうしたアノマリーは、マグニチュード効果とよばれます。マグニチュード効果は、たとえば少額の借入れに際して非常に高い金利を呑んでしまう、カードローンや消費者金融の現場で見られる傾向を説明します。

また時間割引率で測られるせっかちさの程度は、利益や受け取りといった満足を待つ場合よりも、損失や支払いという不満足を待つ場合の方が小さくなります。損失（不満足）を待つ場合の時間割引率というと少しわかりにくいかもしれませんが、簡単にいえば、損失を被るタイミングを遅らせるのに、何％まで余分な損失（金利）を負担してよいかを表す大きさです。先の2005年の調査でも、1年後の100万円の受け取りを割り引く際に用いる時間割引率が平均で1・16％であったのに対し、同額の支払いを割り引く場合には、平均0・22％に過ぎませんでした。支払いや損失は、その発生が将来であるからといって、受け取りや利益のように大きく割り引くことをせず、あたかも現在のダメージのように重大に評価するわけです。こうした傾向は、選択対象の価値がプラスであるか、マイナスであるかによって時間割引率が変わるという意味で符号効果とよばれます。符号効果は、損失を回避したいという私たちの性向と関連していて、借金や過食のように将来の苦痛や損失になるような選択を回避させます。逆にいえば、符号効果を示さない人は、将来の支払いをさほど顧みることなく借金をしたり、肥満をものともせず美食や過食を選んだりすることになります。

割引効用アノマリーについては、その考えられる原因と実際の選択への影響を第2章と第3章で詳しく見ていきますが、その中でも本書のテーマである自滅選択を理解するうえでとりわけ重要になるのが、次に説明する双曲割引という割引効用アノマリーです。

双曲割引――目先にとらわれてブレる

動物のように目先にとらわれる

時間割引率に観察されるもっともやっかいな性質は、直近の選択ほど適用される時間割引率が高くなり、将来より現在の利益に大きなウエイトが置かれてしまう傾向です。

たとえば、2005年に行ったアンケート調査で、90日後に予定されている1万円の受け取りをさらに1週間延期してほしいと頼まれた場合にいくらの金利を要求するかを尋ねたところ、平均で年率47・4％（利息にして約91円）という答えが返ってきました。これに対して、2日後の1万円を同じく1週間延期する場合には、平均で52・8％（利息約101円）の金利が要求されています[5]。

このように近い将来の異時点間選択に用いられる時間割引率が、遠い将来の選択に適用される時間割引率よりも高くなる傾向を、双曲割引とか現在バイアスといいます。先ほども説明したように指数割引の場合は、T年先の利益を割り引くために掛け合わせる分数が、時間的距離（遅れ）Tの指数関数として表されましたが、双曲割引ではこの分数が遅れTの双曲関数（たとえば、$1/(1+\alpha T)$のようにTが分母にくる関数の形）として表されます。

もともとこの性質は、ハーバード大学の心理学者リチャード・ハーンスタインが、ハトを用いた実験から、彼らの目先にとらわれた行動を、報酬の価値とそれを得るまでの時間の間に成立するマッチ

図1-4　双曲割引とは

質問1　90日後に予定されている10,000円の受け取りをさらに1週間延期してほしいと頼まれた場合に、いくらの金利を要求しますか？

回答（平均）　年率47.4%、利息にして約91円。

質問2　2日後に予定されている10,000円の受け取りをさらに1週間延期してほしいと頼まれた場合に、いくらの金利を要求しますか？

回答（平均）　年率52.8%、利息にして約101円。

↓

双曲割引、現在バイアス
＝近い将来の異時点間選択に用いられる時間割引率が、
遠い将来の選択に用いられる時間割引率よりも高くなる傾向のこと。

T年先の利益を割り引くために掛け合わせる分数が $\frac{1}{1+\alpha T}$ のようなTが分母にくる形——双曲関数——で表される。

ング法則という反比例式にまとめたのが最初です。[6] 割引効用モデルを前提とする標準的な経済学では、人は銀行員が行う方法で指数的に将来の満足を割り引くと考えるのに対し、放っておけばいわば動物がするように目先の利益にとらわれて近い将来を大きく割り引いてしまうというのが双曲割引であり現在バイアスです。

直近の選択ほど時間割引率が高くなるという性質が、なぜ双曲関数という数学的なモデルで表現できるのかということについては第3章で説明しますが、いまの段階では重要ではありません。重要なことは、次に述べるように、それが自分の利益と矛盾するような自滅的な後回しや先送りの原因になるという点です。

自滅的な後回しや先送り

双曲割引が私たちの行動に及ぼすもっとも重大な影響は、双曲割引の下では、時間が経つにつれて、選択に適用される忍耐強さが弱くなる結果、長期的観点から以前に計画していたことに矛盾を生じてそれが実行できなくなってしまう点です。

双曲割引の下では、先に紹介したアンケートに見られるように、1万円の受け取りについて3ヵ月先のことであれば91円もらえば1週間待てると答えた同じ回答者が、2日前になると101円もらえないと待てなくなるようなことが生じます。遠い将来なら忍耐強い選択ができても、目先のことになるとそれができなくなるわけです。

このことは私たちの行動に深刻な影響を与えます。周到に立てたはずの計画であっても、時間が経って実行に移す直前になると時間割引率が跳ね上がって我慢がきかなくなり、長期的視点に立って積み上げていこうとする面倒な計画は後回しにされ、小さくともすぐに得られる満足が前倒しにされてしまうからです。ダイエットや禁煙で多くの人が経験しているように、たとえば明日から減量しようと決意しても、当日になれば目先の誘惑に負けてダイエットを延期する。このように当初決めていた実行のタイミングを後に回す「後回し」、「先延ばし」は双曲割引がもたらす典型的な行動パターンです。同じように、現時点でしなければならない判断や決裁を先に延ばす「先送り」行動も双曲割引の下で見られる自滅行動の一形態です。

後回しや先送りの傾向は、貯蓄の計画をなし崩しにして消費を優先させる行動を私たちにとらせます。実際に、双曲的な人——双曲割引の傾向を持つ人をそのようによびます——ほど、過小貯蓄や過剰消費の傾向を強く示すことが最近になって実証的にわかってきています。

たとえば、2004年に一般社会人63人を集めて行った経済実験で、双曲割引を示したグループと示さなかったグループで負債者の比率を比べたところ、それぞれ16・7%と7・5%と双曲的な被験者の方が有意に高い負債者比率が示されています。[7] インターネットを使った2010年のアンケート調査（回答者2389）では、双曲的な人はそうでない人よりも、負債保有者となる確率は3・8ポイント高く、クレジットカードで借金をする確率も3・1ポイント高くなると推定されています。[8] この調査のサンプル全体の負債者比率は20・2%、カード負債の保有者の割合は8・6%なので、相対的に考えれば双曲割引のこうした効果はかなり大きいといえます。双曲割引がカード負債を増長する傾向は、カード社会であるアメリカではもっと明確に推定されていて、たとえば、カード負債を保有する確率が双曲割引によって16ポイントも上昇するという報告もあります。[9]

双曲割引の影響はしたがって多重債務問題を考えるうえでも重要な意味を持ってきます。たとえば、大阪大学と早稲田大学のグループ（代表者筒井義郎）が消費者金融の利用経験者を含む2853人を対象にインターネット・アンケートを行ったところ、消費者金融の利用経験者、とくに債務整理の経験のある回答者が、消費者金融の利用経験のない回答者よりもはるかに高い双曲性を示しています。[10]

健康や人的資産にかかわる消費と蓄積にも双曲割引は影を落とします。私たちのアンケート調査では、学生時代に休み中の宿題を行うのをどの程度後回しにしたかを尋ねることでも回答者の双曲性の程度を測っています。回答者を双曲性の強弱で2つのグループに分け、負債保有、肥満度、および飲酒など将来の不利益につながる習慣財（タバコ、ギャンブル、酒）の消費習慣がどう違ってくるかを

図1−5　後回し（双曲）傾向と自滅選択

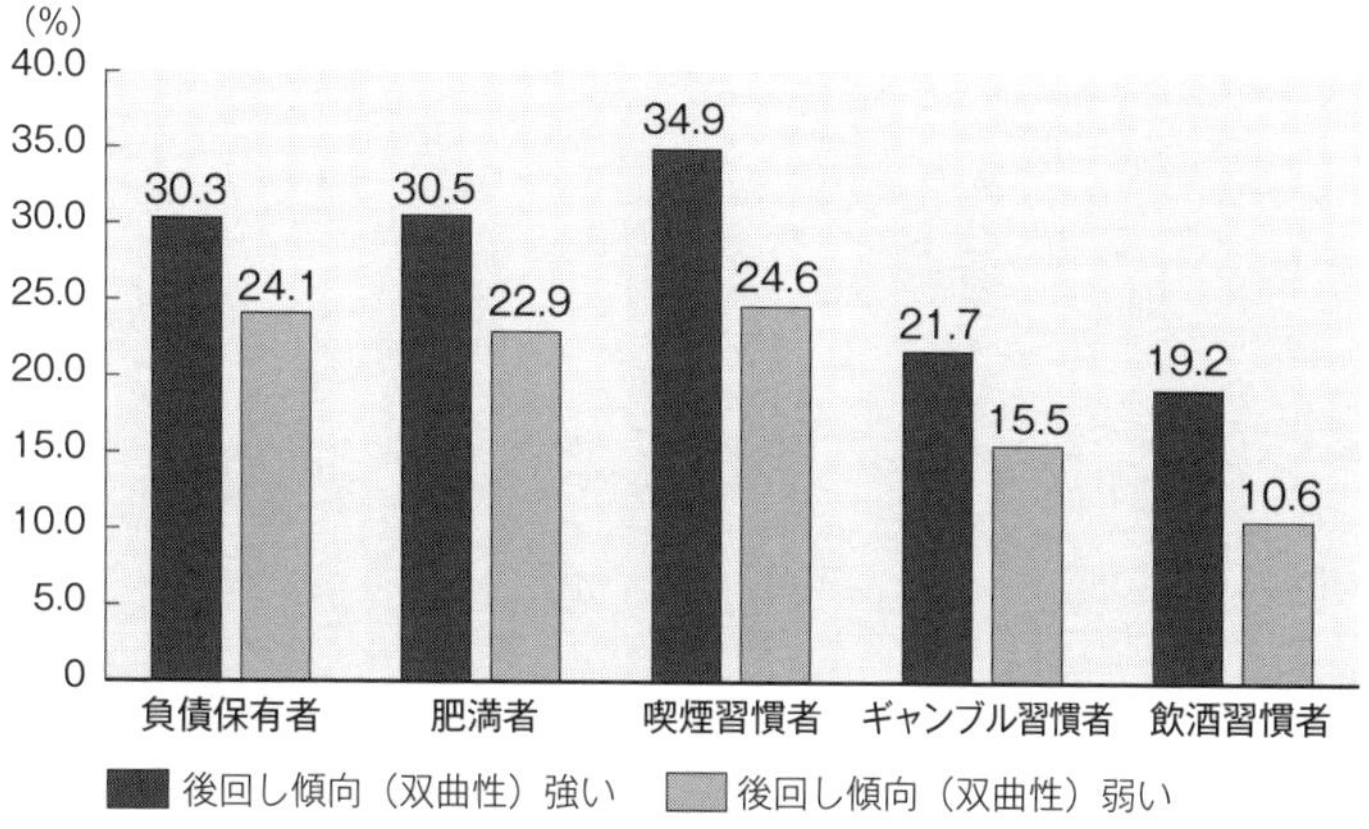

注）2005年大阪大学アンケート調査『くらしの好みと満足度についてのアンケート』より筆者作成。差はどれも0.5%で有意。サンプル数2870。

比べたのが図1−5です。2つのグループの差はどれも誤差の範囲を越えており、双曲性が金融資産や人的資産の蓄積を阻害している様子が読み取れます。

第5章では、さまざまなデータを見ながら、負債や肥満、タバコなどの習慣財の消費をめぐる自滅選択が、双曲割引などの選択バイアスとどのようにかかわっているかについて詳しく見ていきます。

自制の問題——天使と悪魔の葛藤

双曲割引の下では、時点時点で目先の利益が大きく見える違った自分がいて、利害の衝突が生じます。その葛藤の状況を放っておけば、そのときどきの自分は自分の短期的な満足を優先させて、長期的な節制の計画をドミノ式に反故にしてしまい、結果的に大きな損害（肥満や不健康）を選択者にもたらします。

このことは、長期的な自分と短期的な自分の葛藤という形で自制（セルフ・コントロール）の問題が発生していると言い換えることもできます。私たちの内面には、長期のことを考える自分（天使）ともっぱら短期の利益に目がいく自分（悪魔）がいて、天使は低い時間割引率によって立派な長期の行動計画（たとえば、ダイエット、試験勉強、退職後に備えた貯蓄）を立案しますが、その実行はそのときどきのせっかちな悪魔の手に委ねられます。そしてこのせっかちな実行者はせっかくの長期計画を台無しにして、短期利益に基づいた放縦や不摂生を行うことになります。

次のように言い換えることもできます。経済学では、経営者が株主の利益に反した行動をとる場合のように、意思決定を委ねられた代理人がそれを委ねた依頼人の利益に反する行動をとることで生じる問題を「エージェンシー問題」といい、その結果発生する損失を「エージェンシー・コスト」とよびます。双曲割引の下では、いわば長期的な計画を立てる依頼人と、それを実行に移す代理人の間に利益相反が発生するために、選択者の内部でエージェンシー・コストが発生しているのです。これが自滅選択です。

「賢い」人とそうでない人

ただ、同じように双曲的な人であっても、いま述べたようにわかりやすい形で自滅する人ばかりではありません。面倒な仕事を後回しにしたい、堪えがたい誘惑にとらわれても、その仕事を締め切りまで持ち越さずに早めに済ませてしまう人もいます。この人たちは、自分の内部に巣くう悪魔の存在を知ったうえで、一度誘惑に負けて仕事を後回しにすると明日の自分が同じように緩い選択をしてしまうことを自覚していると考えられます。本書では、このように将来のダメな自分を正しく悲観している人を私たちは「賢明」な選択者とよび、そうでなく、将来のダメな自分を過信して仕事を彼に委ねてしまう人を「単純」な選択者とよびます。

双曲割引の下では、そうでない場合に比べて、面倒な仕事は後回しに、楽しいことは前倒しにされるといいましたが、それはとりわけ「単純」な人の場合に当てはまります。

「賢明」な選択者の場合はどうでしょうか。「賢い」人は、仕事を後回しにすると将来のダメな自分たちによってどんどん先送りされるとわかっているので、たとえば、仕事に取りかかるのを明日の自分に任せて今日だけ飲み会に参加するという「名（迷）案」が実際には実行不可能だとわかって仕事の計画を立てます。そのような計画は将来のダメな自分でも実行可能なものになるので、結果として、計画は矛盾なく遂行されることになります。「賢明」な選択者とは、ブレない実行者であり、「単純」な人はブレまくる選択者です。計画をよく変える人や約束事をドタキャンする人は、選択者や計画者として「賢明」でなく、将来の緩い自分を過信しているといえます。

ただ、「賢明」であることで、双曲割引の下での選択が常に改善されるかといえば必ずしもそうとは限りません。明日の意志力をまったく信じていない「賢明」な人は、なるほど面倒な仕事を先送りしないという意味で、自分を過信する「単純」な人よりも後回しという自滅選択をしなくなりますが、後回しを恐れるあまり、今度は逆に必要以上に仕事を早くしてしまうという危険にさらされます。夏休みの宿題を最初の2日ですべて済ませてしまうことは、最終日まで持ち越して煮詰まってしまうよりはよいでしょうが、2週間ぐらいにうまく均してやることができるのであれば、効率性からいっても出来映えからいってもそれに越したことはありません。「賢明」さは、いわば過度の節制というべき行き過ぎた選択を引き起こす危険性があります。最適な選択ではないという意味では、これもまた自滅的な要素を持った選択といえるでしょう。

さらに、楽しいことをいつ行うか、利益をいつ取るかという選択の場合にも、「賢明」さが逆説的な影響をもたらすことがあります。双曲割引の下では、「単純」な人によって楽しいことは前倒しにされるわけですが、明日の緩い自分を織り込む「賢い」人の場合、その前倒しがさらにひどくなる可能性があります。明日の自分は明後日までリンゴが熟すのを待てない、ということを今日の段階で予想することで、どうせ青いリンゴしか食べられないのであれば、いっそ今日食べてしまおうという選択をするわけです。その結果、「賢い」選択者は「単純」な人よりももっと青くて酸っぱいリンゴを食べることになる可能性があります。これは「単純」な選択よりも自滅選択がひどくなる例です。「賢明」な人とそうでない人との行動上の違いについては、第4章で詳しく見ていきます。

将来の緩い自分を縛る

ダメな自分を縛りつけておく

前節では、将来の甘い自分を正しく予想することで自滅選択を緩和させたり悪化させたりする可能性を議論しましたが、これはあくまでも、自分を知らない「単純」な人の選択と比べての話です。よしんば「賢い」選択の結果、「単純」な人が行うようにドミノ式にダイエット計画を反故にするようなことはなくなったとしても、双曲割引の問題がない場合、つまり自制の問題がない場合よりも、よい選択が達成できるわけではありません。「賢明」な選択といえども、自制問題のツケ——先ほど説明したエージェンシー・コストと言い換えてもよいですが——が多かれ少なかれ選択の非効率性という形で残るのが普通です。双曲割引の下での行動というのは、いわば、目を離せばすぐに自分本位に行動してしまうパートナー（代理人である将来の自分）とチームを組むようなものです。いくら（依頼人である現在の）自分がパートナーのダメさ加減を織り込んで賢明に計画し行動したところで、放っておいても自分が期待するように辛抱強く行動してくれる出来のよいパートナーと組むのと比べれば、チームプレーのパフォーマンスが劣ることはおのずと知れています。

そこで考えられるのが、あらかじめ将来のダメな自分——つまり、実行者としての代理人——の選択の手を縛っておくという方法です。たとえば、外出するときに余分なお金を持ち歩かないとか、テレビドラマにはまらないように初回を見ないようにする、さぼらないように図書館で勉強するといったことです。このように将来の自分の選択をあらかじめ制約してしまうことを、コミットメント（約束、言質、拘束）といいます。

行動経済学がコミットメントを説明するときに必ずといっていいほど使われるのが、有名なギリシャ神話『オデュッセイア』第12歌の一節です。航海中、魔女セイレーンの妖しい歌声に引き込まれて座礁しないようにオデュッセウスはあらかじめ自分を帆柱に縛りつけるよう部下たちに命じたというくだりです(11)。この場合のオデュッセウスのように、将来の自分が長期的な利益を害してしまうことを見越して自分の自由をあらかじめ拘束してしまうのがコミットメントです。

資産を使えないように凍結する

双曲割引の下で消費が過大になり思うような貯蓄ができなくなるのを防ぐコミットメントの手段として重要になってくるのが、なかなか換金できない流動性の低い資産です。土地などの不動産、解約が簡単にできない預貯金契約などがこれにあたります。現在の自分は、資産をこうした流動性の低い形で将来の自分に引き渡すことで、将来のダメな自分がそれを使うことを防ぐことができるわけです。

イソップ物語に『金の卵を産むガチョウ』という話があります。[12] 商業の神ヘルメスから金の卵を産むガチョウを授かった男が、卵が生まれてくるのを待てずにガチョウのお腹を切り裂いてしまうという寓話です。ハーバード大学のデビッド・レイブソンは、コミットメント手段としての非流動性資産をこのガチョウにたとえ、双曲的な消費者がガチョウ（コミットメント手段）をうまく利用することで過剰な消費と過小な貯蓄の問題を緩和していく「金の卵」モデルを提案します。[13]

第4章ではこの「金の卵」モデルを取り上げます。取り崩して使うのに不便な非流動資産が実際にはなぜこれほど多いのか、私たちはなぜ月々の収入の変動につられて消費を変動させてしまうのか、といった、これまでの標準的な経済学では説明できなかった現象について考えます。

自滅を避ける

標準的な経済学が想定してきたように、人々が常に合理的に選択できるのであれば、私たち自身がどのようにして行動を改善すればよいのかとか、政府がどのように政策的に介入すればよいのかという問題は例外的な意味しか持ちません。ところが、右で見たように私たちが自制の問題に直面し、放っておけば長期的な利益を損なってしまうような自滅的な選択をしてしまうのであれば、それを回避し緩和する手立てを考えることが非常に重要になってきます。

自分を知る――自己シグナリング

私たちが自分自身で選択を改善していくうえでまず大切なことは、双曲割引がもたらす天使と悪魔の葛藤の構造をよく理解し、将来の緩い（時間割引率が高くなった）自分（悪魔）の行動を織り込んだ「賢明」な選択をすることです。明日の自分に過度の自信をおいて選択しないことです。すでにそのような「賢明」さを持ち合わせている人はよいのですが、後に見るように、かなりの割合の人が自分の自制問題を完全には自覚しない、「単純」な部分を持つ選択者であることが報告されています。まずは自分に巣くう悪魔の存在を正しく理解し、それを織り込むだけでかなり選択の質は向上するはずです。

それには日常生活のさまざまな行動や選択の中で、自分はどの程度双曲的なのか、言い換えれば自分の自制問題がどれほど深刻であるのかを学習していくことが必要です。学校生活や社会生活を含めた日常の生活は、いわば意志力を試すテストの場になっていると考えられます。たとえば、自分に課した節制のノルマがどの程度守れたか、友人との約束をちゃんと守れたか、時間に遅れなかったか、など、こうした意志力を試す大小のテストにどれだけよいパフォーマンスを残せたかを知ることによって、自分の自制問題の深刻さを徐々に知ることができます。このように自分の行動や選択の経験から自分の双曲性についての情報が発信されることを自己シグナリングといいます。

先に、自制問題とは長期利益を考えて計画を立てる依頼人（プリンシパル）と、短期利益を優先させて実行に移す代理人（エージェンシー）の間で生じるエージェンシー問題だと説明しましたが、あらかじめ自分の中の代理人を働かせてみることで、その代理人がどの程度始末に負えないのかを自己シグナリングによって知ることができるわけです。

選択を改善する方法

もちろん自分の内面の自制問題を自覚できたとしても、それを織り込んで長期的な利益に沿った選択をするには高度な認知能力と強固な意志力が必要になります。長期の利益（たとえば、健康）という抽象的でボンヤリしたものを得るために、目前に大きく見えている満足（たとえば、ご馳走）をあきらめることは大変知的でつらい仕事です。

そのつらい作業を助ける手立てとして3つのことが考えられます。1つは、意志力や認知能力を使わずに長期的な選択が確保できるように、先ほど説明したコミットメントの手段を用いることです。肥満の問題でいえば、断食道場や「ダイエットクラブ」への参加、健康診断を義務づけた健康保険への加入、貯蓄でいえば、解約が高くつく各種の積立貯金などはその一例です。

「甘いものは一切食べない」、「午後8時以降はものを食べない」といったマイ・ルールを定めるのも広い意味でのコミットメントの利用といえます。先の断食道場や積立貯金が外的な強制を伴う拘束手段であったのに対し、マイ・ルールは、強制力のない自発的な拘束に止まっているという意味で「ソフト・コミットメント」とよばれる手立ての1つです。ただ、マイ・ルールは何度も守られなければ強固なものになりません。1日の禁煙を破るのは簡単ですが、半年の禁煙はもったいなくてなかなか破れないものです。一度実績ができればそのルールによって節制を習慣化できますが、その実績を作るまではやはり相応の意志力が必要です。

2つ目は、計画期間を短く刻んで行動計画を立てることです。これは小遣いをあるだけ使ってしまって計画的な消費活動ができない子供のことを想像すればわかります。小遣いのもらい方として、1ヵ月に一度2000円をもらうよりも、1週間に一度500円をもらう方が、見通しがよくなり、より効率的な使い方が期待できるはずです。

3つ目の方法は、食べるときに、認知判断によって選択できる状況を作ることです。本能や衝動性は私たちの生存にかかわる機能なので、それらのスイッチが入ってしまうと、それを抑えて理性的な判断をすることは難しくなります。スイッチが入る前に、食事の選択をしてしまうことが重要です。そのために、たとえば空腹感がエスカレートする前に、食べるものを選んで食事するよう意識することが肝要です。また、認知能力を使うような作業をしながら食べることは避けるべきです。認知能力が別の作業に投入されてしまうと、食べる選択が悪魔の手に委ねられてしまうからです。

行動経済学的政策のすすめ——座りそうなところに座るべきイスを入れる

自滅選択を回避したり緩和したりすることは、個人の力ではおのずと限界があります。そこで、政府や企業、学校、場合によっては家庭という組織や団体が政策的に構成員の選択や行動に介入することによって、その行動を改善することが重要になってきます。

このことは、合理的な行動を前提としている標準的な経済学とは対照的です。従来の経済学で介入や規制の必要性が生じるのは、工場の煤煙のようにその社会的コストが選択者に利害として考慮されていなかったり、何らかの理由で情報が不完全であったりするなど、例外的な場合に限定されるからです。

さらに、自己の責任で自由な選択や取引をすることは個人に帰属すべき重要な権利であり、これを侵害することを可能な限り避けるべきだというのが、自由主義思想に基づいた標準的経済学の立場です。税金をかける場合のように、強制的に何らかの規制に従わせる政策や介入を行うことによって人々の厚生をよくしようという考え方をパターナリズムといいます。「父（ペイター：pater）」から派生した言葉で、父権的な強制による介入主義といったニュアンスです。個人の自由を尊重する立場から、パターナリズムは原則的には望ましくないというのが経済学の標準的な考え方です。

行動経済学では、選択者に強制することなく、選択の枠組みを変えるだけで彼らの選択を改善し、社会の厚生を高めていこうという考え方が提案されています。リバタリアン・パターナリズムという考え方です。そのまま読めば、「自由主義的に介入する考え方」という矛盾をはらんだ言い方なのですが、そこにこの考え方の妙味があります。いわば、選択の自由を許しながら、選択を誘導する介入方法です。

これまで説明してきたように（そしてこれから各章で詳しく見ていくように）、自滅選択の背後にはたとえば双曲割引のような選択上のバイアスが災いしています。リバタリアン・パターナリズムでは、そのバイアスで選択したときにかえって長期的な利益が選ばれやすくなるように、もともとの選択の枠組みや選択肢の作り方を変えることを提案します。

たとえば、双曲的な人は惰性で選択をする傾向があります。情報を収集し、難しい選択を行う直近の面倒を後回しにしてしまう結果、結局自分から積極的に選択することなく、意思表示がない場合に「選んだ」と見なされる初期設定の選択肢——これをデフォルトといいますが——を結果的に「選ぶ」わけです。このように選択がデフォルトに偏ってしまう傾向をデフォルト・バイアスといいます。デフォルト・バイアスが原因で、よい選択ができない場合には、デフォルトをうまく設定してやることで、選択を改善するというのがリバタリアン・パターナリズムからの1つの提案です。いわば座りそうなところに座るべきイスを持っていく方法です。

もっともわかりやすい例が自動登録制の導入です。たとえば、資格が生じると同時に年金への加入が自動的に登録されるようなシステムを導入することで、自制問題による過小貯蓄の問題を緩和することができます。意思表示がなければ加入できないシステムだと、面倒を後回しにして手続きをしない有資格者は、その重い腰を上げて加入しない限り、定年後の生活に思わぬ困窮を強いられることになりかねません。実際に、米国の確定拠出型企業年金（401（k））をはじめとする企業年金や各国の公的年金ではこうした自動登録制を導入することで加入率を飛躍的に向上させています。

自動登録制ではつねに脱会の自由は保障されているので、選択者の選択の自由は損なわれていない点に注意してください。このように、選択の枠組みを変えることによって、選択者の自由を制約することなく彼らの選択に介入するのがリバタリアン・パターナリズムです。第6章で見るように、このようにデフォルトを変更して選択を改善する施策は、わが国ではたとえば後発医薬品（ジェネリック医薬品）の普及を進めるうえで実績を上げています。

リバタリアン・パターナリズムの際立ったもう1つの例として、人々の双曲性を利用して逆に貯蓄性向を上げる次のような手立てがあります。双曲的な人はいますぐ貯蓄するのを嫌がりますが、1年先の貯蓄であれば喜んで応じます。長期の選択においては低い時間割引率が適用されて忍耐強さが増すからです。そこで1年先からの貯蓄にいまのうちからコミットできる貯蓄プランを用意することによって彼らの貯蓄性向を上げる方法が考えられます。こうした方法は実際に米国で企業年金における貯蓄率を上げるのに著しい効果を上げています。

第6章では、自制問題に直面する中で自滅選択を防ぐ方策を、選択者個人と政策担当者の両方の観点から、行動経済学の知見に基づいて議論します。また、そうした議論が、喫煙、肥満、消費者信用という実際の問題にどのような含意を持つかについても考えます。

【注】

（1）たとえば、米国の有名なミネソタ双子研究では、肥満度を測る体格指数BMIの個人差は遺伝要因によって72％説明できると推定されています（Cutler and Glaeser, 2005）。

（2）負債保有確率と肥満確率への影響については、Ikeda *et al.*（2010）、喫煙本数への影響については、Kang

and Ikeda（2010）参照。
（3）Samuelson（1937）参照。
（4）Frederick *et al.*（2002）参照。
（5）池田・大竹・筒井（2005）参照。
（6）Hernstein（1961）参照。
（7）池田・大竹・筒井（2005）参照。
（8）Ikeda and Kang（2011）参照。
（9）Meier and Sprenger（2010）参照。
（10）筒井・大竹・晝間・池田（2007）参照。
（11）ホメロス『オデュッセイア』（松平千秋訳）1994年、岩波文庫。
（12）『イソップ寓話集』（中務哲郎訳）1999年、岩波文庫。
（13）Laibson（1997）参照。

コラムA サルは「朝四暮三」？

朝三暮四の故事は、サルがどのくらい目先の報酬にとらわれるかを揶揄した故事ですが、実際に、ワタボウシタマリン（6匹）とコモン・マーモセット（5匹）という違う種類のサル11匹を実験台にして、彼らのせっかちさを測った心理学の実験があります[1]。ハーバード大学のジェレー・スティーブンスらによって行われたこの実験では、（A）いますぐ食べられる2個のエサと、（B）待たなければ食べられない6個のエサ、のどちらを選ぶかを、（B）の待ち時間を変えて何回も観察することで、サルたちのせっかちさが測られます。エサ1個は45ミリ・グラムのバナナ風味のものを用います。

結果は、マーモセットが平均14・4秒、タマリンが7・9秒。要するに、エサが3倍になっても、何回か呼吸をする間ぐらいしかそれを待てないわけです。被験者たちのせっかちさと衝動性が朝四暮三どころでないことがわかります。

ただ、スティーブンスらの関心は、そこにあるのではありません。寿命や体型、脳の大きさ、社会生活を含めた生態に大きな違いがない2種類のサルの間で、衝動性にこのように大きな差が出た点です。個体ごとに比べるとその差はもっとはっきりします。もっとも辛抱強いタマリン（待てた時間9・8秒）でも、もっともせっかちなマーモセット（同10・0秒）よりもせっかちだったのです。

スティーブンスらは、被験者たちの主食が樹液か昆虫かという違いにその原因を求めています。滲出する樹液を待つには忍耐力が必要であるのに対して、昆虫を捕まえる場合には衝動性が有利に働くからです。実際に、マーモセットがエサの約70％を樹から滲出する樹液から得ているのに対して、タマリンの場合、樹液に依存する割合は食糧の約14％に過ぎず、栄養の大部分を昆虫に依存します。こうした食生態の違いの下で自然淘汰が働いて、忍耐力を必要とするマーモセットの自制力が高まり、衝動性を必要とするタマリンの自制力が劣化したのではないかというのがスティーブンスらの推論です。

本書の重要なトピックである衝動性と自制の問題は、第3章以降でくわしく議論します。

コラムB　時間割引率を測る

実際に時間割引率を計測する場合、本文で説明したように、「1年間受け取りを待つのに何％の金利がほしいですか?」と聞くようなことはあまりしません。そう聞かれても回答者が自分の要求する金利をピンポイントで正しく表明することは難しいからです。通常は、表に例示した設問のように、（A）今日の1万円か、（B）1年後の1万191円か、というような二者択一の問題をいくつも答えてもらい、今日の1万円と同じ価値を持つ1年後の金額を統計的な方法を使って推定するという方法が用いられます。

次の段落を読む前に、表の設問を使って、自分の時間割引率の高さを測ってみてください。

設問の表では、下の行に行くほど、（B）を選んだ場合の金利が高くなります。1行目から1つ1つ選択していくと徐々に金利が高くなるので、最初のうちは（A）（今日の1万円）を選んでいても、多くの場合どこかの段階で（B）にスイッチすることになります。そこで跨いだところにあなたの時間割引率があります。（B）にスイッチするのが遅い人ほど時間割引率が高いことになります。

コラムB　質問表

設問　**今日1万円もらうか、1ヵ月後にいくらかもらうか**のどちらかを選べるとします。今日1万円もらうこと（Aで表します）と、1ヵ月後に下記の表のそれぞれの行に指定した金額をもらうこと（Bで表します）を比較して、あなたが好む方を○で囲んでください。**9つの行それぞれについて、A、または、Bを○で囲んでください。**

選択肢A（円）（今日受取）	選択肢B（円）（1ヵ月後受取）	金利（年表示、%）	選択回答欄	
10,000	9,981	−10	A	B
10,000	10,000	0	A	B
10,000	10,019	10	A	B
10,000	10,076	40	A	B
10,000	10,191	100	A	B
10,000	10,383	200	A	B
10,000	10,574	300	A	B
10,000	11,917	1000	A	B
10,000	19.589	5000	A	B

注）2010年大阪大学アンケート『くらしの好みと満足度についてのアンケート』の一部を改変して作成。

経済実験では、選んだとおりのタイミングでその金額を支払うことを約束したうえで、同様の選択を行ってもらいます。ただ、各行の選択について被験者全員に、該当する金額を払うことは予算上できないので、通常は抽選によって支払うことになります。また、行の順番によって回答が違ってくることもあるので、この例のように規則正しい並べ方ではなく、ランダムに並べる場合もあります。

【コラム注】

（1）Stevens *et al.*（2005）参照。

第2章

せっかちさは変わる
——時間割引の行動経済学

異時点間選択のアノマリー

新古典派とよばれる標準的な経済学では、長い間、人は各時点の満足（効用）の割引和を最大にするように行動するとする「割引効用モデル」というパラダイムの中で、同一個人の時間割引率はどのような選択においても一定であると考えてきました。ところが前章でも触れたように、実際には同じ人であっても、直面する異時点間選択の対象になる価値の大きさや時間的な設定などによって時間割引率が大きく変わってくることが、この40年ほどの研究で示されてきました。

もちろん時間割引率が変わるという現象が例外的にしか起こらず、私たちの行動や社会・経済現象が平均的には時間割引率一定のパラダイムの中で説明できるのであれば問題はないのですが、こうした現象が、従来の経済理論ではうまく説明できなかった数多くの、それもときには非常に深刻な、「非合理な」日常行動や社会現象と関連していることがわかってきました。経済学では、従来の標準的な理論（パラダイム）では説明できず、そのパラダイムの中で説明しようとすれば現実離れした仮定が必要になるような実証的事実を表すのに「アノマリー（anomaly：異例、例外、矛盾）」という言葉を用います。(1) 本章では時間割引率が場面によって大きく様変わりする現象をいろいろな角度から取り上げますが、これらの現象は、異時点間選択の「異例な現象」という意味で、「異時点間選択アノマリー」とか、「割引効用アノマリー」とよばれています。

本章では、「異時点間選択アノマリー」の理解を通じて、従来の経済理論では捉えきれない私たちの行動とはどのようなものか、そしてそれが経済や社会の問題とどのように関連するのかを考えます。ただし、自滅選択と直接関連する双曲割引については、ここではとり上げず次章で一章を割いて詳しく見ていくことになります。

少額なほど割り引かれる

マグニチュード効果

まず選択対象の価値の大きさと時間割引率の関係です。多くの場合、金額が大きいほど時間割引率は低く、少額なほど高くなることが、アンケートや経済実験によって確かめられています。

たとえば、2005年に行った筆者たちのアンケート調査では、1年後の1万円が平均6・7%で割り引かれたのに対して、100万円の場合には平均1・16%の時間割引率が観察されています。同じように、シカゴ大学のリチャード・セイラーが、オレゴン大学の学生に対して、今日受け取る予定の金額が、15ドル、250ドル、3000ドルであった場合に、それを1年待つように頼まれたときに要求する金利を尋ねたところ、各金額に応じて中央値でそれぞれ139%、34%、29%という時間割引率が報告されています。(2)

また、イスラエルの大学生282人を対象に行ったウリ・ベンツィオンらのアンケートでも、たとえば40ドルに対して39・3%、5000ドルに対しては20・3%の割引率が推定されています。(3)

つまり、人々は、将来の価値が小さければそれを待つのにせっかちになり、大きな価値ほど忍耐強くそれを待てる傾向があるといえます。少額であるほど高い時間割引率で割り引かれるというこの傾向は、「金額効果」などとよばれますが、お金以外の場合にでも同様の効果が見られるので、ここでは「マグニチュード効果」といいましょう。

たしかに、私たちの日常生活を振り返ってみれば、こうした現象が見られることがあります。少額のお金を借りるのに気前よく高い金利を約束する傾向は、クレジットカードのキャッシングや消費者金融の現場でよく見られます（この問題は次章で説明する双曲割引とも関連します）。ちょっとした「借り」ができたときに、お昼をご馳走するなど過分の「お返し」（利息の支払い）をするのもその例です。

高まる比例感応度

それでは、なぜ少額であるほど大きく割り引かれるのでしょうか。

1つの仮説として、ジョージ・ローウェンスタインとドレイゼン・プレレクは、[4] 2つの金額を比べるときに、その相対比だけではなく、その差にも関心があるのではないかと考えています。今日の1万円と1年後の1万1000円の金額的な差は1000円にしかなりませんが、今日の100万円と1年後の110万円では10万円になります。人がもしこうした差額にも関心があるとすれば、1万円の場合には1年待てないけれども、100万円であれば待つ、ということがあり得るわけです。

言い換えると、人は金利だけではなく、利息の額を考えて待つかどうかの意思決定を行っているのではないかというわけです。これについては、木成勇介らが実際に経済実験を行って、異時点間の選択が金利以外に利息額に強く依存すること、またそのために、利息の効果を考慮することで考慮しない場合に観察されるマグニチュード効果の半分以上が消失することを示しています。[5]

なぜ私たちは金利だけでなく利息に関心があるのでしょうか。1つの仮説は、選択対象の価値や報酬が大きくなるにつれて、その増分がもたらす満足感へのインパクトが比例以上に大きくなる傾向が私たちにはあるというものです。いまの異時点間選択の話でいいますと、たとえば、10%の利子が付いて報酬が1・1倍になったときの満足の増え方は、元本が100万円の場合の方が、1万円の場合よりも大きいと考えるわけです。

プレレクとローウェンスタインが提示したこの性質は、「増加する比例感応度」とよばれます。[6] もしこうした性質がわれわれに備わっていれば、満足度で表した金利が同じでも、金額で表した金利は元の金額（満足）が大きいほど小さくなります。これがマグニチュード効果の正体だというわけです。

この説明は一見もっともらしいのですが、簡単にいってしまえば、私たちの感じ方として、元々の金額が大きいほど、利息などによってその額が変化した場合にその評価（満足）がより弾力的に変化する――経済学の用語でいえば、評価関数の金額に関する弾力性は金額が大きいほど大きい――といっているに過ぎません。そして私たちの価値評価のやり方が実際にそのような性質を満たしているかどうかについてもはっきりしたことがわかっていません。とくに、この性質は、実際に広く観察されている「限界効用の逓減」――価値が大きいほど価値が増えることのインパクトが小さくなるという性質――と矛盾する場合が出てくるので、それらの整合性を保ちながらどのようなモデルを考えればよいのかということについて、実証的なデータと照らしながら考える必要があります。

また、それは私たちが金額を評価する場合一般にいえることで、異時点間選択にとくに関連する性質ではありません。実際に、たとえばグレチェン・チャプマンとジェニファー・ウィンキストたちは、私たちがレストランでチップを支払う場合に、勘定額が小さいほどチップの割合が大きくなる傾向をマグニチュード効果の例として挙げ、マグニチュード効果が異時点間選択にかかわる傾向ではなく、同時点の価値の評価についての傾向であるとしています。(7)

待つための心理的固定費用

小さい金額ほどそれを待つために要求される金利水準が高くなることを説明するもう1つの仮説は、受け取りを「待つ」という行為には自制心を働かせることが必要なために、金額の大小にかかわらず一定の心理的コストがかかってくるというものです[8]。いわば心理的な「固定費用」が待つことに必要だというわけです。そして、その「固定費用」をカバーするのに十分な価値の増分が利息の形で約束されていなければ、待つことは割に合わなくなり、金利のつかない現在の受け取りが選択されることになります。固定費用をカバーできる利息を保証する要求金利の水準、つまり時間割引率は、元の金額が小さいほど高くなる勘定です。

この心的固定費用仮説はなるほど説得的ではありますが、次のような問題があります。こうした仮説は、先に説明したセイラーやベンツィオン等が設定した選択のように今日の報酬を遅らせる場合の時間割引率についてはマグニチュード効果を説明しますが、1ヵ月後に予定された1万円の受け取りをさらに1年延期する場合のように、将来の価値をより遠い将来まで待つ場合に観察されるマグニチュード効果を説明することができません。

たとえば、90日後の受け取りをさらに1週間待つ場合に要求する金利を尋ねた私たちの研究では、対象となる受取額が3万5000円であれば平均で19%の時間割引率が観察されたのに対して、1万円の場合にはその平均値は51%に達します。この場合、そもそも90日後の受け取りにも待つことの固定費用がかかってくるので、待つことの固定費用は1週間余分に待つ場合の追加的な費用になりません。この場合のマグニチュード効果は、したがって心的な固定費用によって説明できないことになります。

心理的会計

行動経済学で「心理的会計（mental accounting）」とよんでいるアイデアから考えることもできます。ハーシ・シェフリンとリチャード・セイラーが提案するこの仮説では、[9]私たちがお金を使ったり蓄えたりする場合、お金の額や源泉によって、処理する心理的な勘定項目が異なっていて、その勘定項目に応じた行動をとると考えます。マグニチュード効果に関連させていえば、小銭などの小さなお金は心理的な当座勘定に計上され、大きな額になると金利のつく貯蓄勘定に蓄えられると考えるわけです。その結果、現在予定している受け取りを将来まで延期した場合に失われる利益——機会費用——は、金額の大小によって違ってきます。当座勘定で管理される少額の場合、そもそもそれは消費に充てることを前提にしているので、それがもらえない場合に失う利益は、それによって行ったであろう消費からの満足感ということになります。これに対して額が大きくなれば、貯蓄口座の勘定になるので、貯蓄金利がその機会費用になります。そしてもし、小銭を使うことで可能になるちょっとした消費が魅力的で、その金額当たりの満足が、心理的な貯蓄勘定の、おそらくは大変低い金利よりも高ければ、人々は少額であるほど高い金利を要求しマグニチュード効果が発生することになります。

利益は損失より割り引かれる

符号効果

私たちのせっかちさの度合いは、利益や満足を待つ場合と、損失や不満足を待つ場合でも異なってきます。利益を割り引く際の「受取時間割引率」が、受け取りを待つのに要求する金利として観察されるのに対して、損失を割り引く「支払時間割引率」はいわば損失を猶予してもらうのに許容できる金利として測られます。

たとえば、前節で説明したように、2005年に私たちが行ったアンケート調査では、1ヵ月後の100万円の受け取りを1年間延期してほしいと頼まれた場合に表明する「受取時間割引率」は平均して1・16％でしたが、同額の支払いを1年間待ってもらうために支払ってもよいと思う金利（支払時間割引率）は0・22％に過ぎませんでした。

このように、私たちには受取時間割引率が支払時間割引率よりも高くなる傾向が強く見られます。この傾向は「符号効果」とよばれています。符号効果は各国のさまざまなサーベイ調査で非常に安定的に観察されます。

時間割引率という言葉で説明されるとわかりにくいかもしれませんが、要するに符号効果とは、将来の損失が利益の場合ほど割り引かれない現象を指しています。受け取りや利益と違って、支払いや損失の場合は、それが将来のことであろうと、あたかも現在のことのように現実味をもって評価されるわけです。私たちの日常を振り返っても、苦痛や損失を伴うことを先に済ませてしまって後回しにしたくないと考えることが多いのを思い起こせば、こうした傾向にも頷けるでしょう。

実際に、符号効果は、お金の異時点間選択以外にも、健康などの日常行動に関する選択でもいろいろな形で観察されています。グレチェン・チャプマンが大学生を対象に行ったアンケートでは、すぐれない状態にある健康が回復するのを1年間待つ場合に示した時間割引率が平均でおよそ150％であったのに対して、良好な健康状態が悪化するタイミングを1年後にずらす際に示す時間割引率は約50％と100ポイントも低い値が報告されています。(10)

限界効用の逓減

私たちはある財を消費するときに、その量が増えると満足度が増しますが、その増え方は消費量が大きいほど小さくなる傾向があります。ビールを飲む場合を思い出してください。最初の一口は、一缶空けてからの一口よりも満足度が大きいはずです。これは「限界効用の逓減」とよばれる性質で、経済学が消費者の行動を考える際に前提としてきたものです。

実は、この「限界効用の逓減」をお金からの満足に当てはめることで、符号効果をある程度理解することができます。金額が増えると満足度が増しますが、限界効用の逓減が作用すると、その増え方は金額が大きくなると小さくなります。逆に金額が減ったときに満足度が減る度合いは、金額が小さくなるにつれて大きくなります。

大事な点は、この性質の下では、金額が大きくなってもそこから得られる満足は比例的には大きくならず、逆に金額が小さくなれば満足は比例以上に小さくなることです。その結果、たとえば1万円があり、そこに10％の金利がついて1・1倍になっても、満足度は1・1倍にはなりません。逆にいえば、時間割引率が10％、つまり満足ベースで10％の金利を要求する人は、1万円を1年間待つためには金額ベースで10％以上の金利、たとえば11％を要求することになります。アンケートや実験で観察されるのは金額ベースの要求金利11％の方ですから、この観察される要求金利は真の時間割引率、つまり満足ベースの要求金利10％を過大に評価したものになっています。

支払いの場合は、10％の金利をつけることで、支払額が元本の1・1倍になれば、満足度の減少はそれ以上になります。したがって満足度ベースで10％の金利しか許容できない人は、金額ベースではそれ以下、たとえば9％の金利しか許容できないことになります。したがってアンケートなどで観察される支払時間割引率は満足ベースの実際の時間割引率を過小推定したものになっているわけです。

こうして、限界効用の逓減が働く場合には、金額で測った受取時間割引率は真の（満足ベースの）時間割引率を過大推定、支払時間割引率はそれを過小推定した値になっているので、観察される受取時間割引率は支払時間割引率よりも大きくなり、符号効果が発生するわけです。

ただ、はたして数千円、数万円程度の小さい金額に対して限界効用の逓減がそれほど強く働くかどうかについては大きな疑問が残ります。ビールのような通常の消費財であれば、消費量が大きくなるにつれて余分に消費しても刺激や新味がなくなってそれほどうれしさが増えなくなってくるのはわかりますが、貨幣の場合には金額の大きさが少々異なるからといって、追加的な1円からの満足がそれほど違ってくるとは考えにくいでしょう。[11] さらに、符号効果は金額が小さいほど極端に表れることが知られています。限界効用の逓減は金額（消費量）が小さいところでは働かないと考えられるので、こうした事実も限界効用の逓減からは説明できないところです。

損失バイアス

符号効果という損失と利益の間に見られる割引の違いを説明するには、選択の対象が損失の場合と利益の場合で、私たちの評価の仕方自体に何らかの偏り――バイアス――があると考えるのが自然かもしれません。具体的にいえば、私たちはときとして、利益に対してよりも損失に対して過敏に反応します。その場合、同じ利息であっても、それを受け取る場合と支払う場合では主観的な評価が違ってきて、受け取りを待つために要求する金利と支払いを猶与してもらうのに許容する金利に開きが出てきてもおかしくありません。

実際に、先にも登場したローウェンスタインとプレレクの2人は、損失評価にかかわる次のような2つのバイアスを前提にすることで、符号効果を説明しています。[12]

（1）損失回避：損失や支払いに対する不満足は同じ大きさの利益や受け取りの満足よりも大きい。

（2）損失への過敏性：満足感の金額に関する弾力性は利益の場合よりも損失の場合の方が大きい。[13]

ここで、損失回避というのは、ダニエル・カーネマンとアモス・ツバスキーがくじ（プロスペクト）

の選択行動を説明するために提案した性質で、[14]すでにその現実妥当性が多くの実証研究によって確かめられています。2つ目の「過敏性」でいっているのは、金額の大きさが1％変わったときの満足度へのインパクトが、利益の場合より損失の場合の方が大きいという性質です。以下では、これら2つの性質を併せて、損失評価と利益評価の間の偏りという意味で「損失バイアス」ということにしましょう。

損失バイアスの下では、将来利息をつけて金利に等しい割合だけ余分に支払う場合に、それによって損なわれる満足の大きさ（それによって増大する不満足の大きさ）は、同じだけの利息を受け取る場合の満足の大きさよりも大きくなります。その結果、我慢できる支払金利は受け取る場合に要求する金利に比べて低くなり、符号効果が発生することになります。

そしてこうした性質は、とりわけ貯蓄や借入れなど、現在と将来の2時点間で資源を再配分する選択を行う場合に、それを抑制する方向――資源を異時点間で交換させない方向――に強く効いてきます。

貯蓄から考えましょう。貯蓄をするということは、現在の消費を一部諦めて（消費の減少）、将来の消費に回すこと（消費の増加）を意味しています。いまの場合、現在の「消費の減少」は不満足のレベルで大きく評価される一方で、将来の「消費の増加」は相対的に小さくしか評価されない傾向が生じます。その結果、こうしたバイアスがない場合に比べて金利が高くなければ貯蓄をしないことになります。

逆に借入れとは、現在の消費を増やす（消費の増加）ために、将来の消費の一部を返済に回すこと

（消費の減少）を意味します。この場合には、現在の「消費の増加」による満足の増加に比べて、将来の「消費の減少」による不満足の増加の方が強く感じられるので、損失バイアスがない場合に比べて金利が十分に低くなければ借入れをしないことになります。ローウェンスタインたちはこうした性質のことを「借入回避」とよんでいます。

符号効果と「借入回避」行動

それでは、こうした借入回避行動は符号効果と関連して実際に生じているのでしょうか。また、先に、チャプマンたちの仮想的なアンケート調査から、健康上の損失や痛みの選択についても符号効果が観察されたことを紹介しましたが、実際に健康の損失にかかわる異時点間選択においてもそうしたことが起きているのでしょうか。

これらの問題は、他の要因とも絡めながら後の章でまとめて考えますが、ここではとりあえず図2‐1の結果を紹介しておきましょう。2005年のサーベイの結果から、符号効果を示したか示さなかったかで回答者を分け、両グループで負債者比率、肥満者比率、喫煙習慣保有者比率がどのように違ってくるかを見たものです。ここまでの議論を踏まえれば、「将来の損失をなるべく避けたい」という、符号効果がある人たちの方が、借金が少なく、肥満にならず、タバコを吸わないケースが多いはずです。実際、どの比率についても、予想通り符号効果を示したグループの方が小さいことがわかります。とりわけ負債者比率について、「符号効果なし」グループの27・3％に対して、「あり」グループは20・9％と7ポイント近く低い値を示しています。この差は統計的にいっても誤差の範囲を

図2-1　符号効果と行動（%）

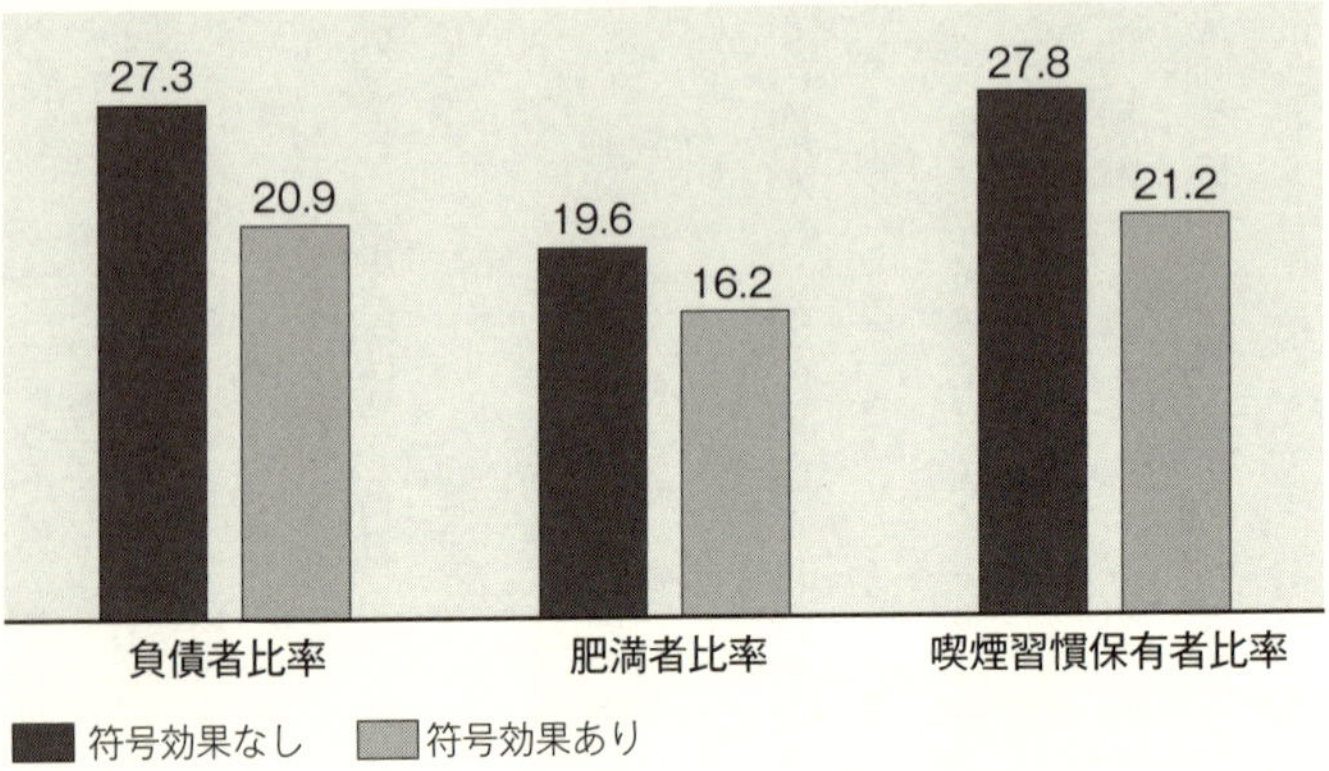

注）大阪大学『くらしの好みと満足度についてのアンケート』2005年より作成。サンプル数2985。差はいずれも有意。

越える大きい差であり、実際に符号効果が借入回避行動と強く相関性を持っていることがわかります。

これらの結果は2変数間の関係だけを見ているので、正確なところは性差などの他要因を考慮する必要がありますが、第5章で見るように、その場合でも、このように符号効果が支払いや損失をもたらす行動のブレーキになっている関係はかなり安定的に観察されます。

遅れる損と早まる得

同様にこうした損失バイアスによって発生すると考えられる異時点間選択のアノマリーに、「遅れと早めの非対称性」とよばれるものがあります。

たとえば、人気の携帯電話を予約購入する場合を考えてください。その入荷予定が2ヵ月後であったとき、入荷がさらに1ヵ月遅れて3ヵ月後になる場合には値引きを要求したいところです。

その要求する値引き額を「遅れのディスカウント」といいます。これに対して3ヵ月後に入荷予定だったのを1ヵ月早める場合に余分に支払ってもよいと思う金額を「早めのプレミアム」といいます。実は「遅れのディスカウント」は「早めのプレミアム」よりもかなり大きくなる傾向があります。

ローウェンスタインは、高校生を使った実験で、7ドル分のレコード商品券の受け取りが1週間後から4週間後に遅れる場合に感じる価値の減少は平均で1ドル8セントであったのに対して、同じレコード商品券の受け取りを4週間後から1週間後に早めるために払ってもよいと考える額は25セントに過ぎなかったと報告しています[15]。この実験では「早めのプレミアム」が「遅れのディスカウント」の4分の1に過ぎなかったことになります。

こうした結果がなぜ面白いかといえば、受け取りが1週間後から4週間後に遅れる場合も、4週間後から1週間後に早まる場合も、ともに1週間後のレコード商品券の価値と4週間後のその価値を比べていることに変わりないからです。経済学の標準的な考え方からすれば、4週間後のレコード商品券は、1週間後のそれよりも3週間余分に割り引かれる分だけ安くなる点だけが重要であり、その結果、もらえるタイミングが4週間後から1週間後に早まった場合に増加する現在価値の大きさは、逆に1週間後から4週間後に遅くなった場合に減少する現在価値の大きさと違わないはずです。ところが実際には後者が前者の何倍にもなるというわけです。

フレーミング効果

この謎を解くポイントは、行動経済学でフレーミング効果とか枠組み効果とよばれている現象にあります。ある選択を評価するときに、その文脈の中で比較の対象として決まってくる基準のことを行動経済学では「参照点」といいますが、その参照点からの変化や乖離を対象に評価し、選択を行う傾向が私たちにはあります。その結果、実質的に同じ選択肢であっても、文脈や選択の枠組みが違えば評価や選択が異なることになります。これがフレーミング効果です。

先の例でいえば、1週間後にもらえるレコード商品券が3週間遅れるコストを計算する場合、単純に1週間後のレコード商品券の現在価値と3週間のそれを直接比べるのではなく、1週間後にもらえるという状態を参照点として、そこから受け取りが3週間遅れることのコストと利益を考えるわけです。図2-2の(a)は、その遅れによって各時点で発生する利益がどのようになるかをグラフで表しています。いまの場合、(a)の右側のパネルで示されているように、予定していた券がもらえなくなるという「損失」が1週間後に発生し、逆に予定していなかった券がもらえる「利益」が4週間後に発生することになります。選択者が行うのはその損得を現時点で評価することです。

この場合、2つの理由から1週間後の「損失」の方が4週間後の「利益」よりもその感じ方が強くなり、その差が、遅れによって生じるネットの損失、つまり「遅れのディスカウント」になります。第一に、「損失」は「利益」よりも3週間早く発生するので、割り引かれない分大きなマイナスとして評価されます。第二に、上で述べた損失バイアスの影響から、同じ1ドルでも「損失」の方が主観的に大きなマイナスとして感得されます。2つの効果はともに「損失」の大きさを相対的に大きくする方向に働くので、非常に大きな補償がなければ「遅れ」を許容できないことになります。これが「遅れのディスカウント」を大きくする原因です。

図2-2　遅れのディスカウントと早めのプレミアム

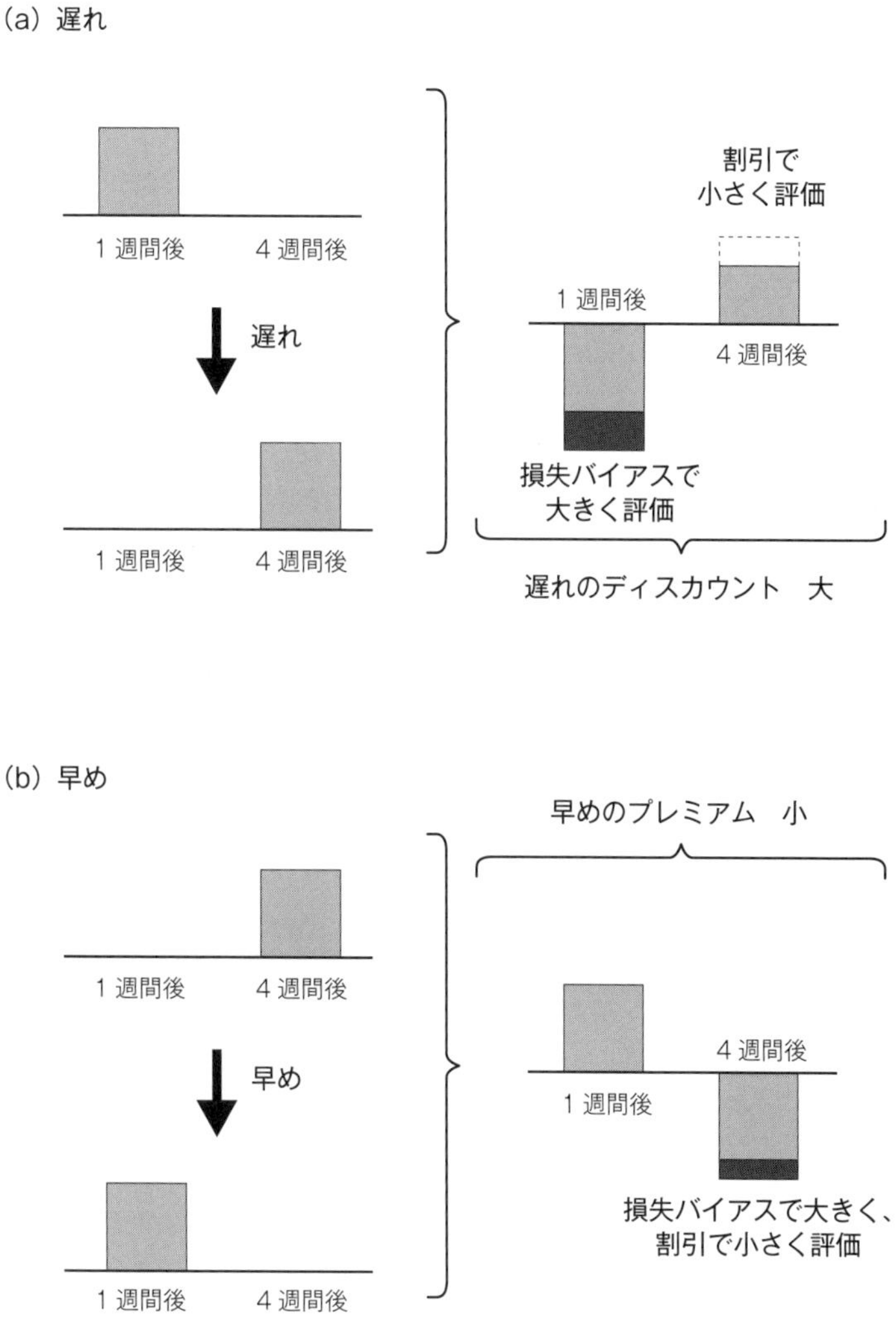

これに対し、当初4週間後だったレコード商品券の受け取りが1週間後まで早まる場合、元の予定を参照点として1週間後に「利益」が、4週間後に「損失」が発生します。図2-2の(b)の右の図を見てください。この場合、「損失」が「利益」よりも後に発生する分余分に割り引かれるので、この「早め」は私たちにプラスの利益をもたらし、それが「早めのプレミアム」になるわけですが、その一方で4週間後の「損失」は損失バイアスによって強く評価されるために、そのプレミアムはそれほど大きくはなりません。つまり、割引と損失バイアスという2つの効果が相殺し合う結果、「早めのプレミアム」は「遅れのディスカウント」に比べてかなり小さなものになるわけです。これが遅れと早めの非対称性です。

符号効果のところで、貯蓄金利が借入金利よりも高くなる現象に触れましたが、少し考えてみると、その現象が実はこの遅れと早めの非対称性と同じ現象であることがわかります。図2-2(a)を、レコード商品券をもらうタイミングを遅らせると見る代わりに、消費を行うタイミングを遅らせると考えれば、右側のパネルは（1週間後から4週間後にかけて）貯蓄を行った場合の価値のフローを表していると読めます。同様に、(b)は、借入れをして消費を早める場合の価値の流れを表していると解釈し直すことができます。そしてまったく同様に、損失バイアスと時間割引の2つの効果が各時点の得失の評価を強め合ったり相殺し合ったりする結果として、貯蓄金利（遅れのディスカウントの割合）は借入金利（早めのプレミアムの割合）よりも大きくなると考えられるわけです。

合計が小さくても少しずつ改善する方を選ぶ

満足の系列を選ぶ

これまで、将来の価値は現在のそれに比べて割り引いて評価されることを前提に話を進めてきました。その割り引く割合こそが時間割引率です。そして、将来を「割り引く」というからには、当然に時間割引率がプラスの値をとることを前提に考えているのですが、実は、往々にしてそうした前提と（一見）矛盾する選択を私たちは行っているというのが次に取り上げる問題です。

いままでは主に2時点の価値を比較していましたが、将来の行動を計画したり選択したりするのはこうした単純なものばかりではなく、複数時点に連なった満足の系列を比較することも珍しいことではありません。たとえば、第1章でも取り上げましたが、中国の故事で狙公のサルたちが直面したどんぐりの問題です。サルたちは朝に3個夕方に4個というどんぐりのもらい方と朝4個夕方3個というもらい方のどちらを選ぶかという問題に直面したわけですが、彼らは朝三暮四と朝四暮三という2つの系列のどちらがより高い満足をもたらすかを評価していることになります。同じように、受け取る生涯賃金の総額が決まっているとして、それを一定期間にどのようなパターンでもらうかという問題も、結局は異なったさまざまな年収の系列を評価し比べるという問題です。

このように、総量の決まった価値や満足を一定期間内の系列としてどのように並べれば自分にとってもっとも大きな満足がもたらされるかを考える場合には、将来の価値を割り引くという前提、言い換えれば時間割引率がプラスの値であるという前提に立てば、答えは簡単です。遠い将来になるほど大きく割り引かれるので、できるだけ満足の高いものを早く、低いものを後に持ってくるというのが最適な選択になります。その意味では、朝三暮四よりも朝四暮三を選んだ狙公のサルたちは、「理論」どおりの最適な行動をとったことになります。

少ない方の生涯賃金を選ぶ?

ところが、私たちの選択は普通そうはなっていないというのがここで説明したい現象です。たとえば、次のような設問について考えてください。

設問 生活に必要な住居や品物を、今から10年間にわたって国から与えられるとします。その総量が決まっているとした場合、あなたは次のどのパターンを選びますか。当てはまるものを1つ選んでください。

(1) 最初のほうの生活レベルを低くし、だんだん生活レベルを上げる
(2) 毎年同じ生活レベル
(3) 最初のほうの生活レベルを高くし、だんだん生活レベルを下げる

(2005年『くらしの好みと満足度についてのアンケート』所収)

いまの場合、10年という期間内で生活物資を先に多めにもらおうが、後に残しておこうが総量は同じなので、たとえば前半の消費レベルを落として、我慢した以上に大きな消費を後半にエンジョイするようなことはできません。つまり、ここでは金利が実質的にゼロに設定されていることになります。そのため、プラスの時間割引率を持つ人であれば、かならず狙公のサルと同じように最初の取り分を大きくする（3）を選択するはずです。

ところが、多くの場合、（1）か（2）のパターンが選択されます。2005年の私たちの調査では、（1）を選んだ人が30％、（2）を選んだ人が65％で、仮説どおり（3）を選んだ人は5％にとどまりました。

同じような設問を使って、ジョージ・ローウェンスタインとナチュム・シッチャーマンがシカゴ科学産業博物館を訪れた一般の成人80名に対して行った有名なアンケート調査があります。図2-3のような6年間にわたる、2通りの年収パターンを見せて、どちらを選ぶかを尋ねるものです。ここでは、わかりやすいように円換算して作り直しています。[16] ちょうどミラーイメージになっている2つのパターンを見て、実に83％の回答者が右上がりのパターン2を選んだと報告されています。6年間に得られる収入の総額は2つのパターンで同じにしてあるので、金利がつかないという設定はここでも同じです。逆にいえば、将来の年収をプラスの割引率で割り引いて所得フローの割引和を求めると、当然パターン1の方が大きくなります。たとえば、2年目以降の年収を年率10％で割り引いて6年間の総収入の割引現在価値を求めると、パターン1が1208万円、パターン2が1187万円です。[17] したがって現在価値にして21万円少ないにもかかわらず、大多数の人が右上がりのパターン2を選択

図2-3　年収パターンの選択（単位：千円）

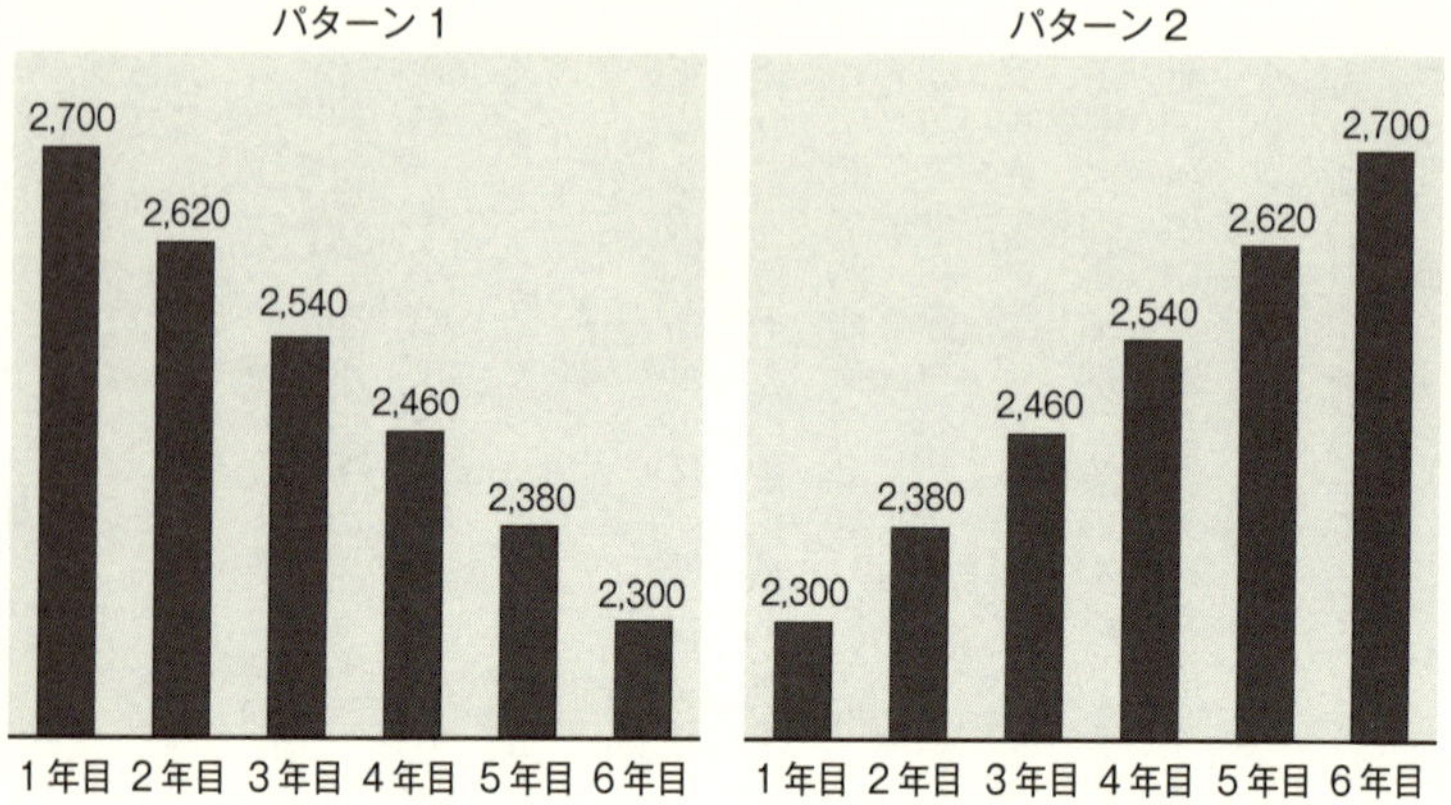

注）Loewenstein and Sicherman（1991）より、1ドル100円として作成。

したことになります。

つまり、総量が少々小さくても、その時点時点の満足の大きさが徐々に増えていくような系列を選択する傾向が私たちにはあるのです。もし私たちが狙公のサルの立場であれば、多くの場合朝四暮三よりも朝三暮四を選んだことでしょう。時間割引率がプラスであれば、満足の程度が、もっとも高い最初の水準から徐々に悪化していくような系列が選択されるはずですから、改善する系列を好むこうした傾向は時間割引率がマイナスの値をとっていることを意味しています。異時点間選択アノマリーとしてここで取り上げているのはそのためです。

ここで「右上がり」の系列といわずに「改善する」系列と表現していることに注意してください。苦痛や不快感といった不満足の系列を選択する場合には「右下がり」の系列が選択されるからです。

たとえば、頭痛が現時点から1時間続くと考えてください。痛みの総量が同じだとした場合に、徐々に弱まっていく（右下がりの）頭痛と強まっていく（右上がりの）頭痛のどちらを選ぶでしょうか。多くの人が右下がりの、改善する頭痛系列を選ぶことは想像できるはずです。実際に、チャプマンは、こうした頭痛についての質問を、1時間という設定以外にも1日、1ヵ月、1年、5年、20年という異なった持続時間の設定の下で行っていますが、一様に80％以上の回答者が右下がりの頭痛を選択しています[18]。この場合も、将来の不満足がプラスの時間割引率によって割り引かれるのであれば、大きい頭痛ほど後半に配置するのが望ましいはずですから、右下がりの頭痛系列を選択した被験者の回答が、先の例と同じように、マイナスの時間割引率を意味していることに変わりありません。

年功賃金のなぞ

改善列が選ばれるこうした傾向は、たとえば年功賃金という実際に広く行われている昇給形態を理解するうえで重要だと考えられています。年功賃金制では、その人の労働生産性が上昇するしないにかかわらず、年を重ねて勤続年数が長くなるにつれて賃金が上がっていくことが約束されています。経済合理性から考えれば、労働者の賃金率はその人が単位時間余分に働くことによって生産される価値の大きさに等しいところで決定されるはずですから、こうした賃金スケジュールは一見不合理にも見えるのですが、労働者の方に生活レベルの改善列を好む傾向があればこうした現象も理解できます。

もちろん、年功賃金を説明する他の可能性も考えられます。たとえば、年功賃金によって同じ企業に長く勤めるインセンティブを労働者に与えることで、その企業にいて初めて発揮できるような特殊な生産・経営能力を訓練によって彼らに習得させせようとしているのかもしれません。なぜその企業だけに「特殊」な能力でなければならないかといえば、他の企業に移っても変わりなく発揮できるような「一般的」な能力の場合、その習得にかかる訓練費用を負担するインセンティブは労働者自身に強くあるので、企業がわざわざ年功賃金という手段で労働者の離職を防ぐ必要はないからです。他の企業に持っていっても利用できないような特殊な能力の場合に初めて、労働者自身よりも企業の方にその訓練費用を負担するインセンティブが働き、それと同時にその投資費用を回収できるような十分長い期間、労働者にとどまってもらう必要が出てくるわけです。そのために年功賃金を用いるという仮説を「(企業特殊的)人的資本仮説」といいます[19]。

別の可能性として、十分に長く勤めた人に労働生産性よりも高い賃金を支払うという契約をすることで、労働者が勤続年数のより少ない段階で怠業や不正行為を行うのを未然に防いでいると考えることもできます。労働者にすれば、若い段階で仕事をサボってそれが見つかると、先の方でありつけるだろう高い賃金を犠牲にしなければなりません。こうして怠業のインセンティブを減じるのが年功賃金だというわけです。こうした仮説を「エージェンシー・コスト仮説」とよびましょう。

ただ、人的資本仮説やエージェンシー・コスト仮説によって、すべての仕事の年功賃金制を説明できるわけではありません。たとえば、ロバート・フランクとロバート・ハッチェンスは、こうした仮説で説明できない仕事の例として、飛行機パイロットとバスの運転手を挙げています[20]。彼らは、これらの職業の賃金が実際に年功的であることを示したうえで、それらが、「(企業特殊的)人的資本仮説」によっても「エージェンシー・コスト仮説」によっても説明できないことを指摘し、その原因を労働者の改善列への選好に求めています。「(企業特殊的)人的資本仮説」が成り立たないのは、飛行機やバスの操縦技術がどの会社に行っても通用する一般性を持ったものと考えられるからです。また、こうした仕事では職務をサボることはそもそも自らの安全を確保するというインセンティブと矛盾するので、怠業を防ぐという理由によって彼らの賃金プロファイル（年齢ごとの賃金を表す曲線）を説明するのは難しいと考えられます。

改善そのものが満足をもたらす

それではなぜこのように改善列が好まれるのでしょうか。

まず考えられるのは、満足度の高いイベントを後に持ってくることで、期待からの快楽を味わい、不安からの不快感を回避しようとしているのではないかということです。つまり、将来満足感を高めるようなよいことであれば、それを将来にとっておくことで、ゆっくりと想像して味わうことができます。夏休みに旅行を計画する場合、夏休みが始まってすぐというよりも、少し先の日程を考える人も多いはずです。楽しみを後に取っておいて、まだ行かぬ大きな楽しみに思いを馳せて楽しんでいると考えられます。反対に、苦痛や不満足といった負の価値の場合は、それを早いうちに済ませてしまうことで、不安を最初に取り除こうとします。夏休みの計画を立てるときに、歯の治療を休みの最初に持ってくる人も少なくないでしょう(21)。

改善列が選択される別の理由として、私たちが習慣化の影響をあらかじめ織り込んでいることが考えられます。過去に経験した快楽や苦痛のレベルが習慣化する場合、新たに経験する刺激はその習慣レベルが基準になって評価されるので、系列を選択するときに最初からそのことを織り込んで系列の形を決めているわけです。

たとえば、図2-3のパターン1で示された右下がりの賃金プロファイルでは、1年目、2年目の高い賃金水準に慣れてしまえば、それ以降の低い賃金水準はことさら低く感じられて低い満足水準しか達成できません。ローウェンスタインたちの回答者の80％を超える人たちは、逆に最初に経験する賃金水準を抑えることで習慣レベルを低くし、それによって後半期の高い賃金からの満足度をより高くしようとしたと考えられるわけです。同じように、先のチャプマンのアンケートで、徐々に弱くなる頭痛を選んだ80％以上もの人たちは、前半で激痛に慣れておくことで後半の痛みをより小さなものにしたいと考えたと思われます。

味わいと習慣

実際はどうなのでしょうか。私たちのアンケート調査では、改善列を好む傾向が実際にこれらの要因によって生じているのかどうかを簡単に調べるために、楽しみを後にとっておきたいという性向がどの程度強いか、また生活レベルの習慣化のことをどれだけ自覚しているか、という2点について、回答者に尋ねています。楽しみについては、

- 「楽しみは後にとっておきたい」

という文章にどの程度当てはまるかを、「ぴったり当てはまる」から「まったく当てはまらない」の5

段階で、習慣化については、

●「いったん、高い生活水準を味わうと、それを下げるのは苦痛だ」

という文章を見せて同じ5段階で回答してもらっています。

こうして大まかに測られた回答者の「楽しみを味わう程度」や「習慣化の影響を自覚する程度」が違うことによって、先の10年間の生活レベルのパターンで右上がりのパターンを選んだ回答者の割合がどのように変わってくるかを調べたのが図2-4の(a)と(b)です。棒グラフで示されているように、楽しみを味わう傾向の強い人ほど、また習慣化の影響をよく自覚している人ほど、右上がりの生活パターン（改善列）を選んでいることがわかります。これらは1対1の単純な相関を見ただけですが、年齢、時間割引率の水準、所得水準など、今後10年間の生活パターンの選択に影響を与えそうな他の要因の影響を考慮しても、「楽しみを味わう程度」と「習慣化の影響を自覚する程度」がともに改善列への選好と統計的に強いプラスの相関を持つという結果に変わりありません。同図の折れ線グラフは他の要因の効果を取り除いた場合の関係を示しています。

連なりという文脈

右の議論の意味をもう一度考えてみましょう。図2-4の結果は、改善する系列を好む傾向は一見マイナスの時間選好率を意味するように見えますが、実は、将来の楽しみを味わったり、習慣化の影

図2-4　改善する系列を選ぶ傾向

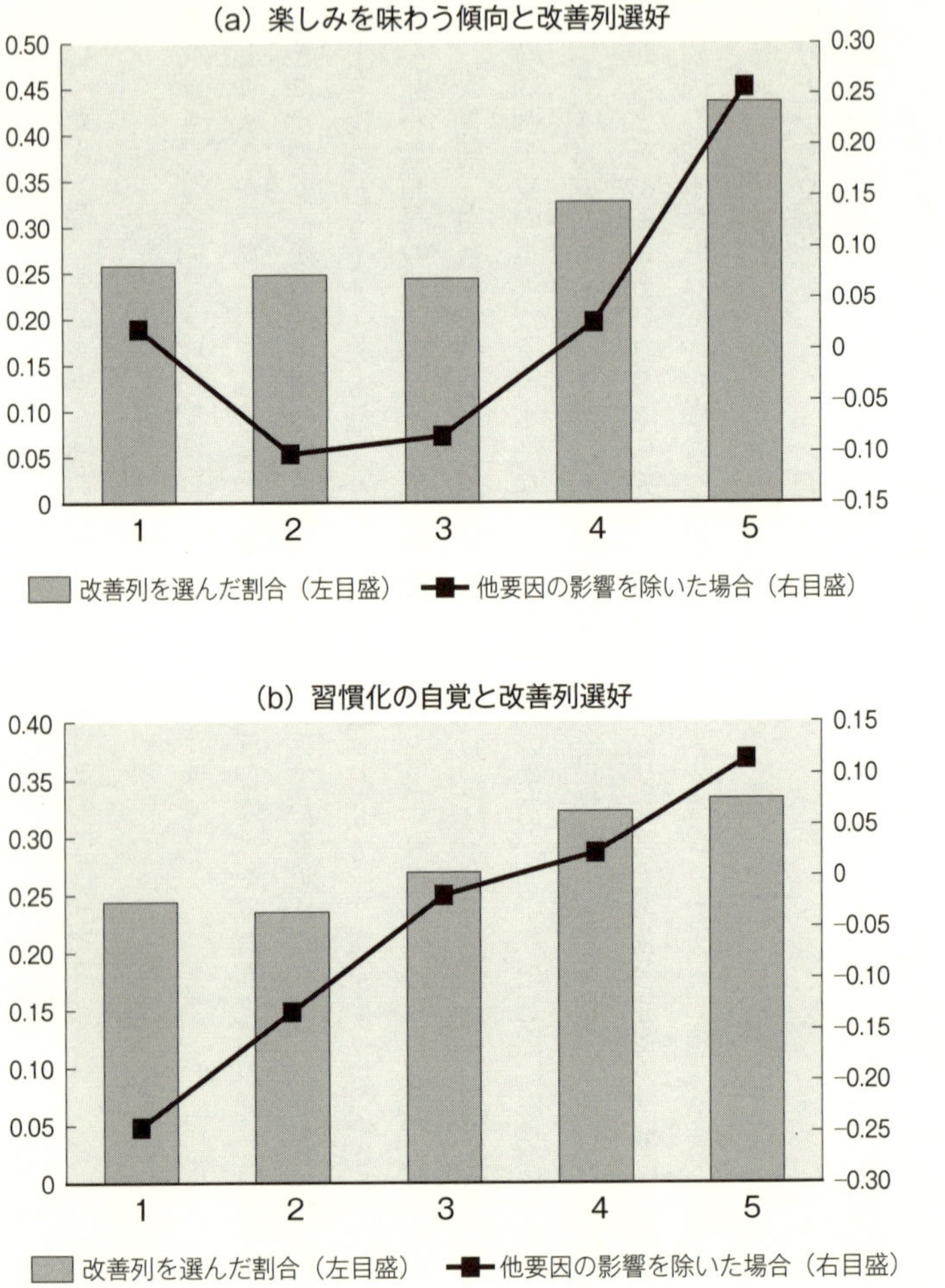

注）大阪大学『くらしの好みと満足度についてのアンケート』2005年より作成。グラフ (a)、(b) の横軸の1～5の数値は、それぞれ「楽しみは後にとっておきたい」、「いったん高い生活水準を味わうと、それを下げるのは苦痛だ」に当てはまる程度を表す。5はもっとも当てはまることを表す。

響を考慮したりという、割引とは別の要因が働いた結果、時間割引率自体は常識的にプラスの値をとっているにもかかわらず、満足を将来まで残す選択を行った結果だと考えられます。

逆にいえば、将来を味わう気持ちや習慣化という要因のどちらかが働かないような選択の文脈であれば、将来の満足を高く評価する傾向は弱まり、プラスの時間割引率の効果が効いて現在を優先させる選択をすることになるでしょう。

そこで重要になってくるのが、その選択が、満足や不満足の連なった一続きの系列の中で行われるか、それだけ独立した選択として行われるかというフレーミングの問題です。

たとえば、以前から見たかった映画のＤＶＤが手元にあり、3日後に返却しなければならないとしましょう。この場合、3日のどの時点で映画を見るでしょうか。他に何もなければ、多くの人が早いうち――おそらく今日――に見ることを選ぶはずです。ところが、もしここに3日以内に済まさなければならないレポートがあるとすれば、先にレポートを済ませて、映画の鑑賞を2日後や3日後まで我慢する人も少なくないはずです。

起こっているのは以下のようなことだと考えられます。映画鑑賞のタイミングだけを独立して決める場合には、せいぜい「将来の楽しみを味わう」ために少し待つことはあっても、時間割引率がプラスである限り早期に鑑賞することで満足の度合いを大きくすることができます。ところが、レポートを作成するという「苦役」と映画鑑賞を1つの連なりとして選択する場合には、「習慣化」を織り込むことによって、「将来の楽しみを味わう」効果だけが働く場合よりもさらに満足度を高めることができます。つまり、まずレポートを書く不満足を経験した後に、映画鑑賞を持ってくることで大きくな満足が得られるわけです。これが先ほどから議論している改善列への選好です。満足を後に回すという傾向は、したがって独立した選択の場合よりも連なりの中で選択を行う場合に強く働くと考えられます。

これについてはやはりローウェンスタインとプレレクが、[22]ハーバード大学の学生を対象に面白いアンケート調査を行っています。最初に学生にフランス料理とギリシャ料理のどちらが好きかを尋ね、フランス料理を選んだ学生を被験者に選んで、次の2つの設問A、Bを尋ねます。

設問A　ただで食べられるとすれば、次の2つのうちどちらを選びますか。好きな方を1つ選んでください。

（1）1ヵ月後のフランス料理レストランでの食事

（2）2ヵ月後のフランス料理レストランでの食事

設問B　ただで食べられるとすれば、次の2つのうちどちらを選びますか。好きな方を1つ選んでください。

（1）1ヵ月後のフランス料理レストランでの食事と2ヵ月後のギリシャ料理レストランでの食事

（2）1ヵ月後のギリシャ料理レストランでの食事と2ヵ月後のフランス料理レストランでの食事

その結果、フランス料理を1ヵ月後に食べるのか、2ヵ月後に食べるのかを選ぶ設問Aについては、実に80％の回答者が1ヵ月後のフランス料理を選んでいます。これに対してギリシャ料理との組み合わせで同様の質問を行った設問Bについては、半数以上（57％）の学生が2ヵ月後にフランス料理を食べる方（2）を選択したと報告されています。

先に説明したように、フランス料理をいつ食べるかという選択を単独で考えるAの設定では、早く満足（フランス料理）を手に入れようとするのに対して、ギリシャ料理とフランス料理という2つのイベントの連なりを選ぶBの設定では、習慣化の効果を織り込む結果、小さな満足から大きな満足へという傾斜をつけるような選択肢が選ばれたと考えられるわけです。

まとめ

この章では、私たちの行動や選択を左右する時間割引率が選択の条件や設定にどのように依存するかを見て、その原因について考えてきました。

時間割引率は、選択対象の価値が小さいほど大きく、人々は大きな価値ほど忍耐強くそれを待つことができます（マグニチュード効果）。

将来の損失に対する時間割引率は、将来の利益に対する場合よりも低くなる傾向があります（符号効果）。符号効果は、負債保有や肥満、喫煙習慣など、将来の負担になるような選択や行動を抑制する方向に作用します。

一定期間にわたって、何らかの利得が支給される場合、人々は、利益や満足が徐々に改善されていくような受け取り方を選択する傾向があります。たとえば、その利得が財やサービスのようにプラスの満足をもたらす場合であれば、時間とともに増加していく形が選択され、歯痛や苦役などマイナスの満足をもたらす場合には、時間とともに逓減していく形が選択されます。その原因として、将来の楽しみを味わったり不安を払拭しようとする傾向や、現在の消費が習慣化することを織り込んだうえでその系列に傾斜をつけて満足を高めようとする傾向が考えられます。

【注】

（1）Loewenstein and Thaler（1992）参照。
（2）Thaler（1981）参照。
（3）Benzion *et al.*（1989）参照。
（4）Loewenstein and Prelec（1992）参照。
（5）Kinari *et al.*（2009）参照。
（6）Loewenstein and Prelec（1992）参照。
（7）Chapman and Winquist（1998）参照。
（8）Thaler（1981）参照。
（9）Shefrin and Thaler（1988）参照。

(10) Chapman (1996) 参照。

(11) たとえば、A・マーシャルは、貨幣の限界効用を一定としてそれを価値尺度に用いています。小野（1992）は貨幣の持つ流動性の重要性に着目して、貨幣の限界効用にこれ以上下がらない下限があるとして不況理論を展開しています。この仮説は実証的にも支持されています (Ono *et al.*, 2004)。

(12) Loewenstein and Prelec (1992) 参照。

(13) 満足が金額に対して持つ弾力性とは、1％金額が増えたときに満足が何％増すかを示すものです。

(14) Kahneman and Tversky (1979) 参照。

(15) Loewenstein (1988) 参照。

(16) Loewenstein and Sicherman (1991) 参照。

(17) パターン1の現在価値は、$2{,}700+\frac{2{,}620}{1+0.1}+\frac{2{,}540}{(1+0.1)^2}+\cdots+\frac{2{,}300}{(1+0.1)^5}$、パターン2のそれは、$2{,}300+\frac{2{,}380}{1+0.1}+\cdots+\frac{2{,}700}{(1+0.1)^5}$ で求まります。

(18) Chapman (2000) 参照。

(19) 広い意味での生産技術や能力を身につけた労働者は、将来にわたって一定の価値のフローを生み出す能力を持った一種の資本と考えられるので、これを人的資本とよびます。企業特殊的資本とは、その企業でだけ発揮される生産・経営能力を備えた人的資本のことです。

(20) Frank and Hutchens (1993) 参照。

(21) 実は、このように将来の期待や予想から得られる快楽や不快感が異時点間選択に影響を与えるという指摘は、古くはアダム・スミスやW・S・ジェボンズによってもなされています。とりわけジェボンズは、その著作『政治経済理論』（1871）の中で、人間が純粋に利己的で近視眼的な存在（つまり、時間割引率が無限に大きくて将来のことを考えない存在）であるとすれば――これを「ベンサム的人間」とよびますが、――なぜ将来のことを考慮するのかという問題を取り上げ、その理由を「予想からの快楽」(pleasures

from anticipation）に求めています。

(22) Loewenstein and Prelec（1991）参照。

第3章

不本意な選択のメカニズム
――双曲割引

自滅をもたらすアノマリー

前章では、選択の設定や場面でせっかちさがさまざまな規則性を持って変わってくるために、伝統的な経済学では説明できないような奇妙な現象が異時点間選択の現場で発生していることを説明しました。本章では自滅選択を考えるうえで大変重要な問題を取り上げます。第1章でもふれましたが、選択対象となる利益（または不利益）が間近であるほど、時間割引率が高くなりせっかちになるという傾向で、双曲割引とか現在バイアスとよばれている傾向です。

たとえば、2週間後までに仕上げなければならないレポートがあるときに、締め切りまでに2週間という時間が十分にあったのにもかかわらず、締め切り間際になってもそれができずに困ったという経験をお持ちの読者も少なくないと思います。翌朝早いことを知りながら、その前夜テレビや映画で夜更かしをして次の朝に後悔することも多いでしょう。あるいは、摂生しなければと思いつつ食べ過ぎるようなことも珍しいことではありません。

こうした、いわば長期的な利益を理解しながらも間近の利益を優先させてしまい、結果として大きな損害をもたらすような矛盾した選択のメカニズムは、過小貯蓄、多重債務、タバコなどの習慣財の消費、過食や肥満といった「自滅する選択」を理解するうえで重要です。

本章では、双曲割引や現在バイアスとよばれる異時点間選択のバイアスについて説明し、私たちがさまざまな日常の選択の局面で経験する矛盾した選択のメカニズムについて理解を深めます。

間近になるとせっかちに

間近の選択と遠い先の選択

貯蓄の問題にせよ、健康管理の問題にせよ、すべての異時点間の選択は、早く得られる小さな利益（たとえば、1ヵ月先の1万円）と遅れてしか手に入らない大きな利益（たとえば、4ヵ月先の1万1000円）のどちらを選ぶか、という問題と構造的には同じです。そしてそこに関与するのが、時間割引率です。時間割引率が高い人ほど現在指向性が強く、したがって少々小さくても早くもらえる利益を選ぶことになります。より大きな遅れを伴ってしか入手できない利益は、遅れが大きい分だけ、

図3−1　選択の遠さで時間割引率が変わる

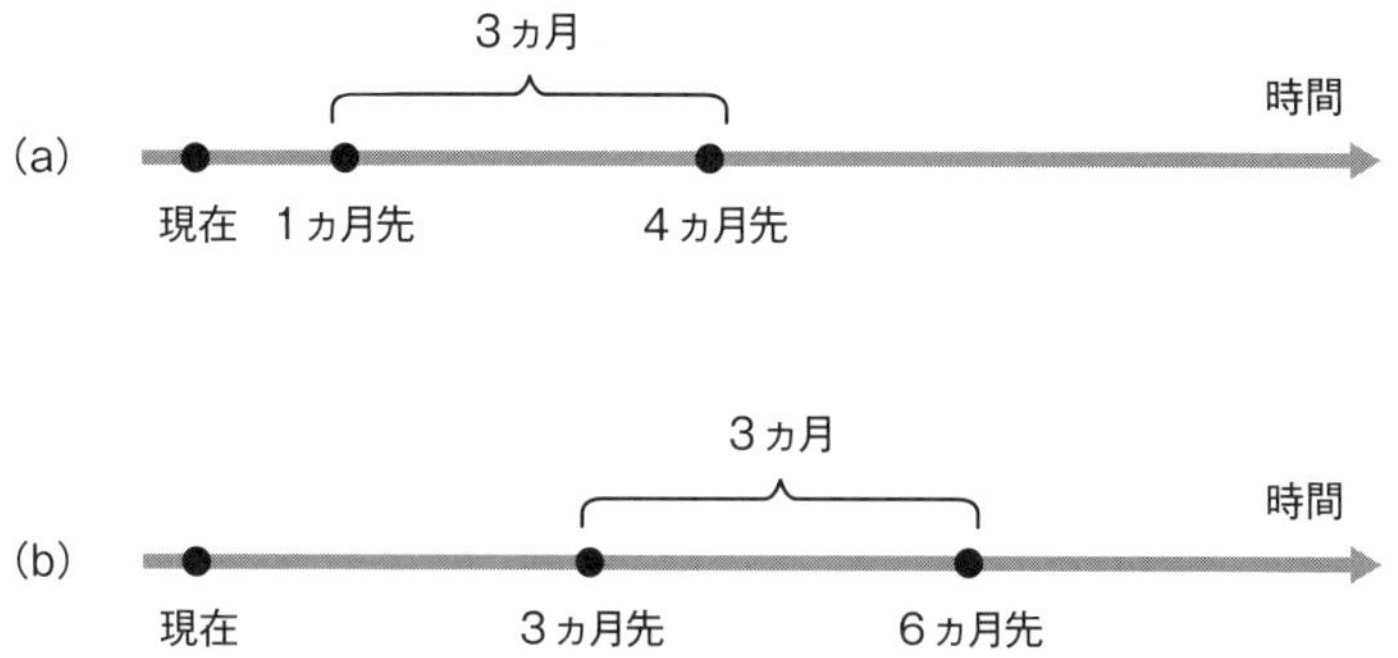

早く入手できる利益よりも余分に割り引いて評価されるからです。つまり、4ヵ月先の1万円は、1ヵ月先の1万円よりも3ヵ月余分に割り引いて評価されるわけです（図3−1の(a)参照）。

それでは、余分に待たなければならない遅れの期間が同じであれば、その選択が間近であっても遠い将来であっても、遅い利益を余分に割り引く割合は変わらないのでしょうか。図3−1でいえば、遅い方の利益を割り引く時間割引率は、早くもらえる方の利益が(a)のように1ヵ月先に発生する場合も、(b)のように3ヵ月先の場合であっても、遠い方との時間的な距離（3ヵ月）が同じであれば変わらないのでしょうか。

実は、時間割引に関してもっとも衝撃的な特性は、間近の選択ほどそれが高くなり、したがって将来よりも現在にそれだけ大きなウエイトが置かれてしまうところにあります。私たちには、直近の選択ほどせっかちになる傾向があるわけです。

たとえば、2010年にインターネットを使って行ったた

図3-2　間近の選択ほど高い時間割引率

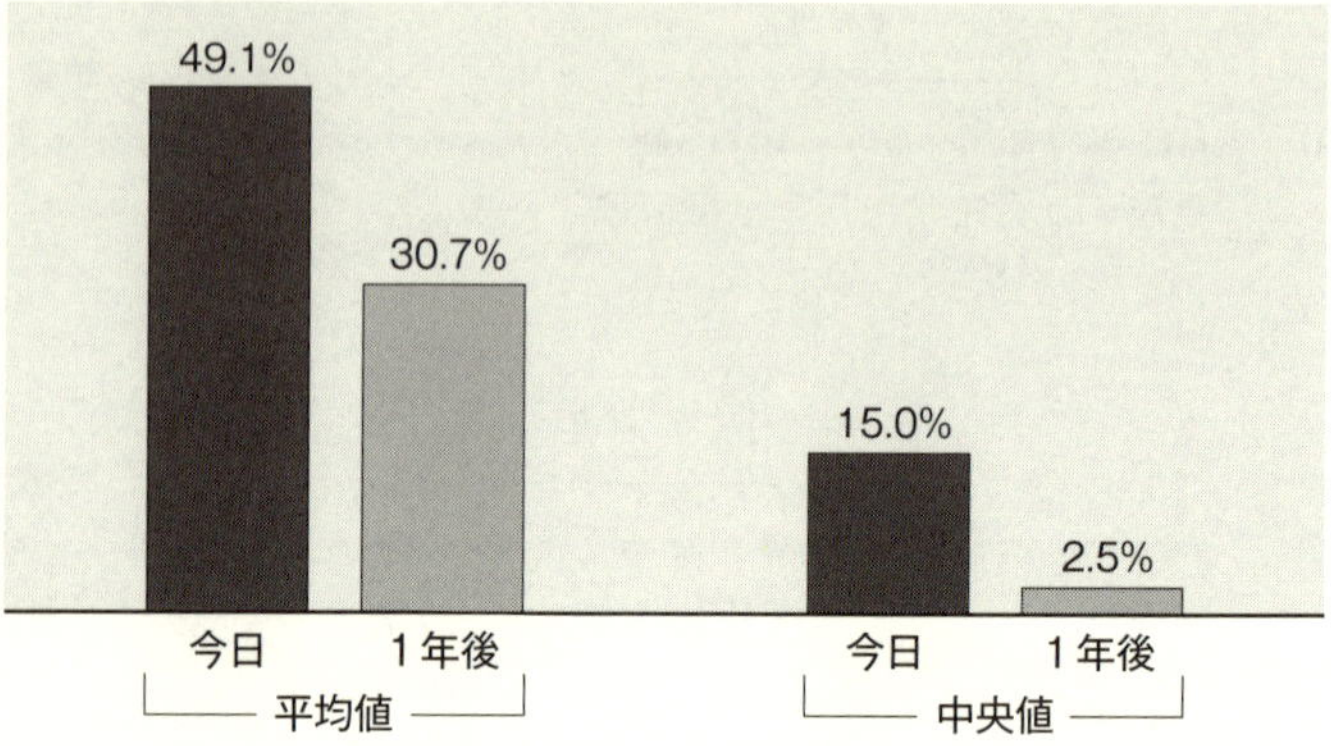

注）2010年インターネット調査「時間とリスクに関する選好調査」（サンプル数2386）平均値の差は1%で、中央値の差は5%でそれぞれ有意。

全国調査（サンプル数2386）では、今日の1000円に1週間の遅れがある場合に要求する利息と、1年後の1000円に同様の遅れがある場合の要求利息を一般回答者に尋ねています。その回答から時間割引率を推定したところ、図3−2に示したように、平均値でも中央値でも直近である今日の時間割引率の方が1年先のそれよりもずっと高い結果となっています。実際に、「1年後」の質問よりも「今日」の質問で高い時間割引率を示した回答者は全体の44・8%を占めます。

　このように間近の選択ほど時間割引率が高くなる傾向は、双曲割引とよばれます。名前の由来については次節でくわしく説明しますが、同じ現象は、直近ほど現在指向性が強くなるという意味で、もっと直観的に「現在バイアス」とか「直近効果」とよばれることがあります[1]。また、利益が発生する2つの時点の差を一定にしながら、2時点を現在に近づけるだけで時間割引率が高くなるという

図3-3　指数割引と双曲割引

T期先のA_T円を現在の価値に割り引く

(1) 指数割引

$$A_0 = \left(\frac{1}{1+r}\right)^T A_T$$

(2) 双曲割引

$$A_0 = \frac{1}{1+\alpha T} A_T$$

意味で、「公差効果」ともよばれています。[2]

指数割引と双曲割引

さて、この双曲割引がどのように奇妙かは、銀行預金の金利を考えてみるとわかります。たとえば、銀行に1年満期の定期預金をするとき、預金するのが今日であっても、3ヵ月後であっても、1年という期間が同じであれば同じ金利が適用されます。[3] 逆に言えば、もし私たちが銀行員のように行動するのであれば、今日であろうが3ヵ月先であろうが同じ割引率で割り引くでしょう。

こうした割り引き方を私たちは指数割引とよんでいます。なぜ指数割引かといえば、元利合計から最初の貯金額を逆算する懐かしい算数を思い出せばわかります。話を簡単にするために1年複利を考えると、今年貯金したA円は、金利をrとしてT年後には$A(1+r)^T$円になります。逆に、T年後にA円を得るために現在いくら貯金すればよいかといえば、$A(1/(1+r))^T$円、です。つまり、T年後の価値を現在の価値に直すときには、$(1/(1+r))^T$という乗数を掛け合わせればよいわけです。割り引くために掛け合わせる乗数の部分を「割引要素」といいます。いまの場合、割引要素が $(1/(1+r))^T$ と、期間 T に関する指数関数の形をしているので、この割引方式を指数割引と形容するわけです。

図3-4は指数割引に従う場合の割引要素を例示しています。横軸には、利益が発生するまでの遅れの大きさをとっています。利益の発生が先であるほど大きく割り引かれるので、割引要素は右下がりの曲線になります。また、現時点(つまり、遅れがゼロである時点)の利益は割り引かれないので、割引要素は1に等しくなります。時間割引率は、遅れが1単位期間増えたときに割引要素が小さくなるその割合として与えられます。作図の方法からもわかりますが、指数割引の場合には、いかなる遅れに対応する時間割引率も一定の値をとります。

指数割引の場合、T 年先の1円の現在価値と、$T+\tau$ 年先の1円の現在価値を比べると、割引率を r としてその比は $(1+r)^\tau$ になります。つまり、τ 年余分に遅れを伴う1円は、比較が今日と τ 年後であろうと、1ヵ月と1年プラス τ 年先であろうと、τ 年という遅れの差だけが効いて、$(1+r)^\tau$ 分だけ余分に割り引かれるわけです。先に、銀行員のように行動すれば、今日であろうが3ヵ月先であろうが同じ割引率で割り引く、といったのはこのことです。

標準的な経済学では、私たちの時間割引が指数割引モデルによって記述されると考えて議論を展開してきました。これによって議論が飛躍的に簡単になるからです。どのように簡単になるかは、逆に選択がどれだけ先であるかによって割引率が変わってしまう状況を考えてみればわかります。たとえば、今日からの1年間の消費計画を立てる場合のせっかちさ(時間割引率)が、1年前に同じ1年に

図3-4　指数割引の割引要素

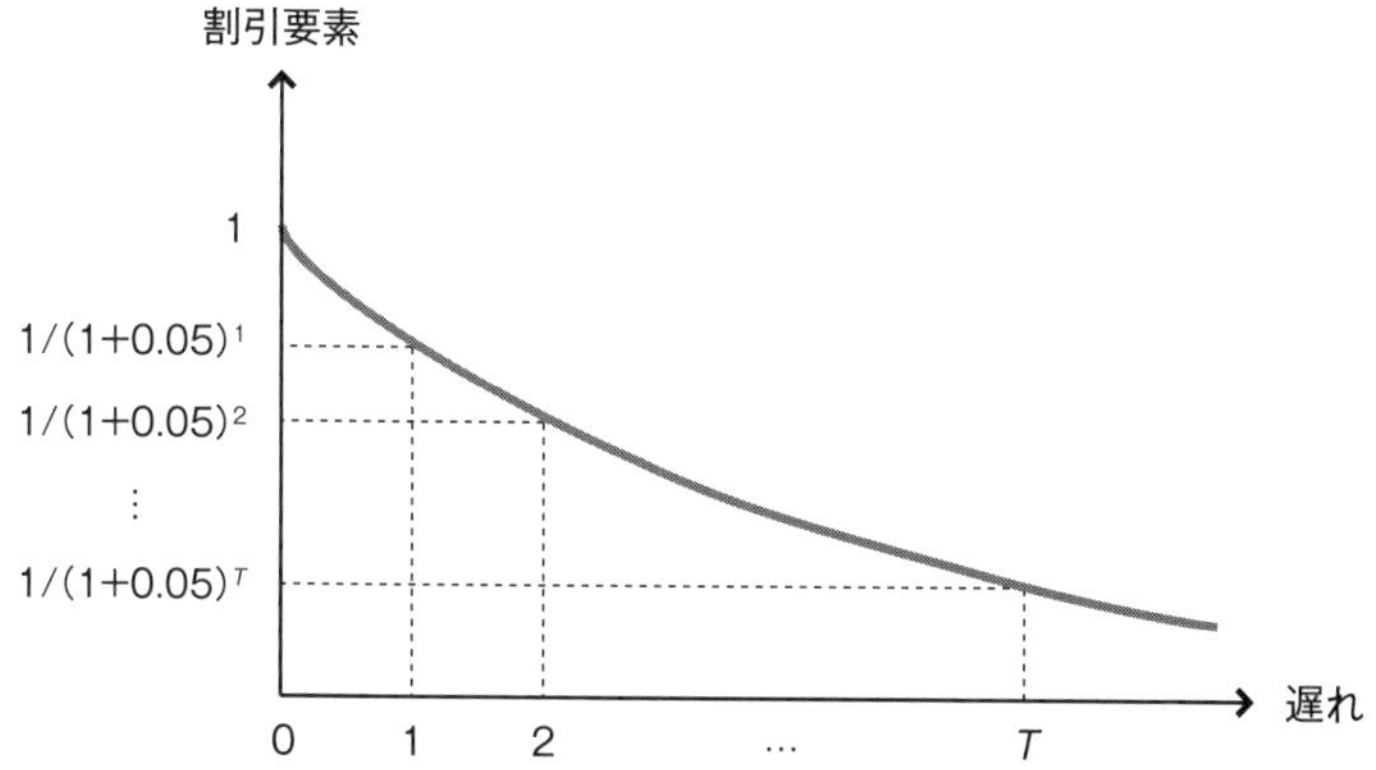

注）時間割引率5%の場合

ついて計画したときのせっかちさ（時間割引率）と異なるようなことがあれば、1年前に立てた当初の計画につじつまが合わなくなり、時間の経過とともに改めて消費計画を立て直さなければならなくなる困難が生じます。指数割引を仮定しておけば、こうした問題に煩わされることなく、長期的な視点から経済成長や経済発展、あるいは貯蓄行動を最適計画の手法によってスムーズに議論することができるわけです。

ところが、観察される実際の割引方法はそのように都合のよい形をせず、選択が間近であるほど時間割引率は高く、遠いほどそれは低くなります。

こうした性質は、割引要素を遅れTの双曲関数$1/(1+\alpha T)$（αは正の定数）として定式化することでうまく表現できることから、これを双曲割引というわけです。ここで双曲関数とは、簡単にいえば変数が分母にくるような形です。指数割引の割引要素が遅れTに関する指数関数で定式化されるのに対し、双曲割引では、それはTの双曲関数として記述されます[4]。

「双曲割引」という場合、厳密にはこのような数学モデルが背後にあるので、私たちが行っている割引が実際に「双曲」的であるかどうかをデータから判断するには、厳密にはそうした数学モデルに対応した検証が必要です。ただ、「双曲割引」という用語は多くの場合、「双曲」という数学的な意味に縛られずに現在バイアスや直近効果という性質を記述する言葉として、それらの言葉とは区別せずに用いられます。ここでもとくに断らない限り、「双曲」という言葉をそのようなより広い意味で使う約束にします。ついでに言えば、「双曲的な」という言葉は、双曲割引で割り引く人を形容するのに使われます。「双曲的な消費者」とは、双曲割引に従う消費者です。同様に「指数的な人」とは、指数割引によって将来を割り引く選択者のことです。

さて、双曲割引の割引要素を先の指数割引のグラフに重ね合わせたのが図3-5(a)です。指数割引の場合と同様に、ここでも遅れがゼロである現時点では割引要素は1の値をとり、遅れが大きくなるにつれて徐々に小さくなっていく点は同じです。

指数割引の場合と大きく異なるのは、曲線のたわみが大きく、遅れに伴って割引要素が小さくなっていくその割合が遅れとともに大きくなっていくところです。遅れの大きさがゼロに近い直近においては、遅れが大きくなるのに対応して、割引要素は指数割引の場合よりも急速に小さくなります。遅れが少し増すだけで、割り引く度合いが大きく増すわけです。逆に、遅れが十分に大きな局面、つまり遠い将来では、遅れが増すことによる割引要素の減少率、つまり曲線の傾きは、指数割引の場合より小さくなります。

図3-5　指数割引・双曲割引・準双曲割引

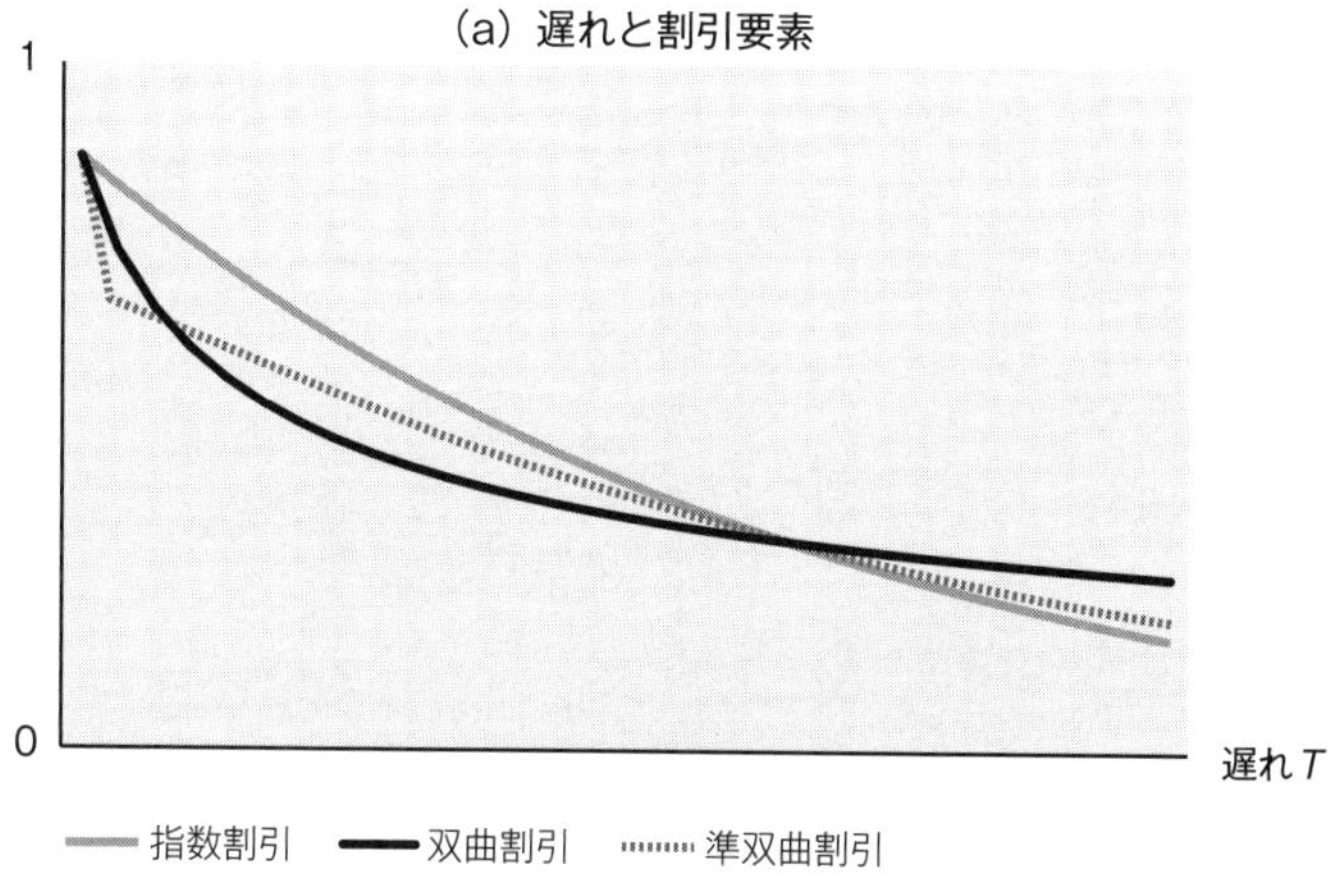

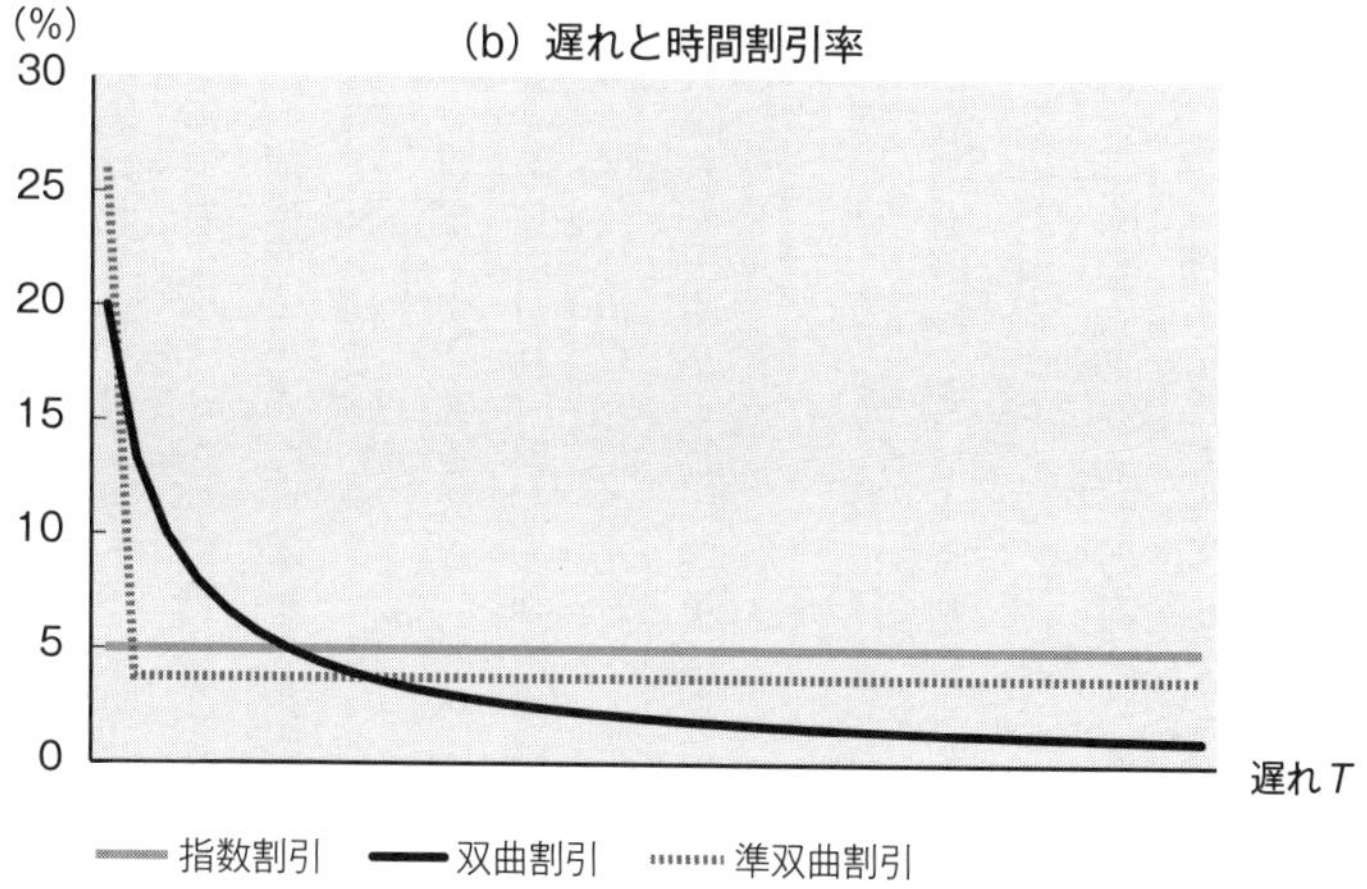

図3–5(a)では、もう1つ準双曲割引とよばれる割引モデルを例示しています。これは、現在バイアスのもっとも単純なケースで、1期先、2期先、3期先、……、T期先を割り引く場合の割引要素が、$\beta\delta, \beta\delta^2, \beta\delta^3, \dots, \beta\delta^T$ ($0<\beta\leq 1$, $0<\delta\leq 1$) で表されます。βもδも1よりも小さい正数なので、割引要素は1よりも小さく、遅れTが大きくなるにつれて小さくなる性質はこれまでと同じです。割引要素$\beta\delta^T$のδ^Tの部分は、遅れTが増すにつれて指数的に小さくなる指数割引的な性質を表しますが、ここでは将来の価値は一様にβ分だけ余分に割り引かれています。将来の2時点（たとえば、明日と明後日）で割引要素を比べる場合には余分なβは効いてきませんが、将来の価値を現在価値に直す場合（たとえば、今日と明日）にβ分だけ大きく割り引かれ、現在の価値だけがそれだけ高く評価されることになります。準双曲割引は、その意味で現在という一時点に対してだけバイアスが作用するという極端に単純化された性質を持ちますが、議論や分析が大幅に簡単になることから双曲割引のエッセンスを表現するのにしばしば用いられる割引モデルです。

図3–5(a)で示した双曲割引と指数割引の割引要素の違いは、もちろん背後にある時間割引率の性質が2つの割引方式で異なることに対応しています。指数割引のところでも説明しましたが、遅れの増加に伴う割引要素の減少率は時間割引率に等しいことを思い出してください。そのことを使えば、同図で描かれた割引要素のグラフに対応して、指数割引と双曲割引それぞれの方式に対応する時間割引率のグラフを図3–5(b)のように描くことができます。指数割引では時間割引率が遅れの大きさに依存せずに一定の値をとるのに対し、双曲割引では、時間割引率は遅れが大きくなるほど低くなります。間近ほどせっかちになる傾向を表現する数学モデルとして、双曲割引モデルが用いられるのはこ

のためです。また準双曲割引の場合には、一期先を割り引く際の割引率だけが高く、それより大きな遅れに対してはより低い一定の値をとります。準双曲割引は双曲割引を極端な形にデフォルメした特殊ケースであることがわかります。

マッチング法則

もともと時間割引の双曲的な性質は、ハーバード大学の心理学教室を中心に行われた動物実験、とりわけハトを用いた実験がきっかけで明らかになりました。同教室のハーンスタイン教授等は、ハトを実験用の箱に入れて、遅れの小さな、つまりあまり待つ必要のない小さな報酬（エサ）と、より大きな遅れを伴った大きな報酬のどちらか好きな方を選ばせるという実験を、報酬や遅れの大きさをいろいろに変えながら行い、ハトにとっての報酬（エサ）の価値と報酬の大きさや遅れとの関係を「マッチング法則」という式にまとめました。[5][6]

マッチング法則によれば、報酬の価値は報酬の大きさに比例し、遅れの大きさに反比例します。[7]同教室に所属していたジョージ・エインズリーは、[8]その割引と遅れの双曲関係が持つ選択上の重大な意味――つまり、それが現在と将来で矛盾した選択をもたらすこと――に気がつき、指数割引に代わる割引モデルとして双曲割引モデルを定式化するに至ります。その後さまざまな実験によって、動物たちの割引が指数型よりも双曲型になることが報告されています。たとえば、メイザーは、遅れに差のある大小2つのエサを設定し、それらがちょうど同じ価値になるように遅れを調節してハトの割引曲線を割り出したところ、双曲割引の数学的性質を実によく満たしていたことを報告しています。[9]

現在バイアスや割引の双曲性といった性質が人間だけに限定されないこうした事実は、その性質が人間の文化要因によって形成された単なる癖のようなものというよりは、何か生理的・脳科学的な根拠を持った傾向であることが強く予想されます。この点は本書の守備範囲を超える問題ですが、のちほど可能な範囲で取り上げます。現段階では、双曲割引がそうした強い頑健な性質であるということを理解しておいてください。

矛盾する選択

明日を割り引く一方で10年後も考える二重性格

先のインターネット調査からもわかるように、私たちは確かに目先の利益にとらわれ、近い将来の利益を大きく割り引いて評価してしまいますが、だからといって遠い将来の楽しみや苦労を100％割り引いて無視しているわけではありません。ご馳走に目がくらんで食べ過ぎながら、その一方で10年先の定年後の蓄えを心配する人は珍しくないでしょう。テレビを見て夜更かしする一方で、数年先の資格試験や入学試験に備える人も多いはずです。気に入った洋服を分割払いで買いながら、積立型の老齢年金や医療保険に加入している人も同様です。

つまり、短期を大きく割り引く一方で、長期もそれなりにちゃんと評価するという矛盾した傾向を私たちは併せ持っています。指数割引は銀行員の割り引き方のように首尾一貫性を持っていて考えやすいのですが、私たちのこうした二重性格を記述できません。これに対して、双曲割引は、図3–5(b)に示したように、直近の将来については指数割引の場合よりも大きな率で割り引き、遠い将来の利益については指数割引よりも低い率でしか割り引かず相対的に高く評価します。「明日を割り引く一方で10年後も考える」私たちの二重性格を記述するうえで、双曲割引のこうした特性は非常に適していると考えられます。

数字を使ってもう少し詳しく説明しましょう。たとえば、今日から明日への割引要素が0・998（時間割引率は日次で約0・2％）の人、つまり明日の楽しみを0・998倍にして割り引く人を考えましょう。たとえば、「明日の1万20円」か「今日の1万円」か、と尋ねられて、「今日」を選ぶ人は少なくないはずですから、非現実的に高い時間割引率の設定ではありません。

さて、この人がもし指数的な人で、1年後や10年後の楽しみを同じように割り引いて考えるとすればどの程度割り引くことになるのでしょうか。指数割引の定義から、評価の対象がどれだけ先であっても1日ごとに等しく0・998倍して割り引かれるので、1年後の楽しみを今日の価値に直して評価する場合の割引要素は、0・998の365乗で0・482になります。1年で実に50％以上割り引かれる勘定です。さらに10年後の楽しみになると、割引要素は0・998の3650乗となってほとんどゼロに近い値になるので、現時点では価値を持たないものとして無視されることになります。つまり指数割引の下では、わずかな率であっても明日を割り引く人は10年先の利益を無視するような選択をすることになります。

逆に、10年後の楽しみであってもまったく無視せずにそこそこに高く評価する人、たとえば8掛けくらいにして評価する人を考えてください。この場合、1日後（明日）の楽しみを評価する場合の割引要素を、0・8の3650分の1乗として逆算すると、ほとんど1（0・99993）に等しくなり、直近である明日の楽しみはほとんど割り引かずにそのまま評価されることになります。指数割引を前提にする限り、10年後の価値に、ある大きさのウエイトを置いてちゃんと評価する人は、明日の1万円と今日の1万円をほとんど等価だと考えることになります。

このように、指数割引では「明日を割り引く一方で、10年後も考える」私たちの複雑な二面性をうまく捉えきれません。それを可能にするのが双曲割引のモデルなのです。たとえば、先ほどの準双曲割引$\beta\delta^T$を前提にすれば、βを0・998、δを0・99994と設定することで、翌日の価値に対する割引要素は0・998、10年後に対しては0・800となり、「明日を0・998倍、10年後を0・8倍して割り引く」行動を同時に説明できます。

そもそも短期の割引率が長期の割引率よりも大きくなるという実験やアンケートの結果自体、私たちの「明日を割り引く一方で、10年後も考える」二重性格の1つの表れであったというべきでしょう。

矛盾する選択、破られる計画

そして双曲割引は、その二面性ゆえに、矛盾した行動を私たちにとらせます。

双曲的な人は、同じ異時点間の選択であっても、時間が経って実行時点が近づくにつれて、適用されるせっかちさが増していくために、前に立てた辛抱強い計画に矛盾が生じ、結局せっかちな選択をしてしまいます。図3-2の調査結果に沿っていえば、3ヵ月先のことであれば91円もらえれば1週間待てると答えた同じ回答者が、2日前になると101円の利息でなければ待てないと言い出します。1ヵ月先のことであれば私たちはすばらしいダイエットの計画を喜んで立てますが、1ヵ月が過ぎて直前になるとそれを計画どおりに実行するのが困難になり、より現実的な形に計画を変更せざるを得なくなるのです。

このことは、高いビルとその手前にある低い木を眺めるのに似ています。図3－6(a)を見てください。遠くから眺めるうちはビルの方が高く見えますが、間近に来てみると手前の木の方が高く見えます。手前の木が、早く手に入る小さな利益、向こうにあるビルがより先にある大きな利益と考えれば、先ほどの双曲割引の話であることがわかるはずです。

実際、双曲割引下での評価は、ビルと木の図とまったく同じように、図3－6(b)のように説明できます。図は時間を横軸に、主観的な価値の大きさを縦軸にとって、早い時点t_Sに手に入る利益R_S——これを短期的利益とよびましょう——と、より先の時点t_Lでしか手に入らない利益R_L——長期的利益とよびます——が、それぞれ各時点でどのように評価されるかを表しています。たとえば短期的利益R_Sはカロリーの高い食事やデザートであり、長期的利益R_Lは節制によって得られる健康です。ここでは発生時点の利益の大きさ自体は短期的な利益（ケーキ）R_Sより長期の利益（健康）R_Lの方が大きい場合を考えます。その一方で長期的な利益はそれを得るためにはより長く待たなければならないので、それだけ大きく割り引いて評価されることになります。利益の大きさと、遅れに伴う割引というプラスマイナスを考慮したうえで、R_SかR_Lか、つまり食べるのか節制するのかを選ぶ選択になります。

図3-6　双曲割引下の矛盾する選択

（a）大きく見える目前の利益

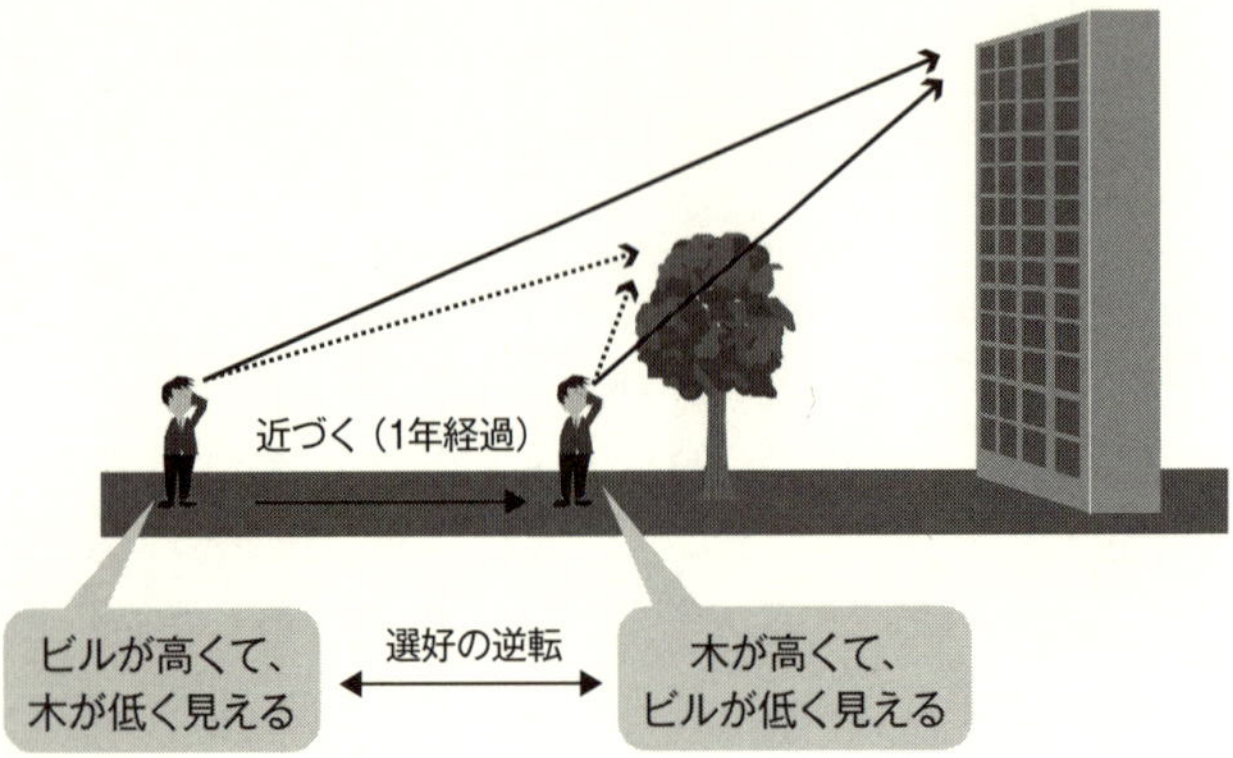

（b）選好の逆転

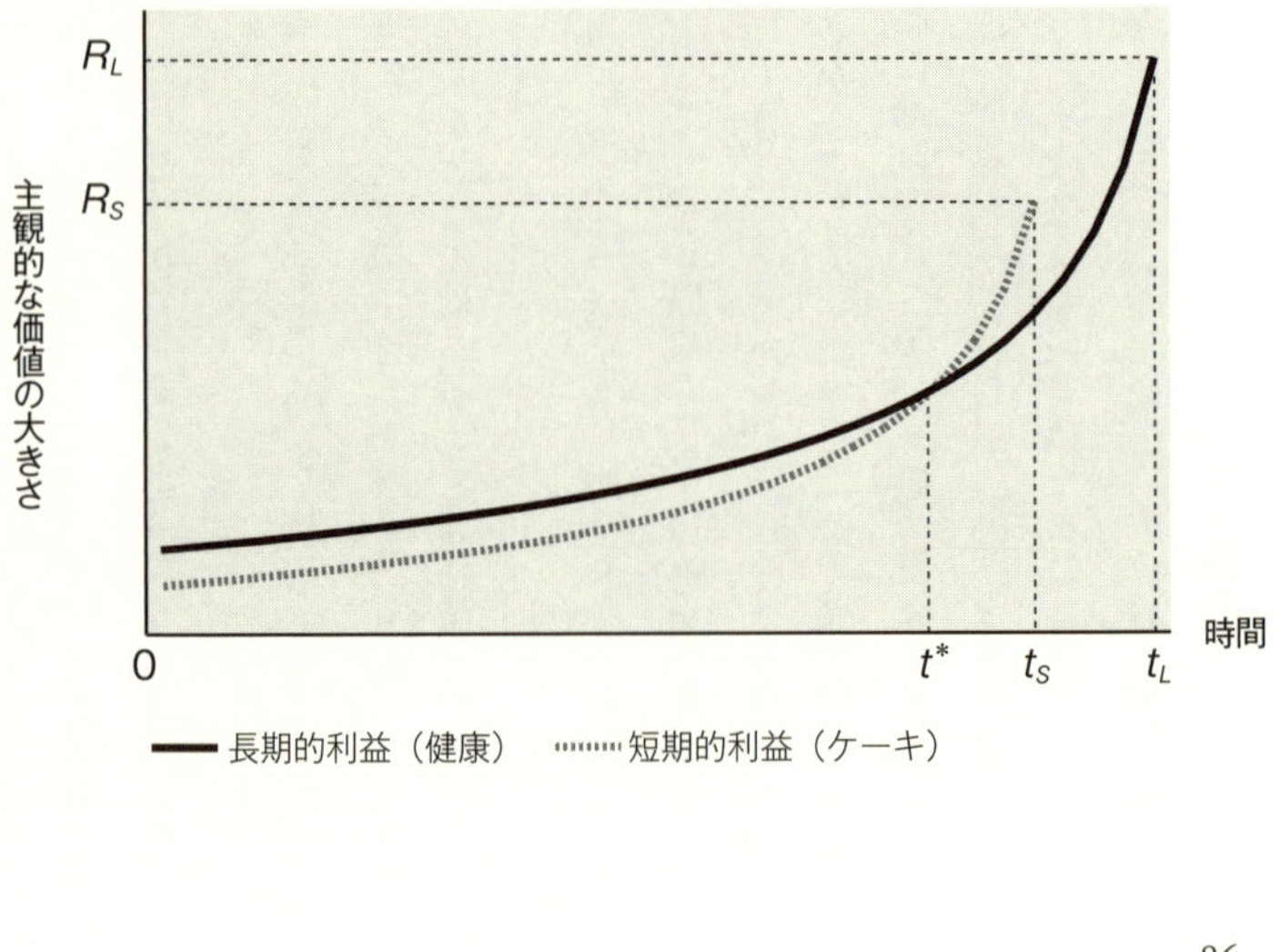

さて最初私たちは0時点にいて、時間の経過とともに横軸を右に移動していきます。利益の実現までまだ間がある最初のうちは、「健康」という長期的利益R_Lの方が、「ケーキ」という短期的利益R_Sよりも高く評価されます。ところが、2つのグラフが交わる時点t^*以降は、逆に「ケーキ」R_Sの方が高く評価されるようになり、どちらかを選ばなければならない段階になると、「ケーキ」という短期的利益が選択されます。時点t^*までは、「健康」R_Lを選ぶ計画であったにもかかわらずです。時点t^*で選択が逆転したわけです。このように時間が経つと選ぶものが逆になることを「選好の逆転」といいます。

選好の逆転は、時間が経って、最初に設計した計画に矛盾が生じたことを意味しています。せっかく立案したダイエットの立派な計画を、計画の直前や実行の途中で、目前の短期的な利益を優先させて反故にしてしまう経験を持つ人も多いでしょう。ダイエットに限りません。禁煙の計画を目前にした喫煙行動、貯蓄計画と消費、学習計画とレジャーなど、要するに、大きな長期利益を得る計画と目前の悩ましい誘惑が対立する状況を思い出せば、日常的に経験していることがわかるはずです。

ただ次の点に注意してください。大きな長期利益を得る計画と目前の悩ましい誘惑が対立する状況で、目前の誘惑である「ケーキ」が選択されるという点が問題なのではないということです。食べることが好きで、ダイエットをするくらいなら死んだ方がましだと考える人もいれば、「タバコが吸えないなら癌になる方を「選ぶ」と実際に言う人もいます。それはいわば自分の好みに沿った選択を忠実に行っているだけで、経済学的にいえばそれ自体まずいことではありません。双曲割引の問題は、目前の利益を優先させることにあるのではなく、誘惑を間近に見た途端、それに引っ張られて最初に

図3-7　指数割引―矛盾のない選択

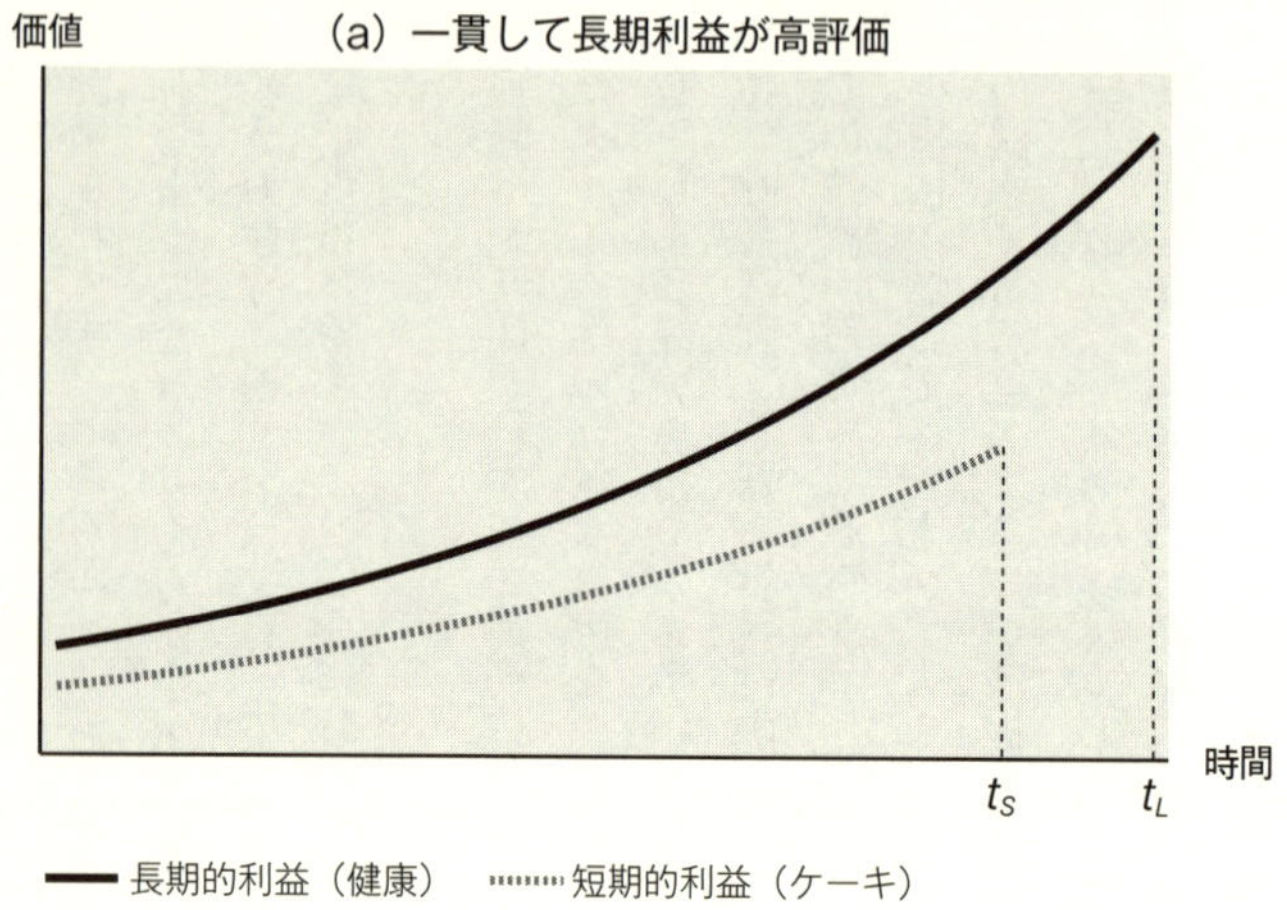

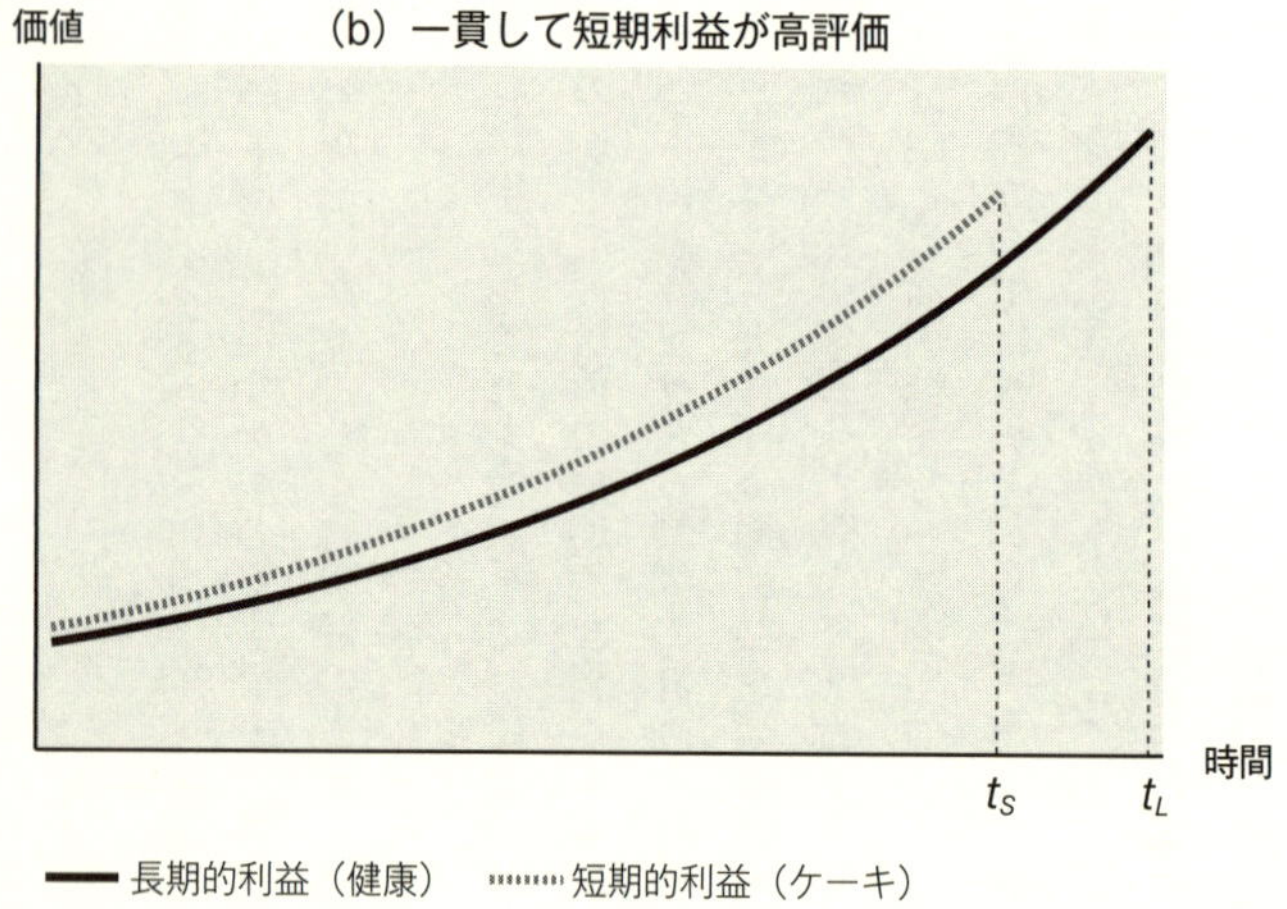

立てた計画を反故にしてしまう点、つまり選好の逆転という「変心」や「心変り」が発生しているところにあります。時間が経過する中で露呈する矛盾を私たちは時間非整合性とか時間矛盾とよんでいますが、双曲割引は、時間非整合的な自滅選択を私たちにとらせることになります。

矛盾をはらんだ計画や選択の変更という問題は、従来の標準的な経済学では暗黙のうちに積み残されてきました。指数割引という銀行家の割引方法を前提にしてきたからです。指数割引の下では、最初の時点でたとえば「健康」R_Lを「ケーキ」R_Sよりも高く評価していれば、それ以降（そしてそれ以前）も、ずっと「健康」の方が高く評価され続けます。そのため、「健康」を重視した計画が実行の目前に反故にされるようなことは決して生じません（図3-7(a)）。最初から「ケーキ」を高く評価する人の場合も同じです。時間が経過してもR_SがR_Lよりも望ましいという順序は終始一貫して維持され（図3-7(b)）、「ケーキ」を食べるという計画は当日になれば矛盾なく実行されるわけです。指数割引の下でのこうした評価の一貫性は、複利運用される2つの預金口座があるときに、ある時点で大きい残高を持つ口座がその後もより大きな元利合計を持ち続ける事実に対応しています。

長期的利益の後回し、短期的利益の前倒し

双曲割引が引き起こすもっとも典型的な行動は、面倒の後回しや先延ばしです。

夏休みの宿題をいつするかという問題を考えましょう。最初は早く済ませてしまった方がよいと考えて、たとえば最初の1週間で仕上げる計画を立てますが、実際に夏休みが始まると辛抱強さがにわかに低下して旅行などのレジャーが「前倒し」にされ、宿題はどんどん「後回し」にされます。こう

した選好の逆転が続くと、結局宿題は夏休み最終日までほとんど手つかずの状態で放置されることにもなります。

こうした関係はデータによっても確かめられます。2010年に行ったインターネット調査では、課題の後回し傾向を調べるために「こどもの頃、休みに出された宿題をいつ頃することが多かったですか」という質問を行い、以下の選択肢から1つ選んでもらっています。

1. 休みが始まる最初の頃
2. どちらかというと最初の頃
3. 毎日ほぼ均等に
4. どちらかといえば終わりの頃
5. 休みの終わりの頃

大きな番号を選んだ回答者ほど、仕事を後回しにする傾向が強いと考えられるでしょう。

これは実際に課題をいつ済ませたかを尋ねる質問ですが、もう1つ、計画を尋ねるために、「こどもの頃、休みに出された宿題をいつ頃するつもりでしたか」という質問にも同様の選択肢で回答してもらっています。[10] 実際の行動に関する回答がこの質問に対する回答よりも大きければ、回答者は事前に立てた計画を反故にして宿題を先送りにしたことになります。

表3-1はその回答データを使って、後回し傾向や計画を反故にする傾向が、双曲割引を示したグ

表3-1　双曲割引と後回し

		双曲割引	
		あり	なし
サンプル数（割合）		960（44.9%）	1176（55.1%）
後回し	「実際」の平均	3.17***	3
	後回しの割合	57.1%**	52.00%
「計画」の平均		2.05	2.03
計画	計画の反故（「実際」—「計画」）	1.12***	0.97
	反故の割合	60.0%***	52.70%

注）2010年インターネット調査「時間とリスクに関する選好調査」。「「実際」の平均」、「「計画」の平均」は、それぞれ該当する質問への回答番号の平均。「後回しの割合」は、宿題の実施の問題で、4または5を選んだ回答者の比率。「反故の割合」は、計画よりも実施が遅くなる人の割合。***、**は差が1%、5%有意であることを表す。

ループとそうでないグループでどのように違ってくるかを比べたものです。「後回し」の欄に示されているように、やはり双曲割引グループの方が平均的に強い後回し傾向を示しています。また、「計画」の段階では両グループに差が見られないので、この後回しの差が、計画を反故にする傾向の差にそのまま対応していることもわかります。つまり、双曲割引グループの後回しは、計画にはなかった短期的な選択をより強く反映しているのです。

より一般的にいえば、経済行動に関することであれ、健康管理に関することであれ、双曲割引の下では、「貯めること」――つまり「蓄積」――は後回しにされ、「使うこと」――つまり「消費」――は前倒しにされます。宿題を済ませることはいわば人的資産の蓄積と考えられますし、義務の履行という意味では債務の返済とも解釈できます。逆に、旅行や映画などレジャーは広い意味で消費です。ダイエットや節煙などの節制は健康という名の資本の蓄積である一方、ケーキを食べたり喫煙したりすることは消費そのものです。

そして蓄積を後回しにし、消費を前倒しにするということは、多くの場合、長期的な利益よりも短期的な利益を優先させることを意味しています。貯蓄であれ、健康上の節制であれ、蓄積行動は長期的な利益を目的にしています。いわば毎日毎日少しずつ小石を積み上げていくのが蓄積であり、山を大きくするという長期的な目的のためにそれは行われます。山を大きくすることは1日でできる仕事ではないからです。これに対して消費するという行為はすぐさま満足をもたらし、その満足は消費した短い期間に限られているという意味で短期的な性質を持ちます。双曲割引の下で私たちは、蓄積を後回しにし、消費を前倒しにすることで、短期的利益を長期的利益よりも優先させているのです。この点は、先の図3-6(b)で、t^*時点以降に短期的利益R_Sが長期的利益R_Lよりも高く評価されることに対応しています。

過剰な消費と過小な蓄積

それでは実際に双曲的な人々は、予想どおりに過剰消費と過小蓄積の傾向を示すのでしょうか。実は、さまざまなアンケートや経済実験を使った最近の研究から、過剰消費と過小蓄積という自滅的な選択が実際にさまざまなレベルで双曲割引と関連していることがわかってきています。

くわしくは後の章で議論しますが、ここでは私たちが2010年に行ったインターネット調査（サンプル数2386）の結果を、図3-8(a)~(g)で簡単に紹介しておきます。ここでは、回答者を双曲割引の有無で2つのグループに分け、(a)負債保有者、(b)喫煙習慣者、(c)ギャンブル習慣者、(d)飲酒習慣者、(e)肥満者、(f)歯が全部揃っている人、(g)健康な人、の比率が2つのグループでどのように違ってくるかを比べています。

サンプルや対象とする行動によって差があるものの、双曲傾向のある回答者の方が、負債傾向が高く、タバコなど依存性のある財の消費習慣を持つ人や肥満者の比率も高いことがわかります。その一方で、歯や身体の健康状態については双曲回答者の方がより低い結果を示しています。厳密には年齢や教育などの他要因を考慮して分析する必要がありますが、後の章で示すように、全体として双曲割引が過小蓄積と過剰消費に相関しているという結論は変わりません。

双曲割引のメカニズム

それでは双曲割引という現象はどのようなメカニズムで発生しているのでしょうか。心理学や脳科学といった関連分野の研究が進むにつれ、この点についても仮説がいくつか検討されています。

今日の1日は長い——心理時間の歪み

その1つは、私たちの時間感覚に原因があるのではないかというものです。

たとえば、今日から明日への1日が1年後の1日よりもゆっくり経過するように感じられます。この場合、時計が1日という時間を刻む速度を問題にしているので、知ってか知らずか私たちは物理的

(e) 肥満者

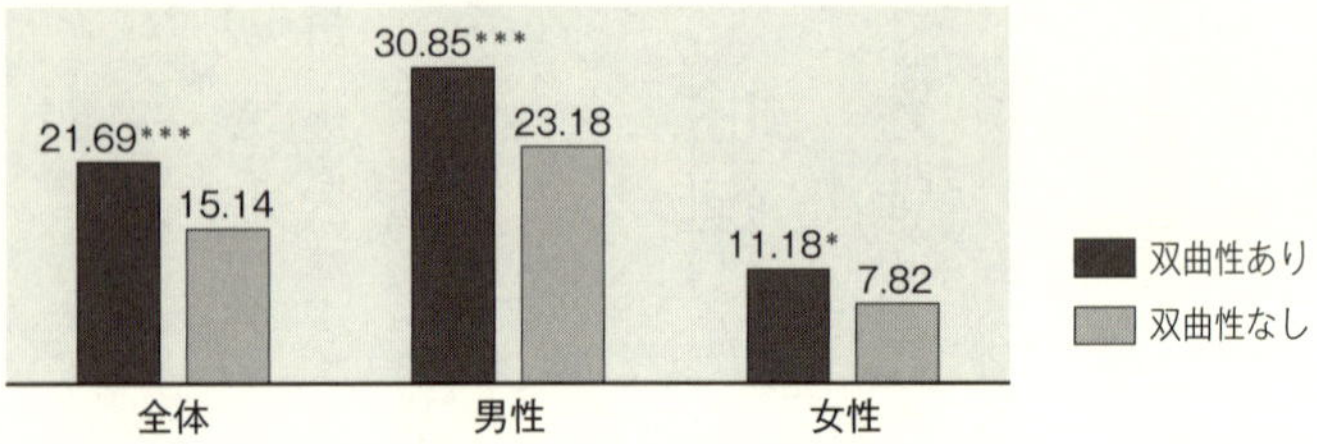

(f) 歯が揃っている人

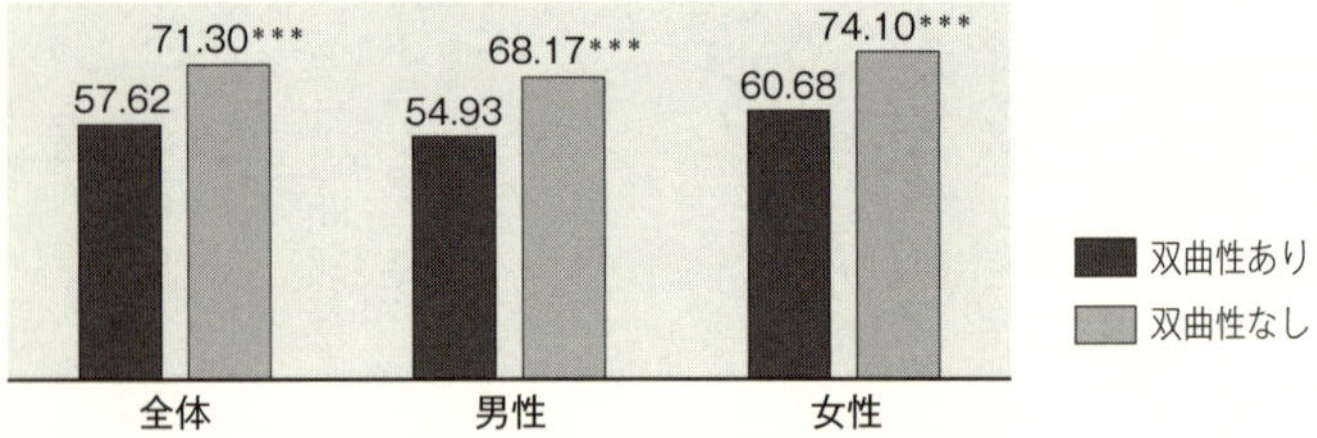

(g) 健康な人

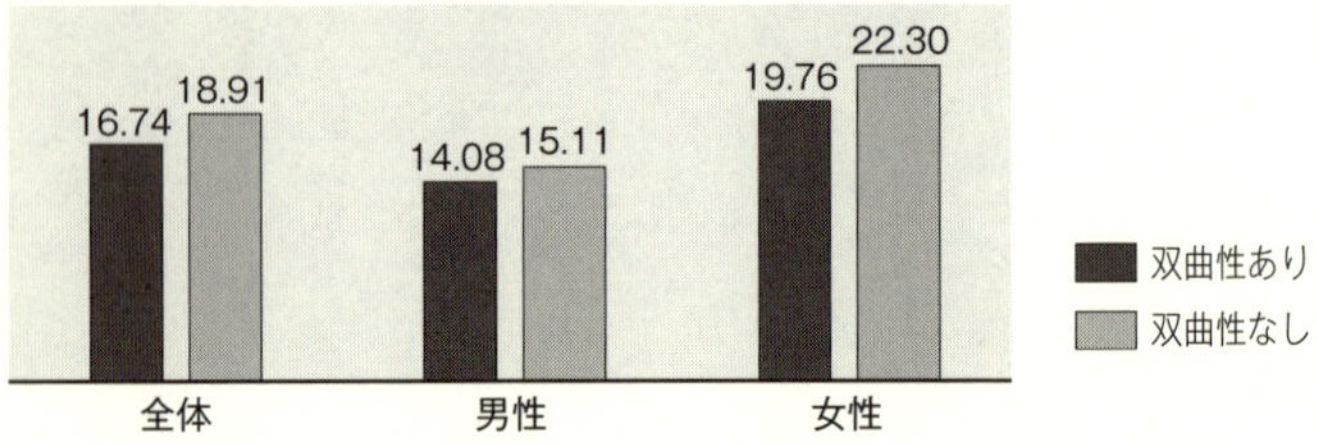

注) 2010年インターネット調査「時間とリスクに関する選好調査」(有効回答数2386)。(a) 住宅ローンは負債から除く。(b) 1日10本以上吸う人を喫煙習慣者と定義。(c) 週に1度以上ギャンブルをする人をギャンブル習慣者と定義。(d) 毎日缶ビール (350ml) にして1本程度以上飲む人を飲酒習慣者と定義。(e) BMI25以上の人を肥満者と定義。(f) 治療済みも含めて自分の歯がすべて揃っている人を「歯が揃っている人」と定義。(g) 1「非常に不健康」〜10「非常に健康」の10段階で9以上と回答した人を「健康」と定義。***、**、*は差が1%、5%、10%有意であることを表す。

図3-8　双曲割引と選択（%）

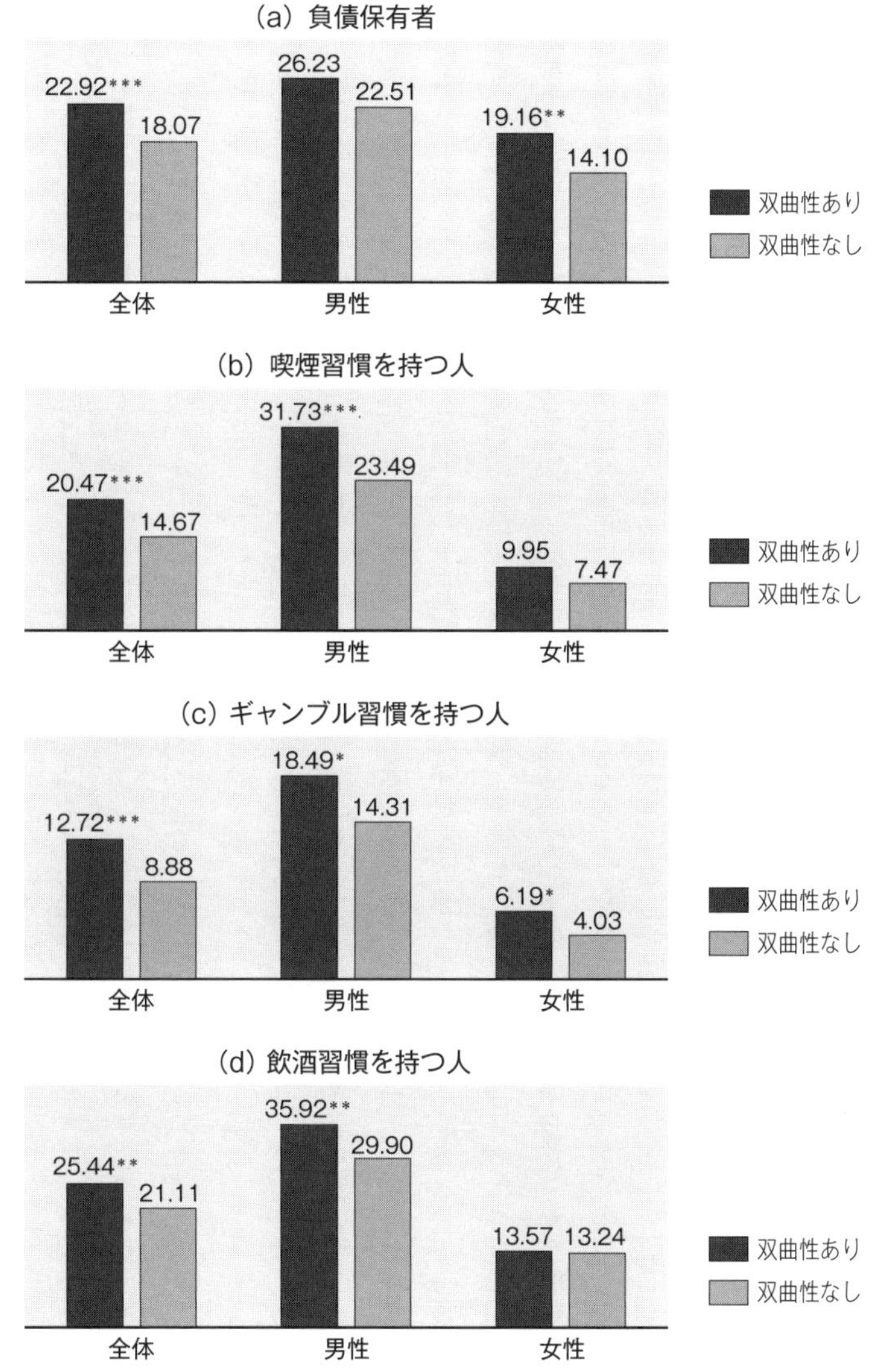
(a) 負債保有者
22.92***
18.07
26.23
22.51
19.16**
14.10
双曲性あり
双曲性なし
全体
男性
女性
(b) 喫煙習慣を持つ人
20.47***
14.67
31.73***
23.49
9.95
7.47
双曲性あり
双曲性なし
全体
男性
女性
(c) ギャンブル習慣を持つ人
12.72***
8.88
18.49*
14.31
6.19*
4.03
双曲性あり
双曲性なし
全体
男性
女性
(d) 飲酒習慣を持つ人
25.44**
21.11
35.92**
29.90
13.57
13.24
双曲性あり
双曲性なし
全体
男性
女性

な時計とは別に心理的な時計を持っていると考えられます。「今日の1日が1年後の1日よりもゆっくりしている」とは、物理的な時計の針が、かりに「24時間走」を走ると考えたときに、そのラップを私たちが持っている心理時計で計ると「今日の物理時計」は「1年後の物理時計」よりも足が遅いという意味です。その結果、間近の1日は「時間が経つのが遅い」とか「針がなかなか進まない」という事態になります。

逆に物理時計で考えることもできます。物理時計で心理時計の針が進む速さを計ると、「今日の心理時計」は「1年後の心理時計」よりも足が速く、物理時計で計った同じ一日でもより長い距離を走ります。その結果、今日の1日は「長い」のに、1年は「矢のごとし」ということになるわけです。

これはウェーバー＝フェヒナー法則という実験心理学の知見と関連しています。感覚として感じる刺激の大きさが、客観的な物理的刺激量の大きさではなく、その対数値——言い換えれば、元の状態からの刺激の割合——に比例するという経験則です。時間間隔でいえば、明日（1日後）から明後日への1日は、感覚的には1年後からの1年の経過と比例することになります。どちらも元の位置から100％遠ざかることに変わりがないからです。

図3-9の(a)は物理時間と心理時間のそうした関係を描いています。[11] 時点tがゼロに近い直近（たとえば、今日）では、物理時間の一定の経過に対応して心理時間は急速に進みますが、遠い先（大きいtの領域）では心理時間τの傾きは緩やかでその進み方はゆっくりとしたものになります。

さて、心理時間の進み方に直近と遠い先の間でこのような歪みがあると、心理時間の遅れに応じて行われる割引の仕方にも歪みが生じます。物理時間で計って同じ1日の遅れを割り引く場合でも、主

図3-9　心理時間と双曲割引

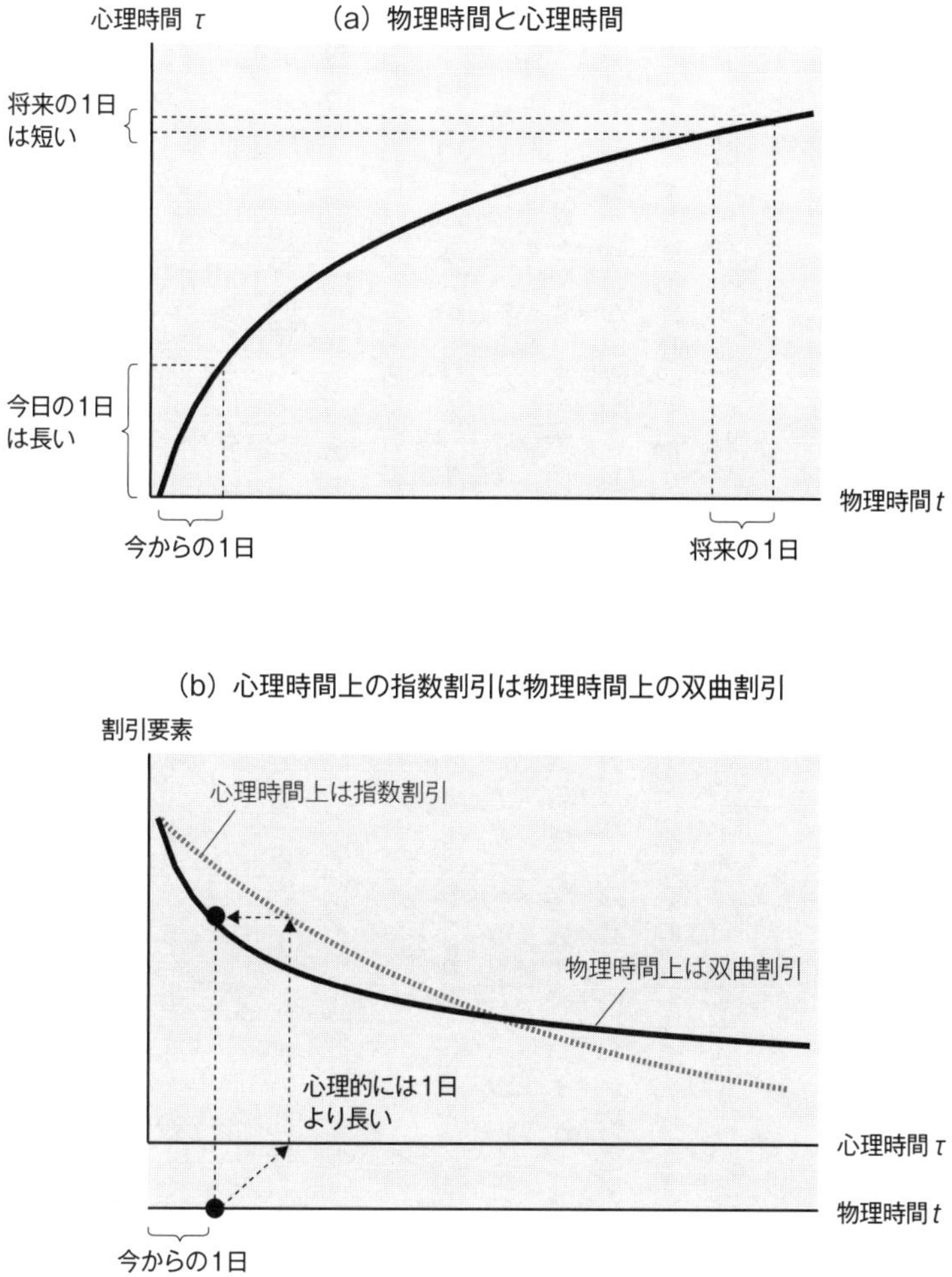
(a) 物理時間と心理時間
心理時間 τ
将来の1日
は短い
今日の1日
は長い
物理時間 t
今からの1日
将来の1日
(b) 心理時間上の指数割引は物理時間上の双曲割引
割引要素
心理時間上は指数割引
物理時間上は双曲割引
心理的には1日
より長い
心理時間 τ
物理時間 t
今からの1日

観的にたとえば27時間にも長く感じられる直近の方が、23時間にしか感じられない1年後よりも大きく割り引かれるでしょう。

その結果、将来の価値を銀行員と同じ方法で指数的に割り引いていても、心理時計がこのように直近ほど早く進む場合には、物理時計の支配する客観世界ではあたかもハトやサルのように双曲的に割り引いているように見えることになります[12]。

図3-9(b)は、心理時間軸の上で定義された指数割引要素（点線）を、物理時間軸の上に映してみると双曲割引（実線）になることを示しています。この2つの曲線が、先の図3-5(a)の指数割引と双曲割引の関係とウリ二つであることがポイントです。

ただ、勘違いしやすいのですが、主観時間上で指数割引をしているからといって、実際に矛盾のない合理的な選択をしていることにはならないことに注意してください。実際の選択や行動は物理時間に沿って行われるからです。取引や契約など、約束を伴う行動を考えてみればわかります。なるほど主観時間の上では矛盾のない計画を立てるのですが、ひとたびその計画に沿って約束や契約をとり結ぼうとすると、それは物理時間で書かれたカレンダーの上で固定されてしまうので、主観時間と違う進み方で物理時間が経過するにつれて、当初の計画にどうしてもつじつまが合わないことが出てくるわけです。

「いま」という真っ白な紙が汚れる――不確実性による汚染

双曲割引をリスクの評価と関連づけて考えることもできます。

将来の価値を割り引く1つの理由として考えられるのが不確実性の存在です。利益の受け取りが将来になった場合、さまざまな理由でそれは不確実性にさらされます。利益の大きさに不確実性が生じて変動することもありますが、たとえそれが定額で変わらないとしても、環境や自分のコンディション次第でそこから得られる満足の大きさ自体が不確実に変動してしまうリスクもあります。そうしたリスク分を割り引いて評価するのが時間割引だとすれば、時間割引率はリスクに対する評価を大きく反映すると考えられます。

行動経済学、とりわけプロスペクト理論とよばれる理論の進展によって、私たちのリスク評価には従来の経済学では想定していなかったさまざまなバイアスがあることがわかってきました。「確実性効果」とよばれるものもその1つです。確実な利益に非常に小さなリスクが加わるだけで、それが重大に評価されてその価値が大きく損なわれてしまう傾向のことを指しています。たとえば、確実に10万円当たるクジはもちろん10万円と評価されますが、そこに1%のようなチリのような確率で外れるリスクが入るだけで、その価値は元の金額よりも大幅に低く評価されてしまいます。もともと外れる確率が10%や20%と、ある大きさで入っている場合には、その確率が1%変わったところで評価に大きな差が生じないのとは対照的です。こうした傾向は、確実であることが特別に高く評価されるために起こる現象と考えられるため、確実性効果とよばれています。

さて双曲割引は、この確実性効果を時間軸上で焼き直したものではないかというわけです。もし利益の発生時点に遅れが生じて現時点からほんの少し将来にずれたときに、そこに生じる小さなリスクが確実性効果によってことさらに大きく評価されるとすれば、ごく小さな遅れを伴う直近の利益は直近の割には大きく割り引かれてしまうことになります。

オランダの認知心理学者であるギデオン・ケレンとピーター・ロエロフスマがこの仮説を検証しています[13]。まず、リスクを伴わない確実なお金の受け取りを前提にして、直近選択（今日か4週間後か）と遠い先の選択（26週間後か32週間後か）を被験者にさせて時間割引率を計測します。その結果、多くの実験と同じように双曲割引が生じることが確認されます。次に、ある確率、たとえば50％の確率でしかお金が受け取れない設定にして、同じ割引タスクを課してみると、双曲割引は観察されません。リスクのない通常の設定で生じた双曲割引がリスクの導入によって消滅したわけです。「いま確かにもらう」という玉のような望ましさがクジの不確実性によって汚染された結果、遅れが入って追加的に確実性が低下したからといってもはや重大な瑕疵にはならなくなったと考えられます。

ただ、確実性効果から考えるこの仮説は一定の説得力を持つのは確かですが、次の現象を説明できません。双曲割引は今日の時間割引率と3ヵ月後の時間割引率の間に観察されることはもちろんですが、それらを少しずつ後ろにずらした期間設定、たとえば、2日後の時間割引率と3ヵ月＋2日後の時間割引率でも多くの場合観察されます。たとえば、2004年に私たちが行った経済実験でも、90日先の時間割引率が年率19・3％であったのに対し2日後のそれは48・1％と、統計的にも無視できない大きさで双曲割引が観察されています[14]。手前の選択肢に遅れがあっても双曲割引が観察できるということの事実は、リスクの混入だけで双曲割引の発生を説明しきれないことを示しています。

脳にすむアリとキリギリス？――双曲割引の脳内メカニズム

先にマッチング法則のところでも述べましたが、双曲割引は、人間だけではなくハトやサルといった動物にも観察されます。このことは、「10年後のことを考える一方で明日を大きく割り引いてしまう」二重性格が、文化的な要因で形成されたものというよりは、脳の構造にかかわる、より生理的な理由から来ていることを想像させます。

実際に、異時点間選択で発揮される二重性格に対応して、私たちの脳にもある種の二重性格があるという仮説が、脳科学と経済学の融合領域である神経経済学の研究によって提示されています。選択する被験者の脳の活動をｆＭＲＩ（機能的核磁気共鳴画像）という装置で画像化してこの驚くべき仮説を検証したのは、プリンストン大学の脳科学者サミュエル・マクルアーと二人の行動経済学者デビッド・レイブソン、ジョージ・ローウェンスタインたちの研究グループです。２００４年に『サイエンス』誌に発表された彼らの論文は[15]、「すぐの貨幣報酬と遅れを伴った貨幣報酬は別の神経系が価値を決める」というタイトルが示すように、双曲割引に見られる二重性格が、脳の二重性に対応しているることを主張するものです。イソップ物語にアリとキリギリスの話があります。いわば脳内に現在指向的なキリギリスと将来指向的なアリが飼われていて、そのせめぎ合いが双曲割引をもたらしているという仮説です[16]。

マクルアー等は、「早くもらえる小さな金額」と「遅くしかもらえない大きな金額」のどちらを取るか、という異時点間の選択に携わる被験者の脳内の活動を調べることで、割引行動にはおおざっぱに脳の古い部分と新しい部分の2つの領域がかかわっていることを主張しています。脳の古い部分は、

図3‐10　マクルアーの「アリ・キリギリス脳」仮説

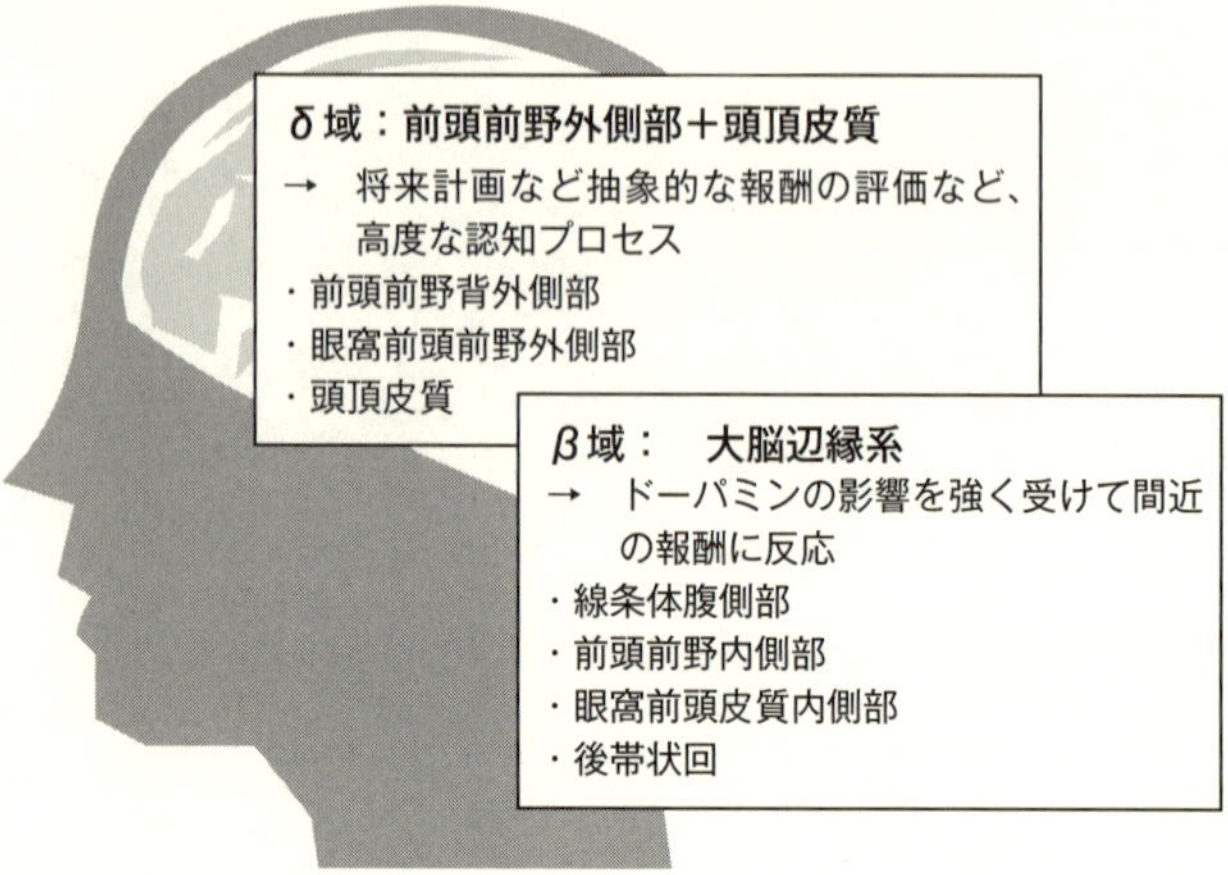

直近の選択を行うときに強く活動するのに対し、新しい部分は報酬がいつ手に入るのかということにかかわりなく、どの選択にも同じように関与します。

直近選択に作用する古い部分とは、脳の奥に位置する大脳辺縁系という領域で、マクルアーたちはこれを「β域」と名づけます（図3‐10参照）。ここは、中脳のドーパミン・システムとつながって、報酬を期待したり受け取ったりするときに活発に活動することがわかっています。

これに対してどの選択にも一様に作用する脳の新しい部分とは、脳の外側にある、前頭葉と頭頂葉の外側部（前頭前野外側部や頭頂皮質といわれる部分）で、将来の計画などの高度な認知プロセスに関連するとされている部分です。ここを彼らは「δ域」とよんでいます。「β域」、「δ域」のβ、δは、いうまでもなく、先に説明した準双曲割引のβ‐δモデルにちなんだものです。

異時点間選択を行う場合、高度な認知判断を担う

δ域がつねに働いてはいるのですが、「今日の1万円か明日の1万1000円か」というように、すぐにもらえる報酬が選択肢に入ってくると突如としてβ域が活動し、「明日の1万1000円」のように少しでも遅れを伴う価値を大きく割り引いてしまうというのがマクルアーらの結論です。

さらに彼らは、「早くもらえる小さな金額」を選んだときの方が、「遅くしかもらえない大きな金額」を選んだときよりも、β域の活動がδ域の活動に比べて相対的に強く、逆の場合にはδ域の活動が相対的に強かったことを示しています。まさに脳内のキリギリス（β域）とアリ（δ域）の綱引きが行われていて、キリギリスが勝てば現在指向的な選択を、アリが勝てば将来指向的な選択を行っているかのようです。

マクルアー等はさらにカネという二次報酬ではなく、ジュースや水という一次報酬を使って追試を行っています。たとえば「すぐの2ミリ・リットルのジュースか5分後の3ミリ・リットルのジュースか」という選択を被験者にさせ、やはり脳内でアリとキリギリスの二重構造が機能していることを確認しています。(17)

実は、時間割引にかかわる脳の二面性は、マクルアーらよりも早い時期に田中沙織らのグループによって示唆されています。(18) 彼女らは、線条体の異なる部分が、並列的に複数の割引率で将来の報酬を評価することを実験によって示しています。この結果は、線条体の腹側部（下部）が短期にウェイトを置いた報酬評価にかかわっているのに対して、その背側部（上部）はより将来にウェイトを置く評価にかかわっているという、脳の二面性にのっとった解釈が可能です。こうした線条体腹側部の働きに着目すると、この部分をβ域と識別したマクルアーらの結果は、田中らの結果と矛盾していないといえるでしょう。

また、アーマド・ハリリ等のグループは、やはり線条体腹側部が、割引の双曲性に関与していることを別の形で示しています。[19] 報酬つきの数当てゲームをさせることによって、報酬に対して各被験者の線条体がどの程度活動するかを調べ、その活動の程度が強い人と弱い人で割引タスクの結果がどのように異なってくるかを見ていきます。その結果、数当ての報酬に対する線条体腹側部の活動が強い人ほど、双曲性の程度が高くなることが示されています。

これらの研究はマクルアーらの研究を多少とも支持するものはありますが、選択時の脳の活動を画像化して分析しているだけのマクルアーらによって、選択の脳内メカニズムが再現性をもって明確に検出されているかといえば、まったく疑問が残らないわけではありません。マクルアーらの二重性格脳は現段階ではまだまだ仮説的性質を持ったものです。[20]

たとえば、ニューヨーク大学脳科学センターのポール・グリムチャーとジョセフ・ケイブルは一連の研究で、マクルアーたちの結果とは違って、β域は直近選択だけでなく遠い先の選択においても一様に関与しているという結果を示しています。[21] また、fMRIを使わない方法で、マクルアーたちの結果に疑問を投げかけている研究もあります。事故や手術によって眼窩前頭前野内側部に損傷を持つ被験者と持たない被験者に異時点間選択タスクを課し、損傷を持つグループの方が、「早くもらえる小さな報酬」を好む度合いが強いことを報告している研究がそれです。[22] 眼窩前頭前野内側部はマクルアーたちのいうβ域に分類される部分なので、その損傷によって衝動性が強くなる結果はマクルアーたちの仮説と矛盾することになります。

マクルアーらの研究では、δ域が現在か将来にかかわらずに異時点間選択にかかわっていることは示されていますが、それがどのように高度な機能を担っているかについてはあまり分析されていません。バーンド・フィグナーたちのグループは、δ域にある左前頭前野の外側部を、ｒＴＭＳ（反復経頭蓋磁気刺激法）という方法を使って一時的に働かないようにしてやると、「いますぐ」の報酬を衝動的に選ぶ傾向が強く見られるようになったことを示しています[23]。この結果から、左前頭前野外側部は「いますぐ」に突き動かされた選択を自制する高度な機能を担っていると考えられます。

双曲割引という二重性格を含めて、異時点間選択のバイアスが脳機能上のどのようなメカニズムによってもたらされているのかは、今後引き続いて検証されるべき未解決の問題です[24]。

まとめ

私たちの時間割引率は、銀行員が債券を割り引く場合のように一定ではなく、その異時点間選択が近いほど高くなる傾向があります。その傾向をうまく表現するのは双曲割引です。双曲割引は、明日を大きく割り引きながら10年後も考える私たちの二面性の表れです。この傾向はもともとハトなどの動物を使った心理学実験によって検出されたもので、文化的要因に形成されたものというよりも、より生理的・脳科学的な由来を持つものと考えられます。また、双曲割引は、私たちの時間感覚やリスクの感じ方についてのバイアスとも整合的です。

双曲割引の下では、時間の経過とともににわかにせっかち度が高まり、選好の逆転が生じます。その結果、長期的な蓄積の計画はドミノ式に反故にされ、短期的な消費の計画が前倒しに実行されます。双曲性が短期的な消費と正相関を持ち、長期的な蓄積行動と負相関を持つことはデータによっても確認されます。

ただ、ここまでの議論がいささかナイーブであることに気がついている読者も多いでしょう。なるほど、私たちには、ハトのように目先の利益に誘惑されてしまう傾向を持ちますが、多くの場合、ハトとは違ってそのことを見越して行動する賢明さを持ち合わせているからです。次章では、私たちがそのような賢明さを持った場合に、双曲割引の下で発生する短期的自己と長期的自己の対立の中でどのような選択を行うのか、それが経済学的にどのような意味を持つのかについて議論します。

【注】

(1) Frederick *et al.* (2002)、Keren and Roelofsma (1995) 参照。

(2) Loewenstein and Prelec (1992) 参照。

(3) もちろんその間に金利が変わってしまうこともあるでしょうが、それは市場金利が変わったのであって、預金する時期が近いか遠いかで変わったわけではありません。

(4) やや専門的になりますが、双曲割引をより一般的に表現する場合、割引要素は、$\left(\frac{1}{1+\alpha T}\right)^{\beta/\alpha}$ $(\alpha, \beta > 0)$ のように、べき乗をつけて定義されます。α は指数割引からの乖離を表すパラメーターで、大まかにいえば双曲性の程度を表します。くわしくは、たとえば、Loewenstein and Prelec (1992) を参照。

（5）Herrnstein（1961）参照。

（6）マッチング法則は、ハト以外にも、たとえば、ウシ（Matthews and Temple, 1979）やサル（Woolverton and Alling, 1999）を使った実験などでも確認されています。行動心理学の動物実験については、広田・増田・坂上（２００６）にわかりやすい説明があります。

（7）マッチング法則によれば、報酬の大きさと遅れが異なる2つの選択肢A、Bがあるとき、時点tにおけるその価値$V_A(t)$、$V_B(t)$の比は以下のように表現されます：$V_A(t)/V_B(t) = K^*R_A(T_B-t)/(R_B(T_A-t))$。ただし、$R_A$、$R_B$はそれぞれ$A$、$B$の報酬、$T_A$、$T_B$は$R_A$、$R_B$が発生する時点を表わします。したがって遅れは、$T_A-t$、$T_B-t$で表わされることになります。

（8）Ainslie（1974）参照。

（9）Mazur（1987）参照。

（10）計画を尋ねる質問では、上述の5つの回答に加えて「6．計画はとくに立てなかった」という選択肢を入れています。以下の分析からは、6を選んだ人は除いてあります。

（11）心理時間を定義する場合、より正確にいえば物理時間そのものの対数ではなく、その一次式の対数として定義する必要があります。図3-9(a)ではそのようにして心理時間を描いています。

（12）双曲割引をこのように心理時間と関連づけて理論的に説明しようとする研究は、認知心理学者ピーター・ロエロフスマ（Roelofsma, 1996）や高橋泰城（Takahashi, 2005）によってなされました。リチャード・セイラーの古い論文（Thaler, 1981）でも、おそらくはもともとあった認知心理学などの直観的な議論を受けた形で、ウェーバー＝フェヒナー法則に基づいた指摘がなされています。実証的には、ザウバーマン等の研究グループが、高橋の結果を支持する結果を報告しています（Zauberman *et al.*, 2009; Kim and Zauberman, 2009）。

（13）Keren and Roelofsma（1995）参照。

(14) くわしくは、池田・大竹・筒井（２００５）参照。
(15) McClure *et al.* (2004) 参照。
(16) アリとキリギリスのたとえは、McClure *et al.* (2004) によります。
(17) McClure *et al.* (2007) 参照。
(18) Tanaka *et al.* (2004) 参照。
(19) Hariri *et al.* (2006) 参照。
(20) Peters (2011) 参照。
(21) Kable and Glimcher (2007, 2010) とGlimcher *et al.* (2007) 参照。
(22) Sellitto *et al.* (2010) 参照。
(23) Figner *et al.* (2010) 参照。
(24) Loewenstein *et al.* (2008) 参照。

第4章

分裂する自己の自制問題

——先延ばし・前倒し・コミットメント

前章では、異時点間選択を行うときに私たちが示す双曲割引について説明をしました。それは「明日を割り引く一方で、10年先を考える」二重性格の反映です。双曲割引の下では、選択対象となる利益（または不利益）が間近に迫ると、にわかに時間割引率が高くなってせっかちになるので、以前に立てたプランを改定して目先の利益を優先させる誘因が働きます。もちろん、私たちはこうした誘因にそのまま従って甘い選択をいつも行っているわけではありません。本章では、双曲割引の下で発生する意思決定上の問題とは何か、それに対して私たちはどのように対処して行動しているのか、ということについて、データを参照しつつ理論的に考えてみたいと思います。

分裂する自己の問題

自制問題

双曲割引の下では、「貯める」という長期的利益を追求する自分と「使う」という短期的利益を追求する自分がいて、各時点でお互いにとって望ましくない選択をしようとします。それはあたかも、「短期的自己」というジキル博士と「長期的自己」というハイド氏の別個の自分がいて、その間で利害対立が発生しているかのようです。そしてその二重人格者の選択では、対立するジキル博士とハイド氏の葛藤を処理しながら意思決定を行わなければならないという意味で、自制（セルフ・コントロール）の問題が必ず発生します。「自制」つまり「自分を制御する」という言葉は本来常に統一された意思決定主体であれば意味をなさない言葉であり、その言葉自体に対立する主体が自分の中にいることが前提とされています。その意味で双曲割引下で私たちが遭遇する問題を形容するのにぴったりです。以下、本書では文脈によって「現在の自分（自己）」とか「将来の自分（自己）」、「今日の私」、「1年後の私」といった表現を用いますが、その背後にはこのような分裂症的な自制の問題があることに注意してください。

もうすこし厳密にいえば、前章の図3-5(b)で見たように、双曲割引の場合、評価する先が遠いほど忍耐力が強く（時間割引率が低く）、評価対象が近づくにつれてせっかちに（時間割引率が高く）

なるので、各時点の自分の間で利害対立が生じます。実行者となる各時点の自分たちはその都度より高い時間割引率でよりせっかちな計画を立てるので、極端な場合には、ドミノ倒しさながらに次々と前日の計画はより楽な計画に書き換えられていきます。悪くすれば、休み中の課題は最終日まで後回しにされ、旅行や映画はどんどん前倒しにされます。ここまでは前に説明しました。

ところが話はそれほど単純ではありません。締め切りの最後まで持ち越さずに課題を早い段階で済ませる人も少なくないからです。もちろん低い時間割引率を持った指数的な人はそのように振る舞います。それでは双曲的な人は誰しもドミノ式の後回しに陥ってしまうのでしょうか。

将来の自分を正しく悲観する人と誤って楽観する人

誰しも、面倒な仕事を翌日に後回しにしたい誘惑に駆られた経験を持つものです。人によっては誘惑に負けずその日に仕事を片づけるのは、たとえ翌日に持ち越しても明日になればまた同じ窮状に陥り、悪くするとドミノ的にズルズルと後回しが高じて収拾がつかなくなることがわかっているからです。つまり、自分が二重人格者であることを承知して、短期的自己と長期的自己の利害対立を織り込んだ上で、反故にされない実行可能な選択を工夫して行っているのです。

1年前の自分にすれば低い時間割引率の下で抑制の利いた辛抱強い計画を立てたいのですが、それをしても1年後のせっかちな自分は高い時間割引率に従って勝手に現在指向的な計画に書き換えてしまいます。その意味で、1年前の自分が「ベスト」だと考えていた計画なり選択は実は実行可能ではないのです。そしてもしそのときの自分が十分に賢明であれば、そのことを知ったうえで、早晩反故にされることがわかっているそのような厳しいプランを最初から選択肢に入れずに、実行可能なプランだけを考えてその中から「ベスト」なものを選ぶはずです。

このような選択を行う人を、ここでは「賢明」な選択者とよびましょう。これに対し、将来自分のせっかちさが増すことを予想できずドミノ倒し的に挫折しながら次々と計画を書き換えるような人を、「単純」な人と以下ではいいます。[1]「賢明」な選択者とは将来の自分の振る舞いを正しく悲観している人であり、「単純」な人は将来の自分の振る舞いを誤って楽観視している人であるともいえます。

それでは、「賢明」な選択者と「単純」な人では行動面でどのような違いが生じるのでしょうか。このことは私たちが日常の行動を見直すうえで重要です。

まず、将来のせっかちな自分を織り込んで行う「賢明」な選択の場合、夜が明けるとせっかちになって前夜の計画を破り捨てるようなことはありません。朝起きて見直しても納得できる計画が前夜から用意されているからです。その意味で、「単純」な選択が時間非整合的であるのに対し、「賢明」な選択はつねに無矛盾です。計画変更が多かったり、約束事を突然キャンセルしたりする人は、そもそも自分の計画や選択が「賢明」でないこと、つまり計画するときに、将来の自分を過信していることを疑うべきです。

次に、双曲割引の下ではそれがない場合に比べて、面倒な仕事は後回しに、楽しいことは前倒しにされると言いましたが、そうした傾向はとくに選択者が「単純」な人の場合に当てはまります。

選択者が「賢明」な場合には、事態はずっと複雑です。「賢明」な人は自分の忍耐力が将来弱まることを正しく予想し、いわば将来の自分が持つ仕事の実行力や将来の楽しみを待つ忍耐力がいまの自分が期待するほどではないことを知っています。仕事にせよ、レジャーにせよ、現時点でそれをせずに将来の自分にその遂行を委ねることは、現在の自分にとって不利だということに気づいているわけです。その結果、仕事にしても、レジャーにしても、「賢明」な人の方が「単純」な人よりも早い時点で実行するインセンティブを持つことになります。

このことは大変重要な2つの意味を持ちます。第一に、面倒な仕事については、「単純」な人はこれを後回しにするわけですから、「賢明」に選択することで実行時点が早まるということは、それによって後回し傾向が緩和されることを意味しています。「単純」な人が締め切り間際に焦って課題を済ませるのに対して、「賢明」な人にはもう少し余裕があるでしょう。

第二に、その一方で、レジャーの前倒しは「賢明」な選択によって一層強まってしまいます。「単純」な人は楽しいことを前倒しして行うわけですから、「賢明」な選択がその実施時点を早めるということは、それによって前倒しが一層悪化することを意味するのです。いわば、賢明であることによって、一層青いリンゴを食べる羽目になるのです。

これらの点についてもう少し詳しく考えてみましょう。

いつそうじをするか？——将来の行動を織り込んで弱まる後回し

まず、面倒な仕事をするタイミングが意思決定者の「賢明」さによってどのように変わってくるかを見ましょう。たとえば、いま12月29日だとして、大晦日までの3日のうち1日をそうじにあてなければならないとします。どの日に行っても仕事量は同じですが、後になるほど忙しくなるので、そうじを行ったそのときの不満足感は早い時点ほど小さいとしましょう。ただ、そうじを後で行う場合には、不満足感は現在から遠のくために割り引いて評価されます。要するに、後でやるほど大きな労苦が伴う代わりに割り引いて小さく評価される、というトレードオフの中でそうじのタイミングを決めるのがこの問題です。

話を簡単にするために、将来行うそうじの労苦は、それが1日後であっても2日後であっても同じように半分の大きさに割り引いて評価されるとしましょう。つまり、今日の時点で評価するとき、明日の1という不効用と明後日の1という不効用は同じですが、どちらも今日の1という不効用に比べると半分の大きさ（0・5）に割り引かれるわけです。直近選択ほど割引率が高いという双曲割引（現在バイアス）の性質が簡単な形でここに盛り込まれていることに注意してください。[2] 明後日の価値を明日の価値に直す場合には割り引かれませんが、明日の価値を今日の価値に直す場合には高い率（50％）で割り引かれるからです。

図4-1は設定をグラフで表したものです。縦軸はそうじに伴う不満足を測っているので、それが大きくなるほど大きい不満足感（労苦）を表しています。29日のそうじがもっとも小さな労苦（A29）を伴い、31日のそれがもっとも大きな労苦（C31）を伴うように描かれています。それらの労苦が各時点でどのように評価されるかが2本の点線Ⅰ、Ⅱで示されています。点線Ⅰは、30日に行ったそうじの労苦B30が、前日29日にはその半分の大きさA30に割り引かれて評価されることを表しています。点線Ⅱは、31日のそうじの労苦C31がその手前の29日、30日の時点で同様に半分（A31、B31）に割り引かれることを表しています。

図4-1　いつそうじをするか？

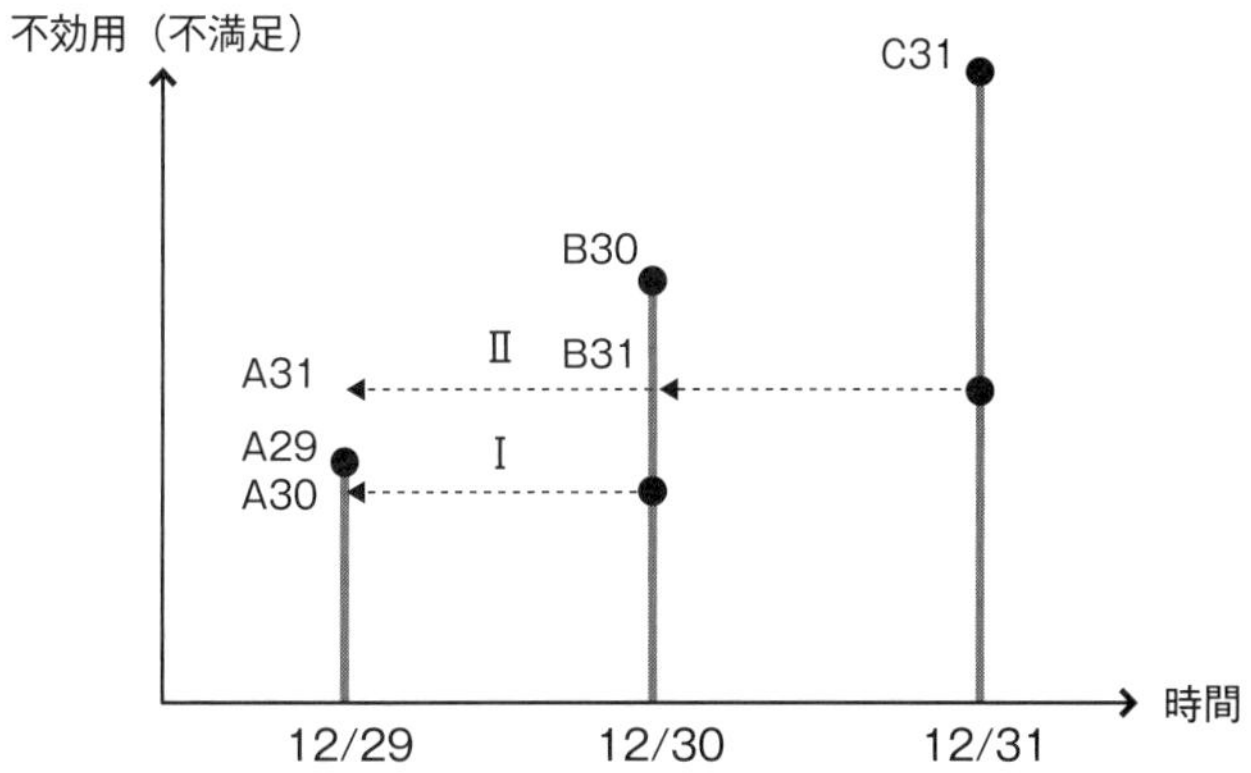

注）Ⅰは30日のそうじの労苦を29日にどのように評価するかを表す。Ⅱは31日のそうじの労苦を、29日と30日にどのように評価するかを表す。「単純」な人は31日に、「賢明」な人は29日にそうじを済ませることになる。

図の例では、「単純」な人は、今日（29日）の時点で、明日30日にそうじをするのが一番だと考えます。図のA30で表される労苦がA29やA31よりも小さいからです。もちろん当日の労苦は30日の方（B30）が大きいのですが、それを割り引いて今日の時点で評価すると今日（A29）よりも明日の労苦（A30）の方が小さいと考えているわけです。もちろん彼は2日後の31日にそうじする可能性についても考えますが、双曲割引を持つ人にとって明日（30日）を割り引くのも明後日（31日）を割り引くのも差がないので、今日（29日）の段階では当日の労苦がもっとも大きい31日のそうじ（A31）がもっとも面倒だと評価されます。こうして29日は、翌日の30日にそうじをすることに決めて、時間を他の、おそらくはもっと楽しいことに使います。

さて夜が明けて30日になります。前日の自分からそうじをするよう委ねられた30日の自分ですが、彼には予定通りそれを実行するかどうかを改めて決める実行者の自由があります。もし彼が銀行員のように指数割引に従うのであれば、前日の自分から期待されるとおりにその日にそうじをすることになりますが、双曲割引の影響下にあるいまの場合、にわかに時間割引率が高くなって、その日（30日）にそうじをする面倒（B30）に比べれば31日にそうじをする面倒（B31）など大した労苦ではないと思い出します。前日には、30日の方（A30）が31日（A31）より労苦が少ないと評価していたにもかかわらずです。その結果、30日の「単純」な自分はやはりそうじをさぼって31日の自分にそうじを委ねます。結局、「単純」な私は大晦日の忙しいときに大きな労苦（C31）を感じながらそうじをする羽目になります。

この行動は、2つの意味で望ましくない、自滅の選択です。第一に、29日の時点においても、31日にそうじをすることは29日当日にそれをするより望ましくなかったはずです。

第二に、31日にそうじをすることは、指数割引の下での合理的な選択と大きく異なります。いまの設定では、将来の不効用を評価するにあたって半分にせずにそのまま評価するのが指数割引です[3]。したがって、図4-1の例では、当日の労苦がもっとも小さい29日にそうじをするのが、指数割引下の合理的な選択であって、31日にそうじをするという「単純」な選択はそこから大きく後ろにずれていることになるわけです[4]。

要するに、「単純」な人の場合、全将来を考えながら労苦を最小にしようと行動するにもかかわらず、逆にもっとも労苦の大きい、望しくないところでそうじをするような事態になります。その様子は、図でA30、B31ともっとも労苦の少ないところを選びながら結局C31に至る経緯で示されています。

こうした自滅的な選択の原因の1つは、選択者が自分の双曲割引の意味に気づかず、将来せっかちさが変わってしまうことを予想できていないところにあります。

それができる「賢明」な選択者の場合は、そうしたドミノ倒し的な後回しをしなくて済むような選択を最初から行います。右で見たように、一度翌日の自分に面倒な仕事を委ねてしまえば、その当人はおそらくはその翌日の自分にまたそうじを委ねてしまい、結局は大晦日の忙しい日に仕方なくそうじをしなければならなくなります。そうなるくらいなら30日にそうじを持ち越さずに、頑張っていまのうちにそうじを済ませることを選ぶ、というのが「賢明」な選択です。

もちろん29日の時点では、どの時点でそうじをすれば労苦が小さくなるかを考え、それが最小（A30）になる30日を選択したくなるわけですが、29日の自分は、もしそれをすると30日の自分から31日の自分にバトンが渡ってしまうことを知っています。その結果、29日の「賢明」な自分が決めなければならないのは、3日のうちどの日にするのかということではなく、今日（29日）するのか31日まで先延ばしにするか、ということになります。その結果、図のA29とA31で示されているように、もし29日の労苦の方が小さければ、指数割引下の合理的な選択と同じように、そうじを後回しにせずに今日のうちに済ませてしまうというのが「賢明」な選択になるわけです。

このように将来自分のせっかちさが急に増すことを織り込んで選択することによって、そうじの後回しは緩和されます。「単純」な選択をして大晦日に時間に追われながらそうじをする大きな労苦と比較すれば、早いうちにそうじを終わらせる苦労が結局ははるかに小さいということは多くの人が経験するところです。それがこの場合の賢明さのメリットと考えられます。

「賢明」であることに後回し傾向を緩和するメリットがあるという点は、そうじ問題のような、すぐにコストがかかる面倒な仕事をカレンダー上のどの日に行うかという問題全般について成立します。もちろん仕事を行うことで何らかの利益が得られる場合も多いわけですが、それが遅れてしか発生しない状況であれば、基本的には同じ話になります。夏休みの宿題をいつするか、ダイエットをいつ始めるか、自動車免許の更新手続きにいつ行くか、嫌いなものをいつ食べるか……。どの意思決定についても、将来の自分を過信している人は後回しをし、自分を適切に悲観している人はその弊害を多少とも回避できるわけです[5]。

過度に禁欲的な選択——後回しを嫌って早くしすぎるリスク

ただ、賢明さが後回しを緩和するメカニズムには落とし穴があります。将来の自分の行動を悲観する結果、必要以上に仕事を早くしてしまう危険性です。

再び年末のそうじの問題を考えましょう。今度はそうじによって将来（たとえば正月）に発生する利益も考慮に入れます。ただ、話を簡単にするために、利益は30日にそうじをした場合だけ発生し、それ以外は発生しないとしましょう。

図4-2はその場合の意思決定を描いています。縦軸は、将来の利益を差し引いたネットの不効用（コスト）を表します。ただ、29日と31日のそうじは利益を生じないので、A29とC31は、図4-1の場合と同じように、それぞれ29日、31日にそうじをした場合の、当日の労苦を表します。30日のそうじの場合には、遅れて発生する利益があるために、30日に感じるネットの不効用は将来をどう割り引

図4-2　過度に禁欲的な選択

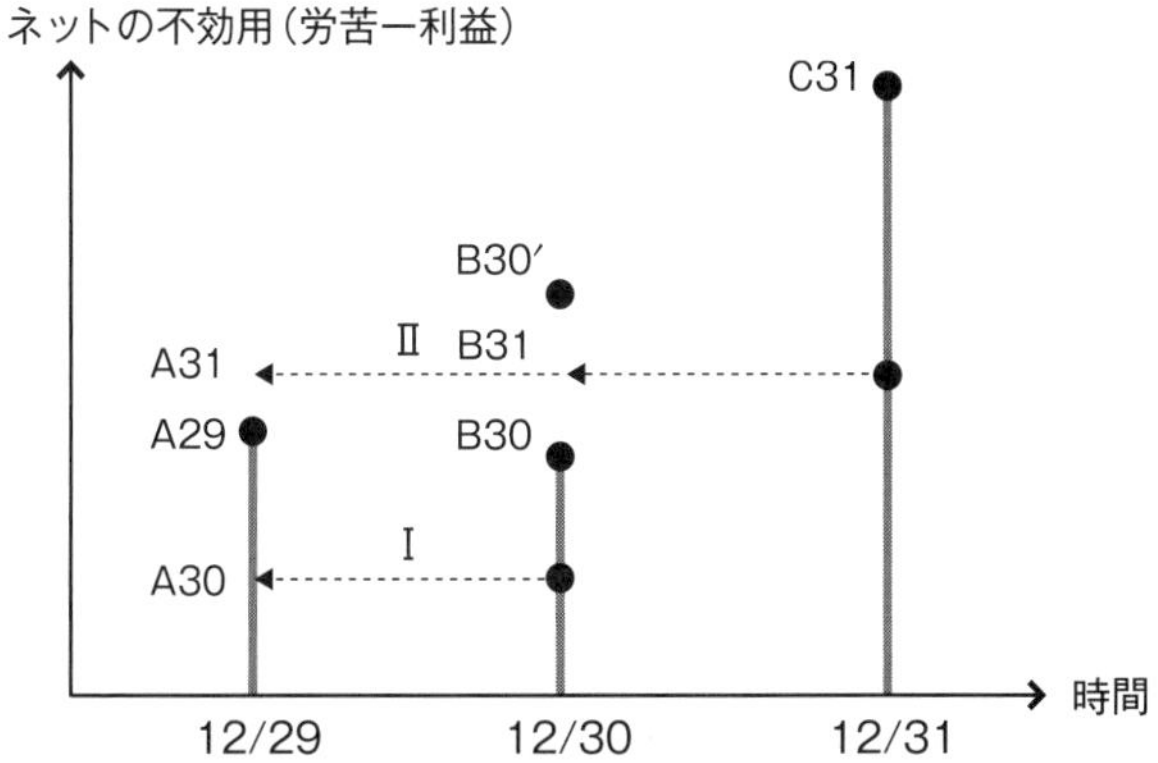

注）Ⅰは30日のそうじのネットの労苦を29日にどう評価するかを表す。Ⅱは31日のそうじの労苦を、29日と30日にどう評価するかを表す。B30は、指数割引の下で30日にそうじをした場合の同日のネットの労苦を表し、B30′は双曲割引の下での同様の労苦を表す。指数的な人が30日にそうじをするのに対して、賢明な双曲者は29日にそうじを前倒しにする。

くかで違ってきます。

将来を割り引かない指数割引の場合、そうじの利益も労苦もそのまま評価されます。図4-2のB30は、そうして計算される30日のそうじのネットコストを表します。A29、B30、C31を較べてわかるように、指数割引の場合には、利益があってネットコストがもっとも小さい30日が選ばれます。

将来の価値を半分に割り引く双曲的な選び手の場合はどうでしょうか。まず29日の時点で考えます。30日、31日のそうじのネットコストは、一様に当日の半分のA30、A31と評価されるので、この時点では30日が一番望ましいことになります。ところが、30日になると状況が変わります。同日にそうじをするネットのコストが、指数割引の場合のB30よりも大きい、B30′のようになるからです。なぜでしょうか？　当日の労苦が額面どおり評価されるのに対し、将来にしか発生しない利益は割り引いて評価されるからです。その結果、この例では、30日には、31日のそうじの労苦（B31）の方が小さく感じられ、「単純」な双曲者であれば、前節と同様、そうじを31日まで持ち越すことになります。「賢明」な双曲者の場合には、右の議論から「30日」という選択が実現できないとわかっているので、29日の時点でA29かA31かの二者択一になり、これも前節同様、29日を選ぶことになります。

ただ、前節との大きな違いが1つあります。「賢明」な双曲者が必要以上に早くそうじをしてしまっている点です。本来もっとも効率的な選択が「30日」であるにもかかわらず、「賢明」な人は「29日」を選ぶのです。面倒な仕事が後回しされるどころか、逆に前倒しにされていることになります。仕事の「前倒し」は禁欲的でよいことのように思われがちですが、必要以上に高いコストで仕事を行っているという意味でこれも非効率な選択といえます。いわば過度に禁欲的な選択なのです。

「賢明」な選択を行う場合には、双曲割引がありながら、ときとしてこのように過度に禁欲的な選択が行われる点は注意を要します。双曲割引とは将来の利益よりも現在の利益をいつも大きく見積もる傾向ですから、こうした現象は逆説的です。

要するに、双曲割引がある場合、「賢明」な選択者は将来の自分に面倒な仕事を委ねることが結局は現在の自分にとって不利だということを知っているので、早い時点でそれを実行するインセンティブを常に持ちます。その、いわば適切な悲観主義による利益が目前の利益を優先させる利益よりも大きい場合には、たとえ明日にそうじを行うことが本当に望ましい場合であっても、今日のうちにそれを行うことが得策になるわけです。結果として、その選択は過度に禁欲的になるのです。

こうしたあまり望ましくない状況は、しかしながら自制心や「賢明」さの弊害というのは不正確でしょう。もちろんそうじの前倒しは自制を伴った「賢明」な選択の場合に生じるのですが、そうした弊害をもたらしているそもそもの原因は「賢明」さや自制心ではなく、もともと私たちの内面に存在する双曲割引といえます。私たちの内部には短期と長期の利害対立という自制問題が本来的にあり、それにどうにか対応しようと工夫するのが自制心であり「賢明」な選択です。しかし自制問題の深刻さに比べると、こうした対応は万能などではなく、問題の影響がどうしても意思決定や選択の非効率性として残ってしまいます。それが、緩和されるものの残ってしまう後回しであったり、右で見た過度に禁欲的な選択であったりするのです。形の悪い部屋にカーペットを敷くようなものです。

以上では、そうじのような、実行の時点にコストがかかる仕事をいつ行うかという問題を考えました。今度は、実行すればすぐに利益や報酬が生じるようなレジャーのタイミングについて考えましょう。

いつ映画を見るか？——将来の行動を織り込んで強まる前倒し

現下の満足を大きく見る双曲割引の下では、美味しいものを食べたり、デートしたり、映画を見たりといった、効用を生み出す行動を早く行おうとします。レジャーや消費の前倒しです。前節で見たように、自制心を働かせて「賢明」な選択をする場合には、将来の自分に対する悲観から行動のスケジュールを早めようとするインセンティブが働きます。その結果、レジャーや消費の前倒しは自制心によって強化されることになります。

具体的に、映画をいつ見るかという問題を考えてみましょう。いま3週間にわたって映画祭が開かれ、コンペティションで入賞した3本の映画が3回の週末に1本ずつ上映されます。第1週目には3位の映画、2週目には2位の、最後の週末にはグランプリ作品が上映されます。手元にある1枚のチケットを使ってどの映画に行くかを決定します。もちろん見たいのは3週目のグランプリ作品ですが、現時点では将来の満足は前節と同じように割り引いて評価されます。状況は図4-3に描かれているとおりです。縦軸が各時点の効用（満足）を測っていることに注意してください。したがって、ここではできるだけ高い点を選ぶのが選択者の関心になります。設定どおり、後の週ほどその日の映画の満足度が大きく描かれています。

さて、図からわかるように、将来の忍耐力を過信している「単純」な人は、3週目のグランプリ作品を見るために1週目の映画をパスするでしょうが、2週目になると2位の映画（B2）が1位の映画（B3）よりも俄然すばらしく見えだして2位の映画を見てしまうということが起こります。レジャーの前倒しです。

「賢明」な人はそうした事態を承知しています。つまり、3週目のグランプリ作品を見るために1週目の映画をパスしても、2週目の自分が3週目の自分にバトンを渡すことなく2位の作品を見てしまうということをいまから知っているので、残念ながらいまの彼にとってグランプリ作品を見るという選択肢はありません。結局彼の選択肢は、1週目の映画を見るかそれをパスして2週目を見るかになります。そして2週目の映画を割り引いて評価した場合のA2は、1週目の映画の満足A1よりも小さいので、結局1週目の映画を選ぶということになります。「単純」な選択の場合は、3週目から

図4-3　映画をいつ見るか？

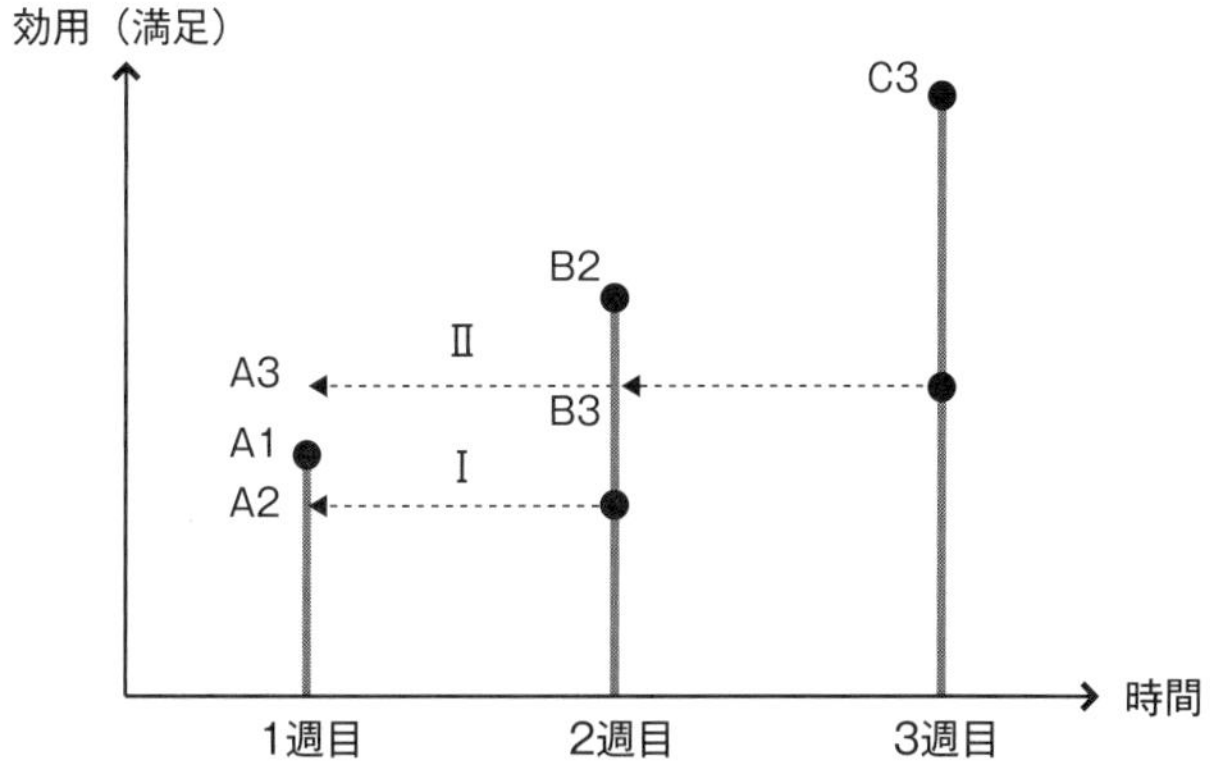

注）Ⅰは2週目の映画の満足を1週目にどのように評価するかを表す。Ⅱは3週目の映画の満足を、1週目と2週目にどのように評価するかを表す。「単純」な人は2週目に映画を見る。「賢明」な人は1週目に映画を見る。

2週目という1週間の前倒しであったものが、この場合3週目から1週目という2週間の前倒しが生じています。レジャーの前倒し傾向はこうして自制的な選択によってかえって強まるのです。

先に消費やレジャーの前倒しを青いリンゴを食べることにたとえましたが、「賢明」な選択の結果、もっと青いリンゴを食べるようなことが生じるわけです。前節で自制心が仕事の後回しを緩和して逆にその前倒しを引き起こす可能性に言及しましたが、その場合でも意思決定の効率性の損失は自制的な選択によって軽減されるのが普通です。いまの場合は、もともと熟していないリンゴを食べる非効率性があり、そのうえになお同じ方向に非効率性が増すわけですから、その効率性の損失は前の例に比べて深刻なものがあります。

過度の禁欲と無節制

グランプリ映画を見るために我慢する「賢明」な選択

そうじや映画をめぐる以上の議論は、1回限りの行動をいつ行うかというかなり限定的な意思決定についてのものでした。貯蓄や肥満など広い問題を考えるには、一定期間内に多数回の行動のタイミングを選ぶような、より一般的な決定問題を考える必要があります。ただその場合も、将来のだめな自分を予測しない「単純」な選択を前提にする場合は、双曲割引が選択を甘くする方向に作用するという結論が基本的には当てはまります。その結果、「単純」な人の場合には、双曲割引は消費の前倒し（過剰な消費や過小な貯蓄）や節制の後回し（ニコチン依存や肥満）をもたらすことになります。

これに対して、「賢明」な人を前提に考える場合にはもっと複雑です。1年間でN本の映画をいつ見るか、あるいはN回のそうじをいつするか、といった多数回のタイミングを決める場合、たとえば、楽しみの前倒しがかえって緩和されたり、面倒の後回しがさらに悪化したり、というようなことが普通に起こってきます。

映画問題を例にとって考えてみましょう。設定は先と同様で、3週間の週末を使って順に3位、2位、グランプリの映画が上映されます。ただし、ここではチケットを2枚使って2本の映画を見ることを考えましょう。先と同じ図4-3を使って、どの映画を見るのがよいのかを考えてみてください。

表4−1　2本の映画をいつ見るか？

		第1週	第2週	第3週
映画		3位入賞作品	2位入賞作品	グランプリ作品
指数割引（最適な選択）			○	○
双曲割引	「単純」な選択	○	○	
	「賢明」な選択		○	○

注）1本の映画を見る場合と違い、「賢明」な選択によって、前倒しが緩和されている。

割引がない場合には、第2週、第3週に映画を見ることが最適になります。指数割引の場合も同じです。

もしあなたが「単純」な選択者であれば、話は簡単です。第1週の段階で効用の高い上の2つの映画A3（グランプリ作品）とA1（第3位作品）を選びますが、第2週になると、双曲割引のせいでグランプリ作品よりもその当日に上映される第2位作品の評価が高まり、前週の予定を変えて第2位の映画を見ることになります。結局、表4−1にまとめたように、第1週と第2週に映画を見るというのが「単純」な選択になります。

これに対して、将来の自分の気変わりを見越す「賢明」な選択者であれば、第1週の段階で、しょせん第1週と第3週の組み合わせでは見られないことを承知しています。第2週になればそのときの自分がグランプリ作品を待てないことを知っているからです。その結果、彼に残された選択は、「単純」な選択と同様に第1、2週に見るか、第2、3週に見るか、という二者択一になります。2つの選択で第2週は共通しているので、第1週の映画か第3週のグランプリ作品かという選択になり、結局第2週と第3週を見るというのが「賢明」な選択になります。

表4−1にまとめたように、「賢明」な選択は指数割引下の選択と同じ

になります。「単純」な選択と比べると、第1週に見ないで第3週に見るという意味で前倒しが大きく緩和されていることがわかります。このことは、1回の映画鑑賞を選択する先の映画問題で、青いリンゴを食べる前倒しが「賢明」な選択の場合に必ずひどくなる方向に働いたのと対照的です。

以上の結果をどのように考えればよいのでしょうか。将来の情けない自分を予想して悲観的な選択をする点は1回のタイミングを決める場合と同じです。ポイントは、その悲観的な予想によって、今日、甘い選択（例では、映画を早く見るという選択）をすることのネットのコストが上がるのか下がるのかにあります。上がれば賢明さによって選択はより禁欲的に、下がればより甘い選択になります。

上の映画問題の例で、第1週の映画を見ることのコストを第1週の時点に立って考えてみましょう。「単純」な人の場合、すでに第3週のグランプリ作品を見ることを決めているので、第1週の映画を見ることのコストは第2週の映画が見られなくなることで失う利益――機会費用（逸失利益）――A2です。これに対して、「賢明」な選択者の場合には、いずれにしても第2週の映画を見る羽目になることを見越しているので、第1週の映画を見ることの機会費用は第3週の映画が見られなくなること、つまりA3にもなるということになります。言い換えると、第1週の映画を見ることのコストは、将来の自分を正しく悲観することで、A3とA2の差だけ増大することになります。前倒しが「賢明」な人の場合に緩和されるのはこのためです。

要するに、第2週目に映画を見てしまう自分を知っていれば、第1週に映画を見てしまうと最終週のグランプリ作品が見られなくなるという大きな損失を被るので、第1週を我慢するのです。同じことは次のようにもいえます。第1週の映画を見ないことで、第3週のグランプリ作品が必ず見られるようになるということです。現在の選択によって将来の自分の行動を拘束することを自縛とか自縄（コミットメント）といいますが、いまの場合、第1週の映画を見ないという選択が、グランプリ作品を見るためのコミットメントの手段になっているわけです。第1週の映画を見るという選択には、こうしたコミットメント手段を捨てるという機会費用がかかり、それがA3－A2という余分なコストになっていると考えることができます。

「賢明」な選択による過度の禁欲と無節制

やや複雑な議論になりましたが、一般的には私たちが将来の自分の情けなさを織り込んで選択をする場合には、双曲割引とすぐに結びつかないような選択や行動が起こりえます。繰り返していえば、将来の自分を正しく織り込むことで選択が禁欲の方向に向かうのか、無節制や放縦を強める方向に向かうのかは、将来の自分に対する悲観が今日の甘い選択のコストを大きくするのか小さくするのかにかかっています。その影響次第では節制が過度に強まることも、無節制がかえって強まることも起こりえるのです。

たとえば、1日当たりの飲む量を一定限度内に抑えてお酒を楽しむことが最適であるとしましょう。このとき、将来の緩い自分を自覚している「賢明」な人であれば、飲み始めると抑制が利かなくなる将来の自分を織り込んで最初から酒を飲まないことを選ぶかもしれません。こうした禁欲は一見望ましいように見えますが、自制問題に直面しない指数的な人であれば、矛盾なく望ましい水準で飲酒を楽しむことを選ぶので、最初から飲まないというこの選択は過度な節制といえます。間近の利益を大きく見積もるという双曲割引からは想像しにくい行動ですが、「賢明」な人にとってはいま一杯やることは長い目で見れば非常に高くつくことであり、飲まないという過度の節制こそが「賢明」な選択となりうるのです。

逆に、自分の自制心の弱さを自覚することで、一生飲酒の習慣から抜けられないと観念する場合もあります。その場合、それを自覚しない「単純」な人に比べて、一杯やることのコストは逆に低くなるので、「賢明」な選択によって飲酒習慣はかえって強化されるかもしれません。将来のダメな自分を織り込むことでさらに選択が緩い方向に導かれるわけです。「泣く子と地頭には勝てない」といいますが、いわば「将来の緩い自分」という「泣く子」に勝てないのです。現在の自分がどのようにコントロールしても将来の緩い自分を改善できない場合には、今日の自分が甘い選択をするコストそのものが低くなり、甘い選択が増長されてしまうのです。

予想を通じたこのような行動のメカニズムは、指数割引や「単純」な選択モデルで説明できない現象——将来の自分を織り込んで行われる過度に厳しい選択や過度に甘い選択——をうまく説明します。

将来の緩い自分を織り込んだ「賢明」な子供は、現在の勉強しないことのコストをそれだけ大きく評価するので、抑制の利いた厳しい学習計画に耐えることができます。逆に、何らかの理由で不幸な境遇を抜けられないと観念した少年は、更正を諦めて再犯に走るリスクを高めます。

肥満になりたくない人は、自分の自制問題を織り込むことでダイエットを後回しにせず断行しようとしますが、遺伝や環境から将来肥満になることが避けられないと考える人はそうでない人に比べて過食のコストは小さいでしょう。

テレビやネットを途中で止められないのを知って最初からスイッチを入れない人がいる一方で、職業柄ネットを欠かせない人は日常生活でもあえてそれに依存した生活を許容します。

泥沼になることを見越して最初から婚外交渉に手を染めない実直な亭主に対して、一度生じた関係を断ち切る大変さに思い至って関係をかえって強化させる恋人たちは昔から歌や物語の題材です。

現象面から見れば、過度な節制は双曲割引の直観に反しますし、過度な無節制や放縦は「賢明」な選択という前提に矛盾するように見えるのですが、将来の自分を織り込むことから生まれる現在の自分と将来の自分の戦略的な相互性から見れば決して不思議な現象ではないのです。次に説明するように、こうした事態は貯蓄行動にも発生します。

将来の緩い自分を織り込むことで貯蓄は増えるのか減るのか?

一般に、将来の自分を織り込んだ「賢明」な選択が、「単純」な選択の下で発生する過小貯蓄という弊害を緩和させるのか悪化させるのかは、将来の織り込みがもたらす2つの効果によります。

1つは、将来の自分を悲観する効果です。つまりいま貯蓄をしても、将来の緩い自分たちはそれを積み上げてうまく消費をしてくれないので、貯蓄するよりもいま消費してしまう方が現在の自分にとっては望ましいことになります。これは貯蓄のインセンティブを下げる方向に働きます。1本の映画をいつ見るかを選ぶ問題で、将来の自分を織り込むことで、あまりよくない映画を見てしまう前倒し傾向がさらに悪化することに対応しています。

その一方で、将来の緩い自分が十分な貯蓄をしないことを知っていれば、将来消費水準を落とさなければならないことが予想できます。その結果、時間を通じて消費レベルを維持したい消費者の関心――これを消費の平準化動機といいますが――からすれば、将来浪費されるのを覚悟していま余分に貯蓄しておく必要性が生じます。これは貯蓄のインセンティブを上げる方向に働きます。

結局、「賢明」であることによって、双曲割引のもたらす過小貯蓄が弱まるか強まるかは、悲観による1つ目のマイナス効果と、平準化動機による2つ目のプラス効果の大小によって決まることになります。大雑把にいえば、貯蓄の問題は消費という「楽しみ」を時間軸上にどのように配分するのかという問題ですから、以上の議論は「楽しみ」の異時点間配分の問題一般にあてはめることができます。ただ、2つ目の平準化動機による禁欲効果は、将来の自分の貯蓄、つまり将来のそのまた将来の自分の消費を考えたときに初めて発生する点に注意してください。先の映画の問題（図4−3）との関連でいえば、この禁欲効果は期間中複数本の映画を見る選択だけに現れて、1回の映画を選択する場合には発生しません。1回の映画を見る決定問題（121ページ参照）で、「賢明」な選択が、一層青いリンゴを食べる結果につながったように、双曲割引による前倒しを必ず悪化させたのは禁欲を促すこの効果が作用しなかったからです。

ここでは将来の緩い自分を織り込むことで貯蓄が減ったり増えたりする可能性を議論しましたが、これはあくまでも将来の自分を正しく予想できない「単純」な人の貯蓄と比べた場合の話です。「単純」な選択の場合は、時間が経つにつれてドミノ式に貯蓄計画が反故にされる結果、選択者はつねに過小貯蓄に陥ることになります。将来の選好の逆転を織り込むことでその事態がどう変わるかというのが右の議論です。したがって、それが過小貯蓄を緩和する場合には、双曲割引の弊害が緩和されることになりますが、そうであるからといって通常双曲割引がない場合よりも効率的な選択が達成できるわけではありません。文字どおり双曲割引の弊害が緩和されるだけで、もともとある自制問題のツケは多少とも過小貯蓄という非効率性の形で残るのが普通だと考えられます。

「より大きな仕事を」という落とし穴

「どの仕事をするか」と「いつするか」

いままでは、そうじならそうじという1つの仕事を「いつ行うか」という意思決定に対して自制問題がどのような影を落とすかについて見てきましたが、多くの場合、こうした意思決定は、「どの仕事をするか」という、仕事を選ぶ決定と同時になされます。そうじをするのか、宿題をするのか、レポートを書くのか……。このように複数の仕事からどの仕事を選んでそれをいつするのかという選択問題では、多少とも「単純」な部分を持つ人に対して双曲割引は思わぬ逆説的な行動をとらせます。長期的により大きな利益をもたらすような魅力的な仕事が選択肢に加わった場合に、それによってそれまでなかった後回しが引き起こされてしまう可能性です。[6]魅力的な仕事が舞い込むと、それが理由になって、それまでうまく回っていた仕事がストップしてしまうわけです。

たとえば、選択肢に「そうじをする」という1つのタスクしかない場合には、後回しせずにすぐ片づけていたものが、選択のメニュー「重要なレポートを仕上げる」というタスクが新たに加わった途端、やるべき仕事として「重要なレポート」が選ばれるのはよいとしても、その結果として、それまでになかった先延ばしが始まるようなことが起こりえます。

なぜこのようなことが起こるのでしょうか。それは、「単純」な人の場合、どの仕事を選ぶかという決定の基準と、いつ行うかという決定の基準が違っているからです。仕事を選ぶ場合、長期的に見てもっとも大きな利益（利益の現在価値からコストの現在価値を差し引いた純利益）をもたらすものが選ばれるのに対して、選ばれた仕事を遅滞なく行うかどうかは、先延ばしの利益があるかどうかによって決められます。すぐに負担しなければならないコストが大きかったり、利益の実現が遅れたりする場合には、長期的に有益な仕事であってもその仕事は先延ばしにされることになります。仕事の選択については、「そうじ」よりも長期的に見てより大きな利益をもたらす「重要なレポート」が選ばれる一方で、そのレポートを書く時期については、すぐに負担しなければならないコストが大きい場合には、それを遅らせる（後回しにする）ようなことが生じるわけです。

同じ理由から、仕事のメニューに変化がなくとも、タスクの重要度が増すと後回しが発生するようなことが起こりえます。重要度が増すほど、大きなエフォート（努力）が直近に必要となるからです。

「より大きな仕事を」が引き起こす停滞

こうした落とし穴は、仕事がルーティン化されておらず、いつ何をするかを自分で決めてそれをこなしていく職業、たとえば、職人、芸術家、研究者などの場合には、とくに大きなマイナスの影響をもたらすでしょう。大きなよいテーマや問題を思いついた途端に、それまでこなしていたそこそこの世過ぎの仕事がそれに取って代わられ、先延ばしによる大きな停滞がもたらされることは私の業界でも珍しいことではありません。

また、価値のある大きな仕事は外から降ってくるばかりではありません。多くの場合、仕事を投げ出すための隠れた理由として、私たちは「大きな仕事」を自分自身で見つけ出し作り出します。後回しをするほど大きなエフォートを必要としない、そこそこの価値を持つ単調な日々の仕事の中で、私たちは何らかの「価値のある」「大きな仕事」を持ち出すことで、それを投げ出すことができます。もちろん「賢明」な人の場合には、自分の自制問題を織り込んだうえで合理的に仕事（職業）の選択をし、後回しにすることなくそれを実行しますが、多少とも「単純」な人は自分の将来の忍耐力を過信する結果、新しい「大きな仕事」の前で後回しを繰り返して結局途方に暮れることになります。こうした事例は、引き出しの整理という小さな仕事がいつの間にか部屋の模様替えにまで発展し収拾がつかなくなってしまう例や、「大きな夢」を追って転職を繰り返すケース、たくさんの書きかけの論文をよそに新しい「野心的な」研究に挑む研究者の例など、さまざまな形で観察されます。

ついでにいえば、逆に、時間のかかる意義深い仕事よりも、すぐに結果の出る小さな仕事に自分を埋没させている人がいます。こうした行動は、将来の緩い自分を織り込んだ「賢明」な選択として説明できるかもしれません。深刻な自制問題を正確に自覚している人にとって、ずっと先にしか結果の出ない大きな仕事を先延ばしせずに行うことよりも、目先の世過ぎの仕事を地道に消化していく方がより高い満足をもたらす現実的な選択なのです(7)。

自縄自縛の利益

コミットメント

自制問題を自覚している「賢明」な人は、あらかじめ将来の自分の手を縛っておくことで自分の利益を確保することができます。

たとえば、先に議論した「映画問題」のように、1枚のチケットでどの映画を見るかを決める場合、もしチケットを最終週（3週目）のグランプリ作品の予約チケットに換えておくことができれば、2週目の自分が中途半端に準グランプリ作品を見てしまうのを防ぐことができます。年末の3日のうち1日をそうじに充てる「そうじ問題」でも、31日に別の用事を確定させてしまうことで、30日の自分が大晦日にそうじを先送りにするリスクを回避することができます。

第1章でも触れましたが、このように自分の将来の選択をあらかじめ制約してしまうことをコミットメントといい、コミットメントに利用できる方法や制度をコミットメント手段といいます。双曲割引の下、現在の自分と将来の自分の間で交渉ゲームが進む中で、コミットメント手段を利用することで、「囚人のジレンマ」的な状況――現在の自分と将来の自分が、相手の自己中心的な行動を織り込む結果、互いに悪い結果をもたらす選択をし合う状況――を避けてよい状況を作り出すことができます。もちろん、コミットメントを使って資源配分の流れをコントロールするのは「いま」の自分ですから、それによって得をするのは他ならぬ現在の自分です。拘束力の強いコミットメント手段を「いま」の自分が持った場合、彼は独裁者としての立場を利用して自分の利益を最大にするように振る舞うでしょうが、だからといって将来の自分たちが必ず損をするとは限りません。まったくコミットメント手段が使えない場合の意思決定は、多くの場合、忍耐力のない利己的な自分たちが互いに納得できるような妥協の産物でしかないからです。コミットメント手段が利用できる場合には、将来の自分たちにとってもそのような囚人のジレンマ的状況からは解放されるメリットがあるわけです。

将来の意志が挫けることを織り込んで、いろいろな約束事を使って自分を縛る知恵は昔から教わらずとも（あるいは教えられて）知っていることですが、こうしたコミットメントが選択の効率性を高めるのは、私たちが自制問題に直面して次善の選択しかできないからです。時間軸上の各点に立った対立する「自分たち」の非協力ゲームの中で、お互いに妥協できる中途半端な選択しかできないからといってもいいでしょう。

この点は、従来の経済学の考え方と大きく異なっています。これまで経済学が前提にしていたように、私たちがつねに最善手を合理的に選択し行動できるとすれば、選択を拘束してしまうコミットメントが価値を持つことはありません。制約が少なく選択が自由であるほど選択によって達成できる満足の水準が高くなるからです。毎月の給料の使い道を決めるのに、一定額の貯蓄額を固定しておいて、毎月残りの金額を食費や光熱費などの消費項目にいくら充てるかを考えるよりも、毎月貯蓄と消費項目への割り振りを同時に自由に考えた方がよいプランができるはずです。

そもそも経済学が、自由な選択を阻害する介入や規制を排除するのは、基本的にはそれらが選択の効率性、ひいては資源配分の効率性を損なうからなのですが、最善の選択ができるという前提が自制問題のせいで崩れると、こうした議論は妥当しなくなります。そして選択者が将来に発生する選好の逆転を予想して選択する賢明さを持ち合わせていれば、利用可能なコミットメント手段を自ら用いて選択を改善することができるのです。

この点を1956年という早い時期に初めて指摘したのが当時ノースウエスタン大学にいたR・H・ストロツです。当時気鋭の若手経済学者たちが競って重要な論文を発信していた『レヴュー・オブ・エコノミック・スタディー』誌上に、『オデュッセイア』の一節をエピグラムに掲げて、その論文「動学的効用最大化における近視眼と時間非整合」は発表されています。[8]

「これまで分析されて来なかったと私が信じるある問題を提出し、（1）浪費、（2）費用を負担してまでも厳しく行う将来の経済行動の管理、および（3）倹約、という関連する現象を異なった状況下で説明する1つの理論を提示する。」

という文章で始まるこの論文は、いまや動学的な意思決定の分野でもっとも重要な影響力のある論文の1つとして非常に高い頻度で引用されています。

コミットメント手段を使って長期の利益を確保する行動は、驚くことにハトを用いた実験でも数多く確認されています。マッチング法則の議論からわかるように、ハトもまた「選好の逆転」を示します。つまり、小さなエサとそれより後にしか得られない大きなエサの二者択一の選択を提示されると、ハトたちはそれらが遠い先の選択として設定されている場合には遅れを伴った大きい方のエサを選びますが、直近の選択として与えられた場合には、すぐに得られる小さい方のエサを選択してしまいます。

そこで、ハトたちが目先のエサか遠くの大きなエサかという自制問題に直面する前に、コミットメントを可能にする次のようなボタンを仕掛けます。それをつつけば、遅れのある大きなエサしか選べなくなるようなコミットメント用のボタンです。ジョージ・エインズリーは、ハトたちが実に50〜90％の割合でそのコミットメントボタンをつついて長期的な大きな利益を確保したと報告しています。(9)

コミットメント手段としての非流動資産と教育

ハトでなくとも、あるいは、ないからこそ、自制問題に対処する手段としてコミットメントが有用であることは古くから広く理解されています。現に少し気をつけて見回してみれば、身辺にはさまざまなコミットメント手段が利用されていることがわかります。クレジットカードを作らない、図書館で勉強をする、禁煙やダイエットの目標を周囲に宣言する、志望校を宣言する、婚姻届を出す、夏期講習に参加する、タイトな衣類を買う、断食道場に参加する……。拘束力は違いますが、いずれも長期的な利益に反するような短慮の行動の手を縛るコミットメント手段として私たちが用いているものです。逆に、長期の利益を阻害する行動にはできるだけコミットしない工夫がなされます。タバコの買い置きをしないことやスナック菓子のまとめ買いをしないことがこれに当たります。(10)

過小貯蓄に対処するためのコミットメント手段もさまざまです。解約手数料が高くつく貯蓄性保険契約、定期預金、積立貯金、壊さなければ中身が取り出せないブタの貯金箱などは、コミットメントの強さこそ違え、貯蓄を助ける手段です。また国民年金は制度的に貯蓄へのコミットメントが強制される例です。アメリカの確定拠出型企業年金401（k）も退職に備えて積立てが制度化されている例です。

こうした過小貯蓄に対処するためのコミットメントを考える場合に鍵となるのが、資産が持つ非流動性という性質です。資産の流動性とは、それを売ってお金に換えることの容易さ、つまり換金可能性のことですから、非流動性とは換金することの難しさを表します。現金は定義から100％の流動性を持ちますが、定期預金の場合は、それを解約して換金するのにコストがかかるので流動性はいくらか失われます。株式や土地になると、売却するのに時間や手数料、売値の不確実性などさまざまなコストがかかるので、さらに非流動的になります。貯蓄性保険契約や積立貯金、401（k）の場合も、早期に解約するのに、手数料という形で大きなコストがかかります。ブタの貯金箱は割って貯金箱が台無しになるコストが流動性を損ないます。逆にクレジットカードは流動性を高める手段なので、利用限度額を低く設定したり、それを持たないことで多少とも資産の非流動化を図ることができます。

ポイントは、こうした資産の非流動性こそが貯蓄へのコミットメントを可能にするという点です。非流動資産の形で資産を保有しておくことで、双曲割引の下で消費性向の高いそのときどきの「いま」の自分が、資産を取り崩して過剰な消費に充てるのを防ぐことができるからです。定期預金、積立預金、国民年金、ブタの貯金箱などはみな流動性の低い資産の保有形態ですし、土地や株式も非流動性の観点からはコミットメント手段として有効でしょう。

流動性が低いということでいえば、人的資本がもっともよくその性質を備えた資産かも知れません。教育や訓練、あるいは経験などを通して得た知識や技能は、一度形成されるとそれを取り崩して蓄積をゼロにすることができません。親が子供に財産という「美田」を残す代わりに彼らに教育をつけることは、子供が将来浪費によって財産を減らすことを避けて財産を保全する一種のコミットメント手段だと考えられます（コラムC参照）。

ただ、注意を要するのは、満足度の高い行動をするには選択の伸縮性（フレキシビリティ）が必要であるという原則が一方で生きているという点です。自分の手を縛ることには、不測に生じる環境の変化に対応できないリスクがあるので、コミットメント手段を使うことには、短期的な自分を縛って長期的な利益を確保する利益と、不測の事態への対応の可能性を限定してしまうコストの両面があります。コミットメントの利用を考える場合には、こうした費用と便益を比較していく手続きが必要になります。

「金の卵」の理論

金の卵を産むガチョウ

私たちの保有資産の大きな部分は株式や土地、年金資産など、流動性の低いもので占められています。たとえば、デビッド・レイブソンの試算では、米国の全資産のうち不動産などの流動性の低い資産が占める割合は、90％以上に達します。こうした事実は、低流動性資産が実際にコミットメント手段として利用されていると考えない限り説明が困難です。[11] 私たちがもし自制問題に直面せずに常にファーストベストの選択を行うことができるのであればこの現象は奇妙です。貯蓄をしたければ便利な流動資産を持てばよいからです。

双曲的な消費者を前提にして非流動資産のコミットメント機能を考慮することによって、従来のマクロ経済理論では説明できなかったいくつもの実証上のパズルが説明できます。これを示したのが、レイブソンの「金の卵」モデルです。[12] ハーバード大学が編集する学術誌『クウォータリー・ジャーナル・オブ・エコノミクス』に発表された「金の卵」論文は、双曲割引に関する研究ではストロッツのものと並んでマクロ経済理論にもっともインパクトを与えた論文の1つです。

レイブソンは、非流動的な資産をイソップ物語の金の卵を産むガチョウにたとえます。神ヘルメスから金の卵を産むガチョウを下賜された男が、卵が産まれるのを待ちきれずに腹を切り裂いてガチョウをダメにするという話です。なるほど金の卵を得て消費に充てるには、ガチョウを育てて1つ1つ卵が産まれるのを待たなければなりませんから、その意味でそのガチョウは非流動的な資産です。

いま双曲割引の下で自制問題をかかえる消費者を考えましょう。資産には流動資産と非流動資産（金の卵を産むガチョウ）があります。流動資産はすぐにでも換金して消費に充てることができますが、非流動資産は換金しようとすると日数がかかり「現在」の消費にそれを充てることはできません。毎期労働所得と資産からの利息を得て、それをうまく消費と貯蓄に振り分けながら生涯の効用を最大化するのが消費者の目的です。話を簡単にするために借入れはできないとします。

さて、消費者が将来に発生する選好の逆転を正しく予想して「賢明」に行動するならば、「いまの自分」は資産を非流動資産の形で保有しておくことで、「将来の自分」が資産をかってに浪費してしまわないようにすることができます。「金の卵」モデルは、こうして広く行き渡る非流動資産の存在をうまく説明できるのですが、そのほかに、以下で見るように従来の標準的なマクロ経済学が説明できなかったさまざまなマクロ現象を説明することができます。

所得―消費サイクル――恒常所得仮説は成立しない

標準的な新古典派経済学では、消費を決めるものはそのときどきの所得水準ではなく、恒常所得、つまり生涯にわたって得られるだろう所得の平均水準だと考えます。消費者には消費の変動を嫌ってそれを平準化（スムージング）しようとする傾向があるので、ときどきの所得変動につられて消費を変動させるよりも、所得が高い年は貯蓄をし、低い年はそれを取り崩したり借入れしたりすることで、高い厚生水準が達成できます。そしてその平準化された消費水準を決めるのが、恒常所得なのです（図4−4参照）。このように動学的な観点から、消費が恒常所得によって決まるとする考え方を恒常所得仮説といいます。

ところが実感として想像できると思いますが、恒常所得仮説は現実の消費行動をうまく説明しません。私たちの消費水準は実際には、たまたま景気がよく所得水準が高いときには高く、不景気で所得水準が低いときには低い、というように、所得と強い正の相関を持ちます。図4−5は2000年1月から11年間の月次データを使って、実質ベースの経常所得と消費支出の動きを前年同月比でプロッ

図4-4　恒常所得

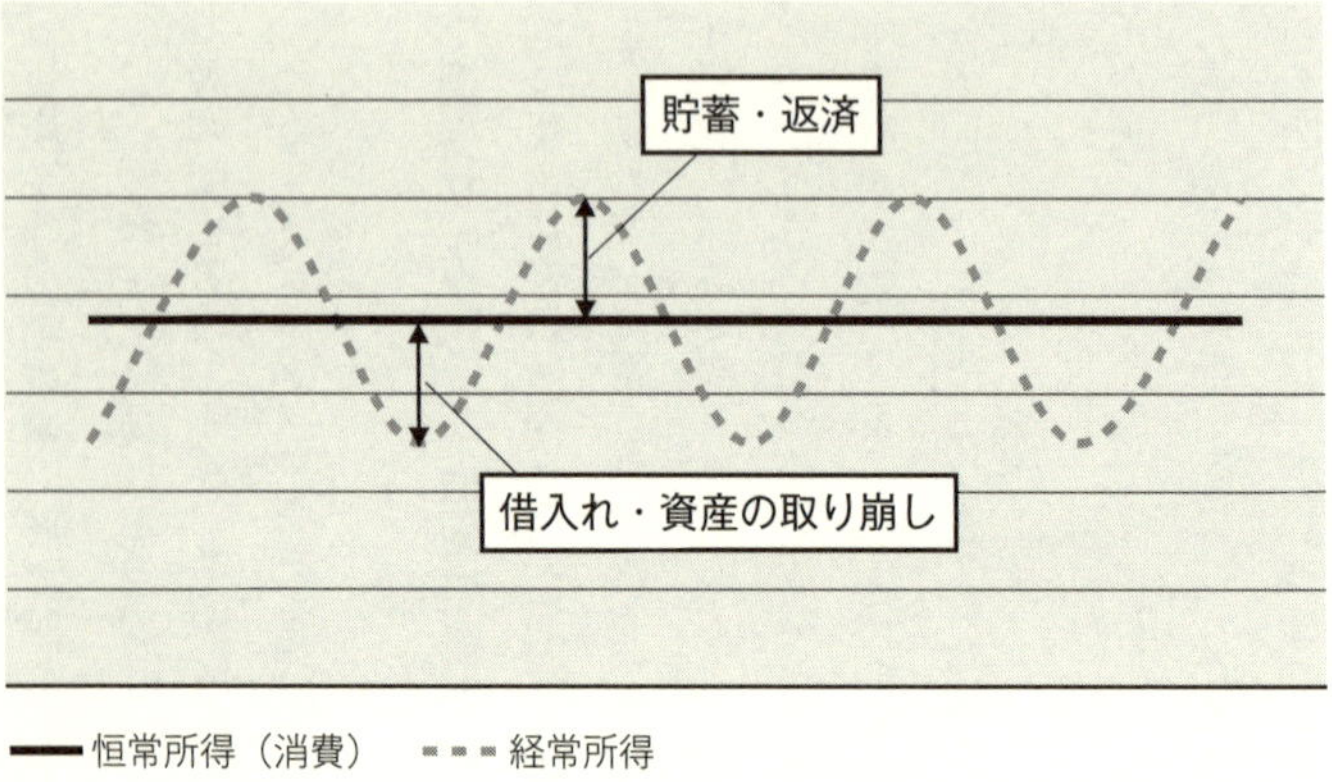

トしたものです。実際に正相関しているさまが見て取れます。相関係数は27・5％で、統計的に見ても誤差の範囲を越える強い相関です。

「金の卵」モデルを前提にすればこの現象は次のように説明できます。先に説明したように「賢明」な消費者は自制問題に対処するためにあらかじめ資産を非流動資産の形で保有するので、景気変動の影響でたまたま所得が低下したときには、消費に充てるために取り崩す（流動）資産に不足が生じ、その結果消費の水準を落とさざるを得なくなります。反対に、景気がよくなって予想以上に所得が増えた場合には、双曲割引の影響で消費性向の高い現在の「自分」は、貯蓄に回すよりも消費を増やして幸運を精一杯満喫します。こうして所得の波に同調する形で消費がサイクルを示すことになるわけです。

図4-6はレイブソンが示した例を一部改変して作成したものです。所得のアップダウンに対応して消費水準がどのように相関するかを数値例で示しています。

図4-5　所得と消費の相関

(a) 時系列

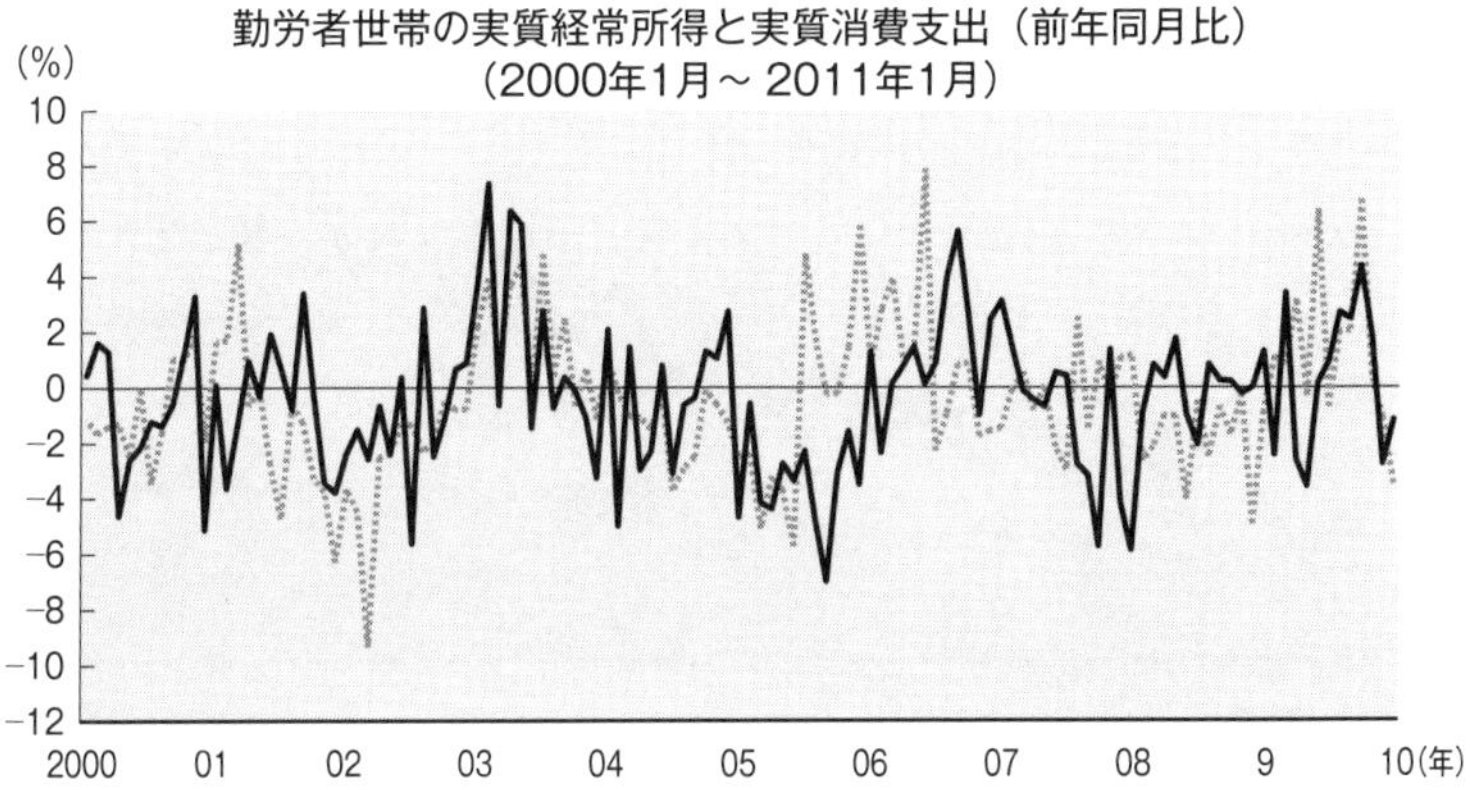

(b) 前年同月対数差の散布図

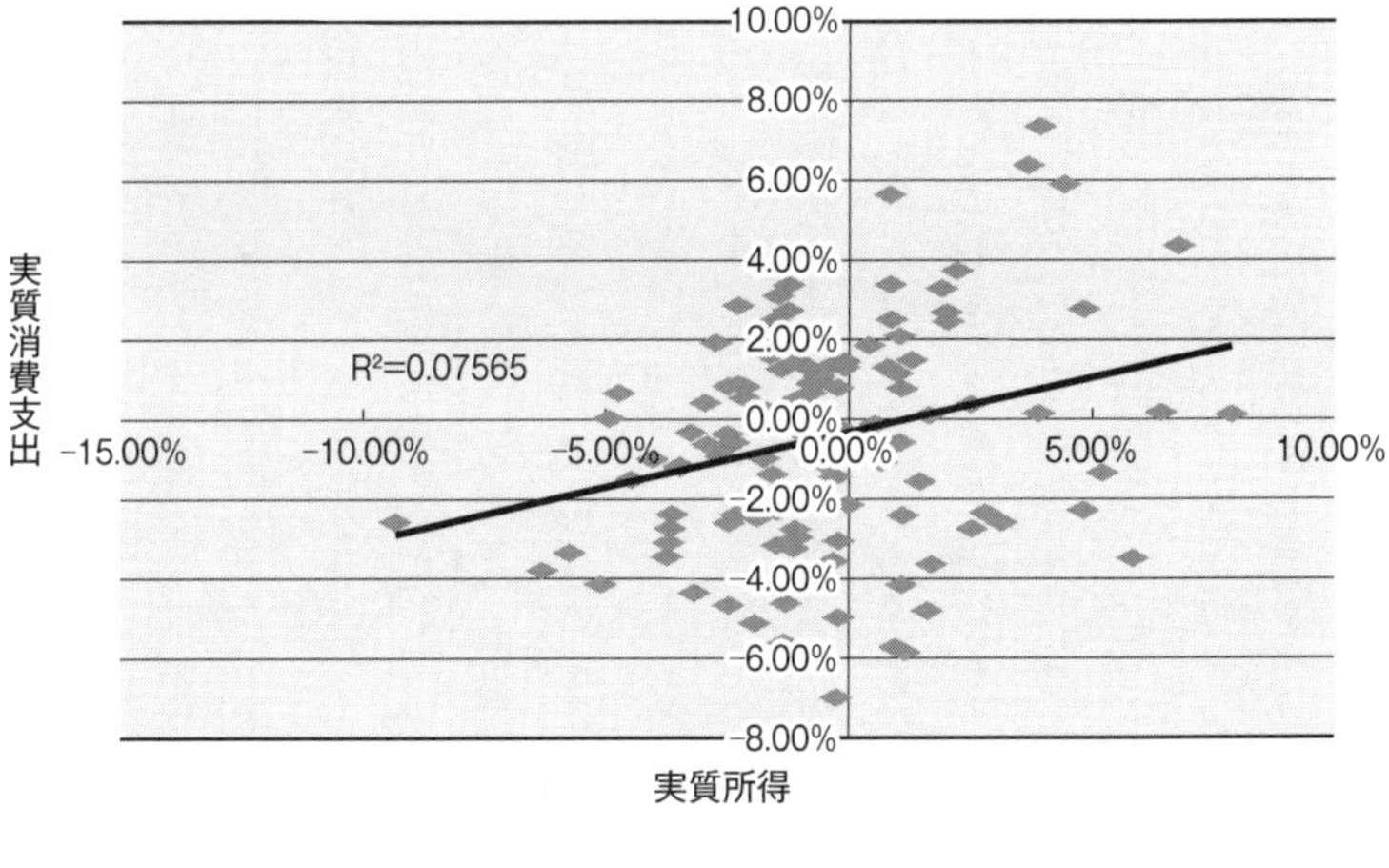

注）総務省統計局『家計調査』の勤労者世帯経常収入、消費支出、および消費者物価指数より作成。

図4-6 「金の卵」モデルの所得―消費サイクル

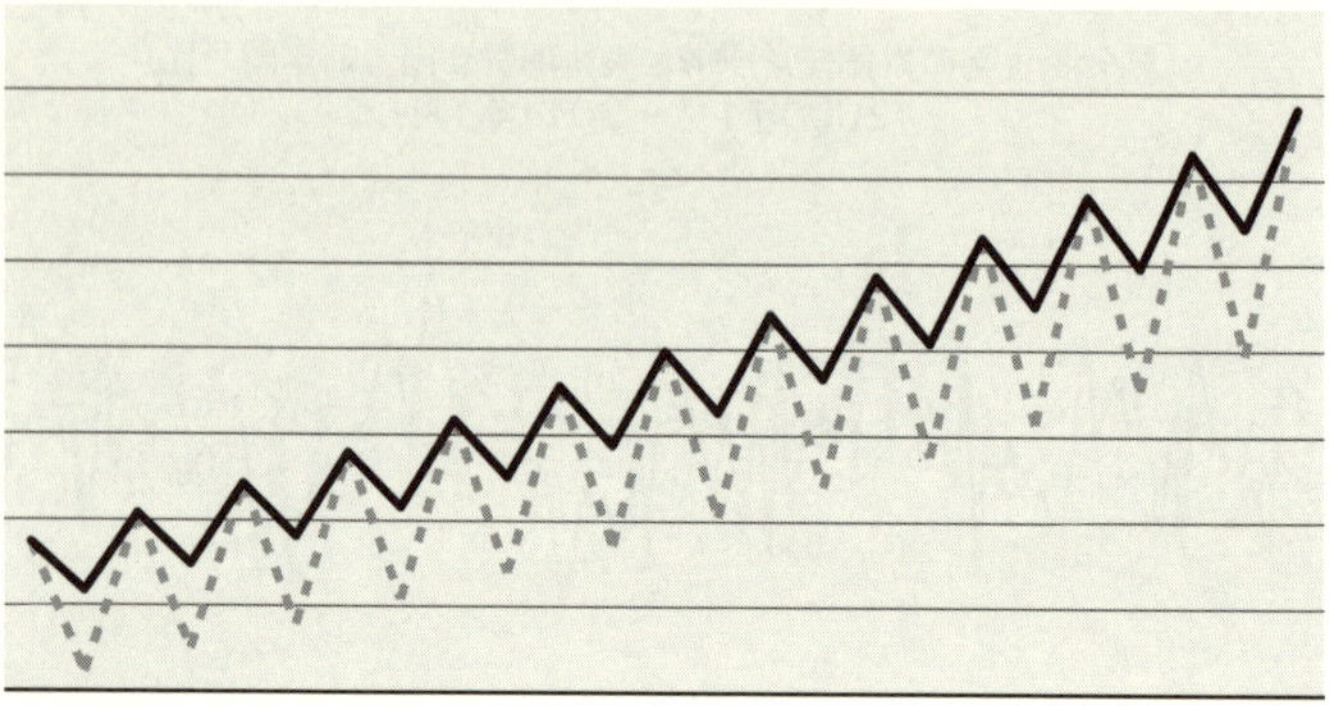

注）Laibson（1997），Figure IIの数値例を参考に作成。

興味深いのは、この曲線が行動心理学の動物実験で得られる反応曲線に似ている点です。一定の規則に従ってエサ――心理学では強化子といいますが――を与えていくとそのタイミングに合わせて、反応率がサイクルを描きます。[13] ハトと違って、人間の消費者は金融市場を利用して消費を平準化する合理性を備えているので、所得という「エサ」が変動してもそれに左右されずに一定の消費（反応）を維持するはずだ、というのが恒常所得仮説の主張です。ところが、実際には所得と消費の強い相関が示すように、消費者は所得に反応して消費を増減させます。そのさまは、あたかも「エサ」に反応してサイクルを描くハトのようです。そしてその背後にはどうしても目前の利益に反応してしまう自制上の問題があると考えられます。

こうしたいわば収入と支出のサイクルは、他の経済行動でもいろいろな形で姿を見せます。エサにつられてたくさん食べてしまうと後に蓄えができないので、多くの場合そうした収入―支出サイクルは過小貯蓄の問題をはらんでいます。もっともわかりやすい例が、小遣いを貰うとすぐに使い果たし次の小遣い日を寂しく待つ子供です。同じような所得―消費サイクルは年金や生活保護の受給者にも観察されます。この点は次章で詳しく見ていきます。

消費と所得の共変性に関連して、以下の点は重要です。自制問題のない通常の設定でも、ここで考えているように借入れに制約がある場合には、消費は所得との相関を示すようになります。所得が減って借金したくてもできない場合には消費を減らさざるを得なくなるからです。ただ、その場合に消費が所得と正の相関を示すのは、借入制約に引っかかった貧しい消費者に限定されます。資産を十分に保有している家計の場合は、資産を保険として使いながら消費を平準化することができるからです。

「金の卵」モデルのポイントは、資産を十分に保有する消費者であっても、自制問題を回避するために非流動資産を保有することによって意図的に借入制約にかかるようにして自分を律している点です。もちろんそれによって厚生の損失は発生しますが、所得が足りているときに将来の情けない自分が浪費をするのを抑えるメリットの方が大きいために、非流動資産を保有するのです。その結果、資産を保有する豊かな家計でも所得―消費サイクルを示すことになります。

資産を保有しているのに経常的な所得が減少したために、消費水準が急速に落ちる典型的な例は、定年時の消費の変化です。定年退職すると、資産を保有しながら消費支出が急に減少するのが普通ですが、この減少は仕事関連の支出が不必要になったことだけでは説明できない大きなものと考えられます。年金資産や不動産などの非流動資産を保有しながら、経常所得という流動性が減るために、定年の到来とともに消費が抑制されるというのが「金の卵」モデルの説明です[14]。消費支出の減少には、退職者たちが流動資産を持たないようにして老い先の生活を守っている側面があると考えられます。

所得からの消費性向の方が資産からの消費性向より大きい

何らかの理由で所得や資産が増えたとき、私たちは消費を増やすのが普通です。このとき所得・資産の増分に対して消費の増分が相対的にどのくらい大きいかを示す割合を限界消費性向といいます。たとえば、所得が1万円増えたときに消費を8000円増やす人の限界消費性向は0・8です。所得・資産の増分のうち、消費されない部分は貯蓄に回されるので、1から限界消費性向を引いたものは限界貯蓄性向といわれます。先の例でいえば、0・2が限界貯蓄性向です。限界消費性向は文字どおり私たちの消費への選好を表しています。その値が大きいほど、所得・資産が増えると貯蓄より消費額を大きく増やそうとします。

それでは、所得・資産の増加がどのような形で生じても、限界消費性向は同じでしょうか。たとえば、今期所得が1万円増えた場合でも、保有する株や土地の価値が1万円増えた場合でも、それによって増やされる消費額は同じでしょうか。

実はそうではないという証拠があります。リチャード・セイラーは消費者の保有する資産を所得、金融資産、将来所得の3つのカテゴリーに分けて、対応する限界消費性向が所得、金融資産、将来所得の順に大きいことを示しています[15]。私たちの実感としても、思いのほかボーナスが増額された場合と、家の地価が上がった場合、それから来年の昇給が決まった場合の3つのケースを比べてみると、消費の増やし方にセイラーが示したような違いが出てくることもわかります。標準的な経済学では、こうした限界消費性向所得の違いを説明することができません。そこでは所得であろうが株のキャピタルゲインであろうがお金に色はついていないので、どの増加も等しく恒常所得の増分として評価され、同じように消費の増分に貢献すると考えられるからです。セイラー自身はこの現象を、前述の心理会計のアイデアで説明しているのですが[16]、「金の卵」モデルを使えばもっと合理的に説明できます。

私たちは自制問題に直面する中で、十分に「賢明」であれば、消費性向の高い「いまの自分」は、長期的な計画者である「過去の自分」たちによって非流動性資産を保有させられ、浪費できないように拘束されています。その結果、収入の増加が所得や流動資産に生じた場合と、非流動資産に生じた場合とでは異なってきます。所得や流動資産などいますぐに使える形で収入が増えた場合、高い消費性向を持った「いまの自分」によってそれらは消費されますが、土地や株式などの非流動資産の価値が上がったからといって「いまの自分」は消費を増やすことはできません。もちろん彼はそれを流動資産の形に換えておいて、「来期以降の自分」が消費できるようにしてやることはできますが、双曲割引の性質から先の消費を考える場合には時間割引率が低くなるので、やはり将来の浪費を抑えようとするインセンティブが働きます。こうして非流動資産からの限界消費性向は流動資産の場合よりも低くなるわけです。一般的に、流動的な資産ほど消費に振り向けるのに時間がかからないので、双曲割引の下では、流動性が高い資産ほど限界消費性向は高くなると考えられます。

「負債パズル」――資産を持っているのにクレジットカード負債がある

土地や株式などの流動性の低い資産の形で富を蓄えながら、その一方で、クレジットカードによる負債を持つ人がいます。表4-2は、デビッド・レイブソンらの研究グループが米国の『消費者金融調査（SCF）』のデータを使って1998年時点の高卒者家計についてまとめた結果です[17]。3分の2以上の家計が平均で所得の1割強になるクレジットカード負債を抱えている一方で、50歳代の家計では所得の2・6倍に達する資産を蓄積し終えていることがわかります。

同様の現象は、わが国でも見られます。クレジットカードによる信用供与額は2010年の1年間で33兆円に達していますが[18]、これは同年の家計消費総額の12・2％に相当する水準です。その一方で、50歳代を世帯主とする家計の金融資産所得倍率は2010年度末でおよそ2・1倍に達しており[19]、定年に備えるために非常に速い速度で資産の蓄積が進められていることがうかがえます。

実は、こうした2つの事実――急速な資産蓄積、あるいは高い貯蓄率、と高いクレジットカード負債者比率――は、指数割引を仮定する従来の経済理論では同時に説明できません。高い貯蓄率を説明するには低い時間割引率を設定しなければなりませんが、クレジットカードによる高金利の負債を説明するには高い時間割引率が必要となるからです。短期であろうが長期であろうが割引率が変わらない指数割引の世界では、そもそも退職後の貯蓄を行う行動とクレジットカードで借金をする行動は矛盾しているのです。レイブソンたちは、急速な退職後貯蓄と高いクレジットカード負債者比率という一見矛盾した事実を「負債パズル」とよんでいます[20]。表4-2に示しているように、指数割引をむりやり仮定することで時間割引率を16・7％と推定することはできますが、そのような高い割引率では

表4-2　双曲割引で負債パズルを解く

	実際の値	推定値		
		双曲割引モデル		指数割引モデル
時間割引率		短期割引率	長期割引率	16.7%
		39.5%	4.3%	
クレジットカード負債保有者の比率	67.8%	63.4%		66.7%
クレジットカード負債所得比率	11.7%	16.7%		15.0%
50歳代家計の資産所得倍率（退職後貯蓄率）	2.6	2.69		−0.05

注）Laibson *et al.* (2007) に基づいて筆者作成。

クレジットカード負債は説明できても、2・6倍という高い退職前資産所得比率はとても説明できません。

こうしたパズルも双曲割引の持つ二面性を考えれば説明できます。双曲的な消費者は、そのときどきの短期的な所得変動に対しては高い消費性向の下で消費を増減させますが、その一方で長期にはより低い時間割引率で貯蓄計画を立てます。前の章で「明日を割り引きながら10年後も考える」と説明した行動の二面性です。もちろん消費者が「単純」な選択者である場合は、その長期的な計画は時間が経てばそのときどきの「自分」によって反故にされますが、「賢明」な消費者であればあらかじめ非流動資産の形で貯蓄を行うことにより長期の貯蓄計画にコミットすることができます。その結果、何らかのマイナスの所得ショックが発生するごとに、「いまの自分」はクレジットカードを使って消費を賄いますが、その一方でより長いスパンを考えながら株式や不動産の形で資産形成を行うことになります。もちろんカード負債に対しては高い金利を払わなければなりませんが、流動資産のままにして浪費するのに比べれば、それを負担する意味があるのです。

実際に、レイブソンたちは、米国経済の実情に合うような環境設定（労働所得の確率過程、流動性制約の存在、扶養家族の数、非流動資産の存在、自己破産制度、死亡確率など）でシミュレーション分析を行うことによって、双曲割引がうまく負債パズルを解決することを示しています。そこでは、現実の高いカード負債者比率と大きなカード負債額を説明するために、39・5％もの短期の時間割引率が推定される一方で、長期の時間割引率については、急速な退職後資産の形成を説明するのに年率4・3％という低い値が推定されています。

ただし以下の点は注意を要します。「負債パズル」という言葉からの印象とは違って、右の議論は過剰負債や過小貯蓄を問題にしているわけではありません。むしろ、消費者が双曲割引の下で自制問題を抱えていても、彼らが賢明で合理的であれば、非流動資産をコミットメント手段に利用することによって、双曲割引に左右されない（短期の流動性を確保するために負債を負うその一方で）長期的な貯蓄計画を同時に実現できることをレイブソン等は主張しているのです。

しかしながら、この結論は2つの大きな前提に依存しています。第一に、非流動資産が完全なコミットメント手段として使えるという前提です。たとえば、「金の卵」モデルでは、双曲割引の時間的なスパンと非流動性の時間的なスパンが同じであることが暗黙裏に仮定されています。しかしもし非流動資産を換金するのにかかる時間が双曲割引のスパンよりも短ければ、その資産は完全なコミットメント手段として機能しなくなり、「いまの自分」は長期的な貯蓄計画に完全にはコミットすることができなくなります。その結果、長期の資産形成も双曲割引によって阻害されるでしょう。

第二に、何よりも過小貯蓄や過剰負債の問題を考える場合には、消費者がどれだけ「賢明」なのかが問題になります。いくら非流動資産などのコミットメント手段があっても、彼らが多少とも「単純」な意思決定者であれば、わざわざ不便な非流動資産の形で富を保有するインセンティブを持ちません。その結果、自制問題の影響をまともに受けて過小貯蓄の状態に陥ることになります。この点については次章で詳しく議論します。

リカードの中立命題が成立しない

政府が国債を発行して減税を行った場合に、どのような効果があるのでしょうか。政府は減税の原資を調達するために国債を発行するのですが、もちろんこれは将来増税することによって返済しなければなりません。その結果、一方で減税によって手元の可処分所得が増えるのですが、他方で国債がそれに等しい将来の増税を約束するので、将来のことまで考える消費者の懐、言い換えれば、恒常所得は何も変わらないことになります。こうした理由から、政府の調達方法が私たちの消費や厚生に何の影響も与えないとする命題を「リカードの中立命題」といいます。

この命題は経済学のもっとも基本的な知見として教科書にもかならず登場するのですが、実は消費者が双曲的である場合には成立しません[21]。政府の増減税が消費者の所得の流動性に影響を与えるからです。たとえば、減税は可処分所得を増やすので、恒常所得が変わっていないにもかかわらず、高い消費性向を持つ「いまの自分」は目前の可処分所得の増加を大いに消費します。つまり減税は消費を増やす効果があり、「中立命題」は成立しないということになります。おわかりのように、これは恒常所得仮説が成立しない事実の裏返しです。要するに、恒常所得が変わらなくとも一時的な景気変動や政府の増減税策によって手元のキャッシュフローが変わると、手元の流動性に目がくらんでしまう「いまの自分」が消費を変化させてしまうのです。

「中立命題」をめぐる議論にも注意すべき点が1つあります。減税があらかじめ事前に予想される場合には、ふたたび「中立命題」が復活するということです。たとえば1年先に減税が行われると発表されたとしましょう。「いまの自分」が長期の生活設計を考えるとき、「1年先の自分」が減税による可処分所得の増加をそのまま食べてしまうことを快く思いません。「いまの自分」はそれを避けるために、「1年先の自分」にバトンが渡る前に流動資産を余分に非流動資産に変えておくことで、「1年先の自分」の食べる手を少しきつめに縛るはずです。こうして「いまの自分」は、1年後に減税があっても「1年先の自分」に長期的な貯蓄計画を守らせることができるので、減税は消費を変えることはないのです。

金融革新の功罪――伸縮性かコミットメントの利益か

昨今のクレジット市場の進展にはめざましいものがあります。当座の持ち合わせがなくともクレジットカードを使えばたいていのものは買えますし、自動車の運転免許証や学生証を提示するだけで数十万円のお金が即金で借りられます。指数割引を前提とした従来の経済学で考えると、こうしたクレジット市場の発達はとりもなおさず私たちの利益になります。さまざまな所得変化にもかかわらず消費の水準を一定に平準化することが容易になるからです。異時点間選択の伸縮性（フレキシビリティ）を高め、交換の利益を通じて私たちの厚生水準を高めるといってもよいでしょう。

ところが、私たちが双曲的で自制問題を抱えている場合には、そうした金融市場の発達は必ずしも私たちの利益になるとは限りません。資産を非流動資産の形で保有していても、もしそれを担保にしてすぐに借入れができるのであれば、せっかちな「今日の自分」は土地を担保に借金をしてすぐに消費に充てることができるからです。担保なしで借りられるのであればなおさらです。つまり、借入れを容易にするような金融革新は、異時点間の消費の配分を効率化するメリットを持つ反面、資産の流動性を高めてコミットメント手段としての機能を弱めるという望ましくない側面を持ちます。

「金の卵」モデルでは借入れができないと仮定していたので非流動資産を使って長期的な利益が確保できたわけですが、すぐに借入れができる金融市場が整備されるとそれができなくなります。そのときどきの「自分」は、「将来の自分」の高い消費性向を直接コントロールすることができず、過大消費・過小貯蓄の状態に陥ります。もちろん「いまの自分」は、資産が流動化したおかげで高い消費性向に見合った大きな消費を行うことができますが、「将来の自分たち」が同様に（「いまの自分」にとって）過大な消費を行うというマイナス効果が働きます。通常、このマイナス効果の方が大きいために、クレジット市場の進展は双曲的な人たちの厚生水準をかえって下げることになります。レイブソンは、クレジット市場の導入で非流動資産のコミットメント手段としての機能が失われた場合の厚生損失を、双曲割引の程度に応じて、少なくとも生産所得の数%、大きければ数十%と試算しています。

繰り返しますが、金融市場の整備が進んで流動性の確保が容易になること、言い換えれば異時点間選択の伸縮性が高まること自体には、資源配分を効率化する大きなメリットがあります。したがって実際的な政策判断には自制問題から生じる右のような副作用とどちらが大きいかという定量的な評価が必要になりますが、こうした副作用が無視できない大きさで存在するだろうことは次章で見るとおりです。

単純なのか賢明なのか？

前節では非流動資産のコミットメント手段としての重要な機能とその含意について説明しました。ところで、消費者が非流動資産という「金の卵を産むガチョウ」をコミットメント手段として用いるのは、彼らが双曲割引下の自制問題に気づいた「賢明」な選択者であると仮定されているからです。

それでは、そもそも私たちは「賢明」な選択者なのでしょうか。この点は私たちが自身の対応を考える場合にも、政策担当者が政策を考える場合にも重要です。すでに私たちが「賢明」な選択者であるなら、前節で説明したようなコミットメント手段をさまざまな形で提供するなどして選択を改善することが有効な政策になります。もし私たちが「単純」な選択者であるなら、教育によって選択の仕方を改善する一方で、場合によっては何らかの政策手段によって選択や行動を誘導したり規制したりすることが重要な政策課題になります。

部分的に「単純」

正確な答はもちろん実証的な研究を待たなければなりませんが、かなりはっきりといえるのはイエスでもノーでもないということでしょう。多くの人は双曲割引や選好の逆転といった概念を知らないながらも、将来の自分自身の頼りなさを自覚して「賢明」な選択者たろうとしているように思われます。前節で説明したような、さまざまな非流動資産がコミットメント手段として利用されている事実はそのことを物語っています。古くは「アクラシア（akrasia）」（道徳上、意志が薄弱なこと）という言葉がギリシャ哲学にもあるように、将来の自己抑制や内面の葛藤の問題は古来私たちが気づきながら頭を悩ましてきた問題であり芸術のテーマでした。このことは、長期的な利益を損なう目前の快楽にとらわれてしまう自分の性向を私たちが自覚してきたことを意味しています。

1つの重要なポイントは、しかしながら多くの場合、そうした自覚が十分ではないと考えられる点です。双曲割引に起因する自制問題に気づきながら、自分の双曲割引の程度を甘く見積もっている場合には、時間の経過とともに、予測しなかった選好の逆転が多少とも発生し、「単純」な意思決定の場合と同様に、計画になかった後回しや先送りがその分だけ行われることになります。このように多少とも自分の緩さを予測できずにいる意思決定者を「部分的に単純」な選択者といいます[22]。ここで指摘しておきたいことは、私たちの多くがこの「部分的に単純」な意思決定者に入るのではないかということです。

前章の表3–1で紹介した2010年のインターネット調査でも、双曲傾向を示した回答者のうち、宿題を済ませるのが事前の計画より遅くなった「単純」な選択者は60％を占めます。宿題を休みの後半に済ませた後回し傾向のある回答者に限定すれば、実に88・7％が計画を反故にした「単純」な選択者です。彼らの多くは自分の自制問題にまったく無自覚ではなかったにせよ、将来の選好の逆転を多少とも甘く見積もった「部分的に単純」な決定者であると考えるのが自然でしょう。

実際に起きている過小貯蓄、多重債務、肥満やその他の生活習慣病、さまざまな依存症、行き当たりばったりの弁解やウソ、繰り返される犯罪……、こうした行動や選択の失敗のすべてを、過不足なく自分の弱さを織り込んで矛盾なく行動してきた「賢明」な選択の結果と見なすことは難しいでしょう。多くの場合、当初考えていなかった計画の変更やそれを「合理化」する弁解を伴っている事実はそのことを物語っています。

締め切りを刻むと効率が上がる——アリエリーとワーテンブロチのフィールド実験

ダン・アリエリーとクラウス・ワーテンブロチがマサチューセッツ工科大学で行った有名なフィールド実験は[23]、時点間にまたがる人々の行動が、実際にそれほど「賢明」ではないことを示唆するものです。彼らは、学生が自分の自制問題をどの程度自覚し、それにどの程度対応できるかを探るために、授業の受講者を使って以下の実験を行います。

受講者たちには最初の講義日に、14週間の学期中に3つの課題レポートを提出する必要のあることが伝えられます。被験者は、締め切りの設定が違う2つのグループにランダムに分けられます。1つは、等間隔に設定した3つの締め切り日を教員が一方的に課す「等間隔締め切り」グループ（48人）、もう1つは、学生自身に締め切りを決めさせ、その締め切り日を授業開始日に申告させる「選択的締め切り」グループ（51人）です。両グループとも締め切りに遅れた場合には1日につき評点が1％ずつ減点されます。

「選択的締め切り」グループでは、14週の最終日の締め切りこそ外から与えられていますが、他の2つの締め切り日については自由に決めることができます。それらを最終日に持ってくることによって実質的には余分な締め切りを設定しないことも可能です。他方のグループと同じように、等間隔に締め切りを設定することもできます。つまり将来の自分の怠慢を織り込んだうえで、期間中に締め切りを設けるかどうか、また設けるとしてどのような間隔で設けるか、ということを自由に決められるのが「選択的締め切り」グループです。

さて結果はどうだったでしょうか。まず「選択的締め切りグループ」で締め切りを最終日ではなく期間中に設定した学生は73％にのぼりました。このことは学生たちが自分たちの自制問題をよく自覚していることを示しています。その一方で、成績の平均は、「等間隔締め切りグループ」の88・76に対して「選択的締め切りグループ」の85・67と、自分で締め切りを決めたグループの成績の方が低い結果を示しています。もし学生たちが自分の自制問題を完全に織り込んで合理的な選択を行っているなら、選択の自由度が大きい「選択的締め切りグループ」の方がよい成績を記録するはずです。そうならなかったのは、学生が自分の自制問題を完全に自覚せずに多少とも「単純」な計画者であったために、結局思っていたような最適な行動にならなかったためと解釈できます。「選択的締め切りグループ」の中で自主的に等間隔に締め切り日を設定した人と「等間隔締め切りグループ」の人の成績を比べても大きな差が見られなかったことも以上の推論を裏付けます。

締め切りを自分で設定することのメリットを探るために、アリエリーたちはさらに実験2を行います。ここでは締め切り設定の異なる3つのグループに校正のアルバイトをさせます。仕事は3つあり、1つ目のグループでは7日ごとの締め切り日に1つずつ仕事を提出させます（「等間隔締め切りグループ」）。2つ目のグループでは21日の期間中に自分の好きな締め切り日を3日決め（「選択的締め切りグループ」）、最後のグループでは最終日を締め切りとします（「最終日締め切りグループ」）。結果は至ってきれいなものです。仕事のパーフォーマンスは質、量ともに、「等間隔締め切り」がもっとも高く、「選択」、「最終日」と続くことが報告されています。途中の締め切りがまったくない場合に比べて、自主的に締め切りを宣言できる場合に仕事の効率性が改善することを示した点がこの実験の新しいポイントです。途中に締め切りがない「最終日締め切りグループ」でも、自制問題に気づいている被験者であれば勝手に私的な締め切りを設定して作業をコントロールすることもできるわけですが、この結果はそうした私的な自己管理が自分の規律づけとしてあまり機能しないことを示唆しています。

試験勉強をいつ始めるか

アリエリーたちの実験は、私たちが多くの場合、将来の甘い自分を織り込む「賢明」さを持ちながら、それが十分でないために、結果的に長期的な利益を損なうような選択をしてしまっている可能性を強く示唆しています。しかし彼らの実験からは、どのくらいの人が実際に自分の自制問題に気づいていて、どのくらいの割合が多少とも「単純」な部分を持つ選択者なのかを把握することはできません。

ウェイカン・ウォンは、シンガポール国立大学で担当するマクロ経済学入門の受講者445人に、中間テストの準備を始める時期を尋ねるフィールド実験を行い、自制問題に直面しながらそのことに部分的にしか気がついていない人が相当高い割合でいることを示しています。(24)彼は、中間テストの準備を始める日について、理想と予想、実際の3つを以下の質問によって尋ねます。

Q1（開始日の理想）中間テストの準備を始める日として理想的な（または最適な）日はいつですか？
Q2（開始日の予想）理想はともかく、自分自身のことを考えたときに実際に中間テストの準備を始める日はいつだと思いますか？
Q3（開始日の実際）実際に中間テストの準備を始めたのはいつですか？

ただし質問は、Q1とQ2については中間テストが始まる3週間前に、Q3は中間テスト当日の試験前に行われます。

この調査が面白いのは、3問に対する回答を比較することで、被験者の自制問題（時間非整合性）の有無と、「単純」さの程度が割り出せる点です。まず、Q1とQ3の回答から、開始日の「理想」と「実際」を比べることで自制問題の有無がチェックできます。理想と考える日よりも遅い日にしか

表4-3　8割が「単純」または部分的に「単純」

自制問題なし	自制問題あり（双曲割引）		
28 (6.2%)	417 (93.8%)		
	「単純」	部分的に「単純」	「賢明」
	98 (22.0%)	264 (59.3%)	55 (12.4%)

注）Wong (2008) より筆者作成。

試験の準備を開始できなかった学生は、自制問題に直面していると判断され、そうでない学生はそうした問題に悩まされない指数的な選択者と考えられます。

自制問題を持つと判断された学生は、さらに、Q2とQ3の回答を使って、どの程度「予想」（計画）どおりに準備を実際に始めることができたかを調べることで、その被験者が「単純」か「賢明」かが識別されます。

「単純」だと識別された学生は、今度は「理想」（Q1の回答）と「予想」（Q2の回答）を比べることで、どの程度自分の自制問題に気づいていなかったか、つまりどの程度「単純」であったかがわかります。「理想」どおりの日に準備を開始できると予想していた学生は自制問題にまったく気づいていない「単純」な選択者であり、「理想」どおりにはいかないことを多少とも予想した学生は「部分的に単純」な選択者と識別されるわけです。

結果は、表4-3のようにまとめられます。第一に、被験者のほとんど（93・8％）が自制問題に直面していることが示されています。

第二に、ここまで議論してきたように、自制問題を有する被験者の大部分（86・8％）は多少とも「単純」な部分を持っており、完全に「賢明」と判断された被験者は13％に過ぎないことが報告されます。

ウォンは、さらに、こうして自制問題に直面すると識別された学生の方が、そうでない学生よりも成績などのパーフォーマンスが高く、さらに自分が達成する成績について過大に評価する傾向があることを示しています。

以上のフィールド実験の結果から、次のインプリケーションが得られます。私たちは自制問題を自覚して自分でコミットメント手段を利用する知恵を持っています。それが仕事の成果を高めたり、選択の効率性を改善したりするのは確かですが、自制問題の自覚が不完全であるために、コミットメントの利用に期待するだけでは不十分であり、選択や行動には大きな改善の余地があります。政策的には、「賢明」な選択を前提としたコミットメント手段を制度的に整えると同時に、「単純」な、または、少なくとも「部分的に単純」な選択を前提とした教育と介入が必要になります。この点についてはさらに後の章で詳しく議論します。

まとめ

双曲割引で発生する選好の逆転は「現在の自分」と「将来の自分」の間で利害の対立を引き起こし、自制問題を発生させます。その結果、選択がどのように影響を受けるかは、意思決定者が将来の選好の逆転を知らずに「単純」な選択をするか、それを知ったうえで「賢い」選択ができるかで変わってきます。「単純」な人は、ドミノ的に計画を反故にして蓄積の計画を後回しにして消費の計画を前倒しする結果、消費は過大に蓄積は過小になります。「賢い」選択によって、意思決定の効率性が改善する場合はありますが、自分の選好の逆転を織り込むことでいま甘い選択をすることの限界費用が低くなれば、「単純」な選択よりもかえって緩い選択になることもあります。

「賢い」人の場合、非流動性資産など、将来の自分の選択を縛るコミットメントの手だてを利用することで選択を改善することができます。実際に、「金の卵」のモデルで示されるように、非流動資産がコミットメント手段として機能していると考えることで、恒常所得仮説に代表される従来の経済学では説明できないいくつかの現象をうまく説明することができます。所得と消費に見られる共変関係、資産に占める非流動性資産の大きな割合、資産を持ちながら行うクレジットカードの借金、などがその現象です。

ただ、「金の卵」の議論は、私たちが自制問題に直面しながら将来の甘い「自分」を完全に織り込むことのできる「賢明」さを持ち合わせていることが前提になっています。現実には、私たちが選択者としてそれほど「賢明」ではなく、多少とも「単純さ」を持つ「部分的に単純」な意思決定者と考えるのが自然でしょう。その場合には、経済面、健康面を問わず、私たちはその「単純」さの程度に応じて過大消費や過小蓄積という自滅選択の傾向を示すことになります。さらに、「単純」な行動を逆に利用する市場参加者がいる場合には、こうした選択の自滅傾向は、本人の「単純」さがほんの些細なものであっても非常に大きなものになる可能性があります。

次章では、負債、肥満、健康、依存消費をめぐる、人々の実際の選択や行動を眺めながら、そこで観察される行動の多くが「賢明」な選択者であれば行わないような自滅傾向を示し、そうした傾向が実際に選択者の双曲傾向と相関を持つことを説明します。

【注】

（1）経済学では、将来の選好の逆転を知って選択できる人をソフィスティケイテッド（sophisticated）とかスマート（smart）とよび、選好の逆転のことを予想できない人をナイーブな（naive）選択者と形容します。本書で用いる「賢明」、「単純」という用語はそのような用語法を日本語に当てはめたものです。

（2）言い換えれば、ここでは第3章で説明した準双曲割引（$\beta\delta^{\tau}$）を仮定して、現在バイアスを表すパラメーターβを1／2、長期割引率δを1とおいて議論していることになります。

（3）指数割引では、どの時点の割引率も等しくなります。いまの設定では、明後日の価値を明日の価値に換算する場合の割引率はゼロだと仮定されているので、指数割引の下では、明日の価値を今日の価値に割り引く際の割引率もゼロでなければなりません。

（4）選択の望ましさを判断するもう1つの方法は、そうじの日程が始まる前日の28日に行ったであろう選択を考えることです。いまの場合、将来の労苦は一様に半分に評価されるので、28日の自分は、29日～31日のそうじの労苦（A29、B30、C31）を比べるとき、どれも同じように半分に割り引いて評価することになります。その結果、選ばれるのはやはり29日であり、指数割引下の選択と同じになります。「単純」な選択が望ましい選択から大きく後ろにずれていることに変わりありません。

（5）ここで議論しているような仕事やレジャーのタイミングを決める選択が、双曲割引によってどのような影響を受けるかを最初に分析したのは、オドノヒューとラビン（O'Donoghue and Rabin, 1999）です。

（6）このことを解析的に初めて示したのは、オドノヒューとラビンです（O'Donoghue and Rabin, 2001）。

（7）もちろん、以上の議論は、大きな仕事に挑戦することがいつも非合理的で、小さな仕事に埋没することが賢明だといっているのではありません。小さな仕事と大きな仕事のどちらに取り組むべきか――この問自体、荒っぽい設定ですが――は、その人の能力、コストと成果の時間パターン、せっかちさの程度（時間割引率）、双曲性の程度、「単純」さの程度、リスクに対する態度などに依存して決まるでしょう。また科学的発見や大事業に見られるように、大きな意義のある仕事や成果が、つねに合理的な選択からもたらされるわけではありません。楽観的で「単純」な挑戦が結果的に非常に大きな成果と結びつくことは珍しいことではありません。

(8) Strotz (1956) 参照。

(9) Ainslie (1974) を参照のこと。なお、エインズリーはこの論文に先に掲げたストロツの研究 (Strotz, 1956) を引用し、ハトの実験結果がストロツの理論仮説の検証になっていることを明記しています (Ainslie, 1974, p.488)。

(10) コミットメントの方法については、第6章で改めて議論します。

(11) Laibson *et al.* (2003) 参照。

(12) Laibson (1997) 参照。

(13) 広田・増田・坂上（２００６）参照。

(14) レイブソンらは、非流動資産のようなコミットメント手段がない場合には、賢明な消費者がかえって貯蓄を増やす可能性のあることを指摘しています (Laibson *et al.*, 2003; Diamond and Köszegi, 2003)。これは前述した賢明さゆえに発生する「過度の節制」に対応するケースと考えられます。

(15) Thaler (1993) 参照。

(16) セイラーの心理会計によれば、思いがけないボーナスの増加などは心理的な「当座勘定」に仕分けられ、日々の消費に充てられますが、金融資産や人的資産は「貯蓄勘定」の中で貯蓄として管理されます。

(17) Laibson *et al.* (2007) 参照。

(18) 日本クレジット協会『クレジットカード動態調査集計結果一覧』。

(19) 総務省『家計調査』の「２０１０年度世帯主年齢階級別貯蓄・負債」から計算。

(20) Laibson *et al.* (2003) 参照。

（21）Laibson（1997）参照。子供やその先の世代が将来、税を負担することになっても、自分が負担するほどには痛みに感じない場合は、以下の議論に関係なく「中立命題」は成立しません。
（22）O'Donoghue and Rabin（2001）参照。
（23）Ariely and Wertenbroch（2002）参照。
（24）Wong（2008）参照。

コラムC 津島家のコミットメント

昭和5年、津軽の大地主の家系である津島家の家長文治は、当時東京帝国大学文学部1年生であった弟修治が青森の芸妓小山初代を出奔させた不始末を処理するためにはるばる弟のところに上京しています。文治は、この弟に対して、津島家から義絶分家することを条件として、初代を落籍し彼女と結婚することを許可しますが、分家させるにあたっては財産分与の形をとらず、帝大を卒業するまで毎月120円の生活援助を行うことを約束しています。(1) おとなしく大学に通わなければもらえない生活費は、まさに流動性の低い「金の卵を産むガチョウ」です。津島修治の自滅傾向を織り込んで考えた場合、こういったコミットメント手段を使って津島家の財産を保全しようとしたのは、家長として「賢明」な行動だったというべきでしょう。実際、修治はこのあと初代とも離別し大学を中退して自滅への道を突き進んでいくので、このときに財産分与をしていればあっという間に蕩尽されていたはずです。

ただ、歴史の皮肉というべきでしょうか。津島家が歴史にその名を刻んだのは、修治が自らの自滅的な行状を題材に「太宰治」のペンネームで著した一連の文学作品によってです。そもそも、自滅にいたる自己の葛藤を描いて見せたところに、太宰作品の、時代を超えて人々の共感を集める魅力があるのだとすれば、自滅によって破壊されるべき大きな富と旧い秩序があってはじめてその創作が可能であったのかもしれません。そう考えれば、右の事実は歴史の皮肉でもなんでもないと思えてきます。

【コラム注】

（1）川西（2012）を参照。

第5章

借金・肥満・ギャンブルに見る自滅選択

異時点間選択を左右する時間割引、とりわけ双曲割引の観点から具体的な自滅的選択について考えたいと思います。とくに過小貯蓄・過剰負債、肥満などの健康問題、喫煙・ギャンブルなど依存性消費の問題について個別に見ていきます。

前章で詳しく説明したように、双曲割引の下では、自己の中で短期的利益と長期的利益の対立が生じて自制の問題が発生します。利益が目前に迫るとせっかち度が増してしまうことをうまく織り込んで選択できない場合には、蓄積をドミノ式に犠牲にして短期の利益が優先され、さまざまな形で金融資産や人的資産の蓄積が過小になります。それは、長期的な利益を害する自滅する選択です。もちろん、自制問題を事前にうまく織り込む「賢明」な選択ができる場合には、コミットメント手段を使うなどしていくぶん選択の質は改善されますが、よいコミットメント手段がいつも利用できるとは限らないうえに、そもそも実際には将来の緩い自分を１００％織り込んだ完全に「賢明」な人はそれほど多くないと考えられます。

本章では、過小な貯蓄と過剰な借金、肥満、喫煙などの依存性消費といった自滅的な選択が、実際に双曲的な意思決定、とりわけ「単純」な意思決定に関連していることが示されます。

過小蓄積の問題を考えるうえで双曲割引は最重要な要因になるのですが、いままでの議論からわかるように、時間割引率は別の2つのルートを通じても私たちの蓄積行動に影響を与えると考えられます。1つは、時間割引率そのものの水準です。時間割引率はその人のせっかちさの程度を測る指標ですから、その水準が高いほど消費性向が高く、貯蓄性向が低くなるはずです。

もう1つは、符号効果です。これについては、将来の支払いや損失がより低い時間割引率でしか割り引かれない傾向として第2章で説明しました。符号効果の下では将来の利払いを避けようとするので、この効果は借入れを抑制するように働くことが予想されます。こうした「借入回避」は金銭的な借金ばかりでなく、過食や喫煙など、将来の不利益と引き換えにして現在の満足度を高めるような選択に同じように働くものと思われます。

要するに、時間割引率は、双曲割引、時間割引率水準（せっかちさ）、符号効果という3つのルートで私たちの蓄積行動に影響を与えます。以下では、「自滅する選択」に焦点をあてるために、双曲割引の影響を中心に議論していきますが、必要に応じて他の2つの要因についても言及したいと思います。

わかっていても入れば使う――ナイーブな消費サイクル

小遣いサイクル

子供たちは、よく次の小遣い日を待てずに小遣いを使い果たしてしまったかと思うと、小遣い日には後先を考えずに大盤振る舞いをしてしまいます。入ってくる「所得」につられて「消費」がジグザグのサイクルを描くこうした行動は、自制問題下の「単純」な意思決定が引き起こす過剰消費と過小貯蓄の典型的な現象と考えられます。

子供の小遣いサイクルは、前章の「金の卵」の理論のところで説明した、所得―消費サイクルと似ていますが、「単純」か「賢明」かの点で違います。「金の卵」モデルの所得―消費サイクルは、「賢明」な消費者が非流動性資産という不完全なコミットメント手段を用いることから生じる消費変動であるのに対して、小遣いサイクルは、自分の自制問題を自覚しない子供がそのときどきの「いま」を優先させた「単純」な消費行動の現れと考えるのが自然でしょう。次の小遣い日の直前になると小遣いが足らなくなるのは、それまでの蓄え（遣い残し）が過小（消費が過剰）であったからで、その意味で小遣いサイクルは「単純」な過大消費と過小貯蓄の1つの形態と考えることができます。

定期的に入ってくる収入に合わせて消費がサイクルを示し、過大消費と過小貯蓄の問題が生じるのは、何も子供たちだけではありません。以下では、自制問題下の「単純」な過大消費＝過小貯蓄行動の例を2つ紹介しましょう。

食料券栄養サイクル

米国には貧困家計の生活保護を目的として、低所得の家庭に食料券（フードスタンプ）を配給する制度があります。専用の口座に毎月一定額が振り込まれ、受給家庭はそれを使って食料を購入することができます。2010年には実に1862万世帯、4000万人の低所得者が、平均で1人当たり月額およそ134ドルの給付を受けています[1]。

ジェセ・シャピロは、メリーランド州のミクロ（個票）データを使って、この食料券の給付を受けている家庭が給付日と給付日の間にどのような食料摂取量のパターンを示すかをカロリーベースで調べています[2]。その結果、給付日にもっとも高いカロリー摂取が記録された後、日が経つにつれて1日平均で0・4〜0・5％の率でそれが徐々に低下していくパターンが観察されています。子供の「小遣いサイクル」と同じ、「単純」な双曲割引者に特有のサイクルが食料券給付とカロリー摂取量の間に見られたわけです。シャピロはこれを「食料券栄養サイクル」とよんでいます。

シャピロは一方で食料券が給付されている被験者に、「4週間後の50ドルか、今日の50ドル未満のどちらを選びますか」という質問を行い、短期の時間割引率を計測します。その結果、「今日の50ドル未満」を選んだ20％の被験者の方が、それ以外の被験者より5〜7ポイント高い確率で、前月に家計上の理由から食事を抜いていたと推定しています。食事を抜いた家計の比率が全体で9％に過ぎなかったことを考え合わせると、2つのグループに見られた5〜7ポイントの差は非常に大きいといえます。ここでの比較が実際にどこまで自制問題の深刻さの違いを反映しているのかについては少し留保が必要ですが、観察された「食料券栄養サイクル」を自制問題下の過大消費と過小貯蓄行動として解釈することにそれほど無理はないでしょう。

年金—消費サイクル

同じように、年金生活者の消費パターンが双曲割引の影響を示唆しているとする報告もあります。ジョバンニ・マストロブォーニとマスュー・ウエインバーグは、所得の80％以上を年金に依存する62歳以上の高齢者を対象に、サンプルを貯蓄者（5000ドル以上の流動性貯金を保有）と非貯蓄者（それ未満の流動性貯金を保有）に分けます。そのうえで、年金が受給されてから次の受給日までどのような食料消費のパターンを示しているかを2つのグループで比較したところ[3]、貯蓄者が期間中総じてフラットな食料消費パターンを示したのに対し、非貯蓄者は、シャピロの食券受給家庭と同様に、受給当日に大盤振る舞いの大きな消費を行い、その後消費を下げていくという「小遣いサイクル」を示したことが報告されています。受給の前後における摂取カロリーの差は25％にもなり、受給日間近になると非貯蓄者の食料消費は最低必要摂取量にも満たない水準にまで落ち込むことから、彼らの消費生活はさながら小遣いを使い慣れない子供そのままです。そもそも非貯蓄者であることは、それまで将来の自制問題を正しく織り込めずにきた「単純」な双曲割引者であることを意味していると考えれば、こうした結果も理解できます[4]。

双曲割引と負債行動

クレジットカードによる借入れ

クレジットカードによる借入れは、通常の銀行金利に比べるとかなり高い金利を要求されます。前章で説明したレイブソンらの「負債パズル」の議論は、クレジットカードによるそうした借入行動がマクロ（集計）のデータで見る限り双曲割引によってうまく理解できそうだというものでした。その理解が正しいとするならば、消費者レベルのミクロ（個票）のデータを使うことによって、人々の負債傾向の違いを双曲割引の有無によって説明できるはずです。

実際にミクロデータを使って、人々のクレジットカード負債の可能性や保有金額がその人の双曲割引の有無と強く相関することを示す研究があります。ステファン・マイアーとチャールズ・スプレンジャーによる研究はその1つです[5]。分析の対象になったのは、ボストンにある2つの確定申告無料相談所（VITA）を利用する低所得者541人で、とくに彼らがリボルビングによる返済方式（リボ払い方式）で借り入れたクレジットカード負債を調べています。

リボ払いとは、カードによる負債を毎月一定額ずつ返済していく契約です。この場合、買い物をして新たに借金が増えても、月々の返済額は変わらずに返済期間が延びるだけになります。言い換えれば、借金が嵩むほど、追加的な借金の返済が先延ばしにされる仕掛けになっているので、双曲的な人

図5-1　双曲割引とカード負債

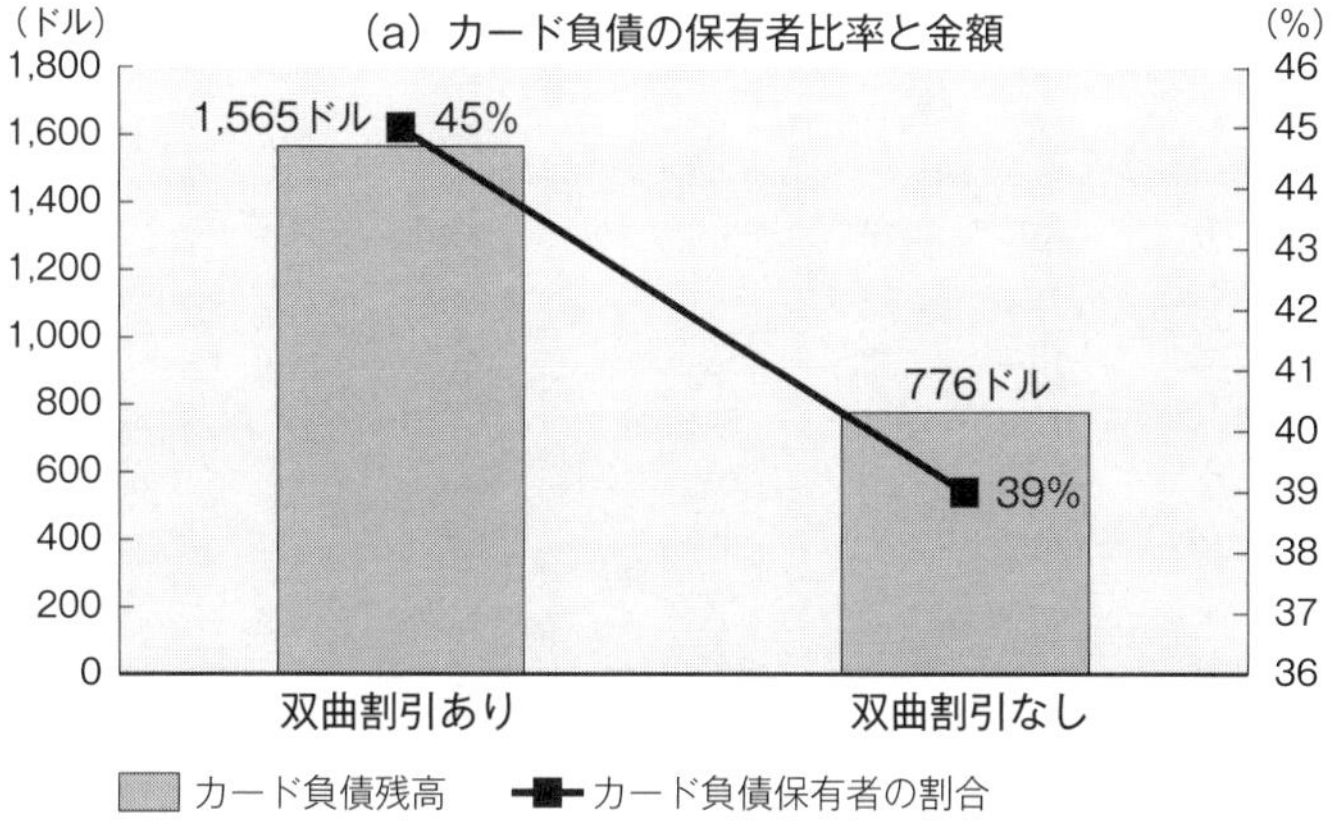

(b) 双曲割引のカード負債保有への効果

	カード負債保有確率	カード負債額
双曲割引の効果	16ポイント上昇	540ドル増加

注) Meier and Sprenger (2010) より筆者作成。

にはうってつけの返済方法といえます。

マイアーたちは、信用調査会社のデータを使って彼らのクレジットカードの負債残高や取引履歴、信用度、所得などの経済属性を調べあげる一方で、長・短期の時間割引率を尋ねるための簡単な経済実験を行います。その両方を合わせることで、双曲割引とカード負債の関係を浮かび上がらせようというわけです。

結果は図5-1のとおりです。クレジットカード負債を保有している被験者の割合は、「双曲割引あり」グループの45%に対して、「双曲割引なし」グループでは39%に過ぎません。負債残高については、「あり」グループが「なし」グループの倍以上の金額になっていることがわかります。また表の(b)が示すように、信用度や経済属性など他要因の影響を除いた場合、双曲的な人はそうでない人よりも、カード負債の保有確率が16ポイント高くなり、負債金額は540ドル大きくなると推定されています。双曲割引が負債傾向を増長させるこうした影響は、「双曲割引なし」グループにおける負債保有者の割合（39％）や負債額平均（776ドル）の大きさと比べてみると決して小さくないことがわかります。

勧誘金利に惑わされてかえって高い金利を払う

双曲的なクレジットカードの利用を示したもう1つの事例は、「お試し期間」の選択に関するものです。クレジットカードの利用を促進するために、カード会社はさまざまなプランを用意しています。最初の一定期間は会費が免除されるとか、ポイントが割り増しされるなどです。アメリカのカードの場合は、顧客を引きつけるために、一定のお試し期間を設けて、相場よりも低い勧誘金利（ティーザーレート）を設定するのが普通です。お試し期間終了後には相場並みに高い（多くは10％以上の）金利――これを「ポスト期間金利」といいます――が適用されることになりますが、カードによる借入れをお試し期間だけに限定することで消費者は利益を得ることができます。

ところが、多くのカードユーザーは借入れをお試し期間だけに止めておくことができないために、かえって高い金利を支払う羽目に陥っていることが知られています。これが双曲割引の影響として紹介したい現象です。

もう少し詳しく説明しましょう。新しいクレジットカードを利用しようという消費者にとっては、どのようなお試し期間のカードを選ぶかということが問題になります。お試し期間終了後の金利が同じだとすれば、お試し期間が長くて期間中の設定金利が低いカードを選びたいところですが、通常はお試し期間の長さと金利の設定の間にはトレード・オフがあって、高金利で長いお試し期間のカードと、低金利で短いお試し期間のカードのどちらを選ぶかということで頭を悩ませることになります。

多くのカードユーザーは、たとえば7・9%で12ヵ月といった高金利で長期間のお試し期間よりも、4・9%で6ヵ月などという、短いけれども低金利のお試し期間のカードの方を好みます。手慣れたユーザーであれば、たとえばカードAのお試し期間が終われば新たにカードBに入会してそのお試し期間を使うというように、複数のカードをつなげることによってお試し期間の低金利をかなり長い期間利用することも可能でしょう。ところが、実際に契約後のカード利用を追跡してみると、長期のお試し期間を選んでいた場合よりも実際には高い金利を払っているような逆説的なことが生じているのです。なぜこうしたことが起こるかといえば、カードユーザーたちがお試し期間終了後にも借入残高を減らさずに借り続ける結果、十数%というポスト期間金利を支払う羽目になっているからです。

米国の大手クレジットカード会社がカードの利用者60万人（！）に送った勧誘メールとその後のカード利用のデータを用いてこのことを明らかにしたのは、ハイヤン・シュイとローレンス・アウスベルの2人です[6]。カード会社は、プランA～Fの違ったお試し期間を持つ6種類のカードを用意し、それぞれのカードについて10万人のカードユーザーに勧誘のメールを送ります。プランの設定は、表5-1の第2、3列にあるとおりです。プランAではお試し期間が6ヵ月で4・9%の低い金利が適用され、プランFではより長いお試し期間（12ヵ月）に比較的高い7・9%という金利が適用されま

表5-1　勧誘金利につられて高い実効金利を払う

プラン	お試し期間の設定		お試し期間終了後の金利（ポスト期間金利）	成約率	事後的な実効金利
	期間の長さ	金利			
A	6ヵ月	4.9%	16%	1.07%	10.23%
B	6ヵ月	5.9%	16%	0.90%	11.35%
C	6ヵ月	6.9%	16%	0.69%	11.86%
D	6ヵ月	7.9%	16%	0.64%	12.35%
E	9ヵ月	6.9%	16%	0.99%	9.23%
F	12ヵ月	7.9%	16%	0.94%	8.32%

注）Shui and Ausubel（2005）より筆者作成。

す。お試し期間後のポスト期間金利はどのプランも同じ16％です（図5-2参照）。

さて、受け取った勧誘メールに対して顧客が実際にクレジットカードの新規申込みを行い成約に至ったのは1％弱の割合で、各プランの成約率は表5-1の5列目のとおりです。成約率を比べると、消費者たちが全体として、高金利で長期間のお試し期間プランE（成約率0・99％）やF（同0・94％）よりも、低金利で短期間のプランA（同1・07％）の方を選んでいることがわかります。6ヵ月に限定した借入れだけを考えているとすれば、この選択は理にかなっています。

ところが、契約後のカードの利用状況を調べてみると、ユーザーたちはお試し期間終了後にも同じように借金を続けているために、支払った利息から事後的に計算される実効金利は、勧誘金利の高かったプランEやF（それぞれ9・23％、8・32％）の場合よりもそれが低かったプランAの方（10・23％）が高くなっています。

図5-2　お試し期間の設定

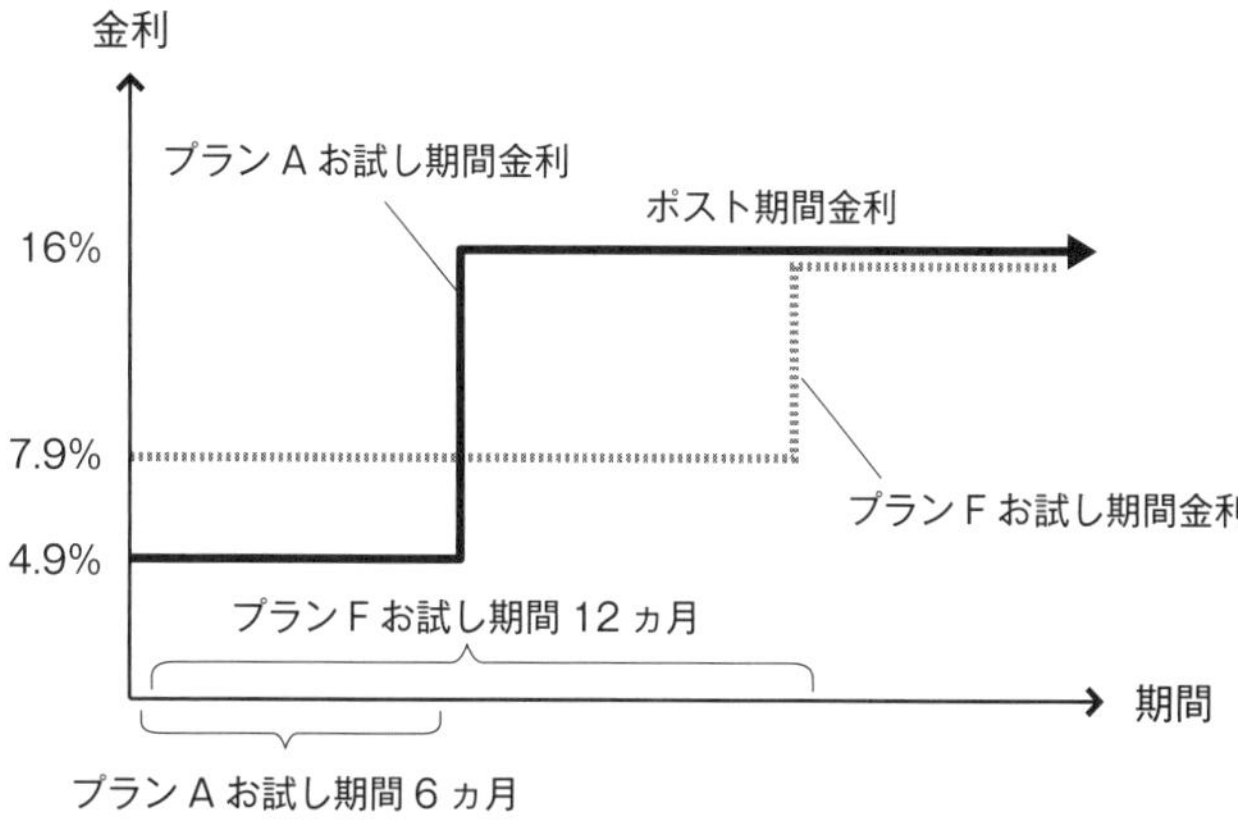

以上の事実は、カードユーザーの行動が2つの点で非合理的であることを示しています。第一に、みすみす実効金利が高くなるにもかかわらず、低い勧誘金利のプランAを選んでいることです。シュイたちはこの現象を「順位の逆転」とよんでいます。

第二に、お試し期間が終わって引き続き借入れをするのに、新しいカードと契約することでお試し期間の勧誘金利を新たに利用できるにもかかわらず、同じカードを使って高いポスト期間金利の下で借入れをしている点です。合理的なカードユーザーであれば、新しいカードをつなげて長い期間にわたって勧誘金利を利用するはずです。35%もの人がこうした合理的な行動をとらずに高い金利を支払っていたことが報告されています。

こうした不可解な行動は、カードユーザーたちが双曲的だと考えることでうまく説明がつきます。とりわけ、彼らが将来の高い消費性向を正しく予想できない「単純」な選択者と考える場合です。彼らは、将来の自分が示す負債傾向を過小に予想してしまう結果、契約時には、借入れをお試し期間だけに限定するつもりで、より低い金利のお試し期間を選択しますが、お試し期間が終了した段階でにわかに時間割引率が上がり、高い終了後金利でも借り続けてしまう結果、順位の逆転が生じたと解釈できます。

もっともシュイたちは、ユーザーたちが将来の自制問題を正しく予想する「賢明」さを持っている場合にも、順序の逆転は説明できると主張しています。将来の高い金利をコミットメント手段として使っているという説明です。自制問題を抱えるカードユーザーたちは、放っておけば自分が将来過剰な負債をしてしまうことを知っているので、できるだけ将来の借入条件を悪くしておくために、お試し期間が長く続かないプランAをコミットメント手段として選んでいると考えるわけです。仮に、お試し期間が長いプランFを選んだ場合、Aの場合より長い期間勧誘金利が利用できるために、契約時点の自分からすると過剰な借入れをしてしまうので、あらかじめその機会を狭めておくためにAを選ぶという解釈です。

ただこの場合だと、お試し期間が終わった時点で借入れが減るはずですが、実際には多くのユーザーがその後も同じペースで借入れをして負債残高が一定に保たれていたことが報告されています。こうしたことを考慮すると、順序の逆転は、自制問題に気づかない「単純」な消費者が勧誘金利に惑わされて行った自滅的な選択として理解するのが自然だと考えられます。

同じカードを使って借金を続けた非合理的行動には、現状維持バイアスがかかわっていると考えられます。現状を改める行動や選択には心理的な負担がかかるので、私たちの選択には多少とも現状を維持しようとするバイアスが働きます。これを現状維持バイアスといいますが、とりわけ直近の面倒を大きく評価する双曲的な人にはこの傾向が顕著に表れます。双曲的なカードユーザーがお試し期間が終了した段階で新しいカードを作成する面倒を回避し、同じカードで借金を続けたと考えるのは無理のない解釈でしょう。

欧米型消費者金融ペイデー・ローンをめぐる自滅行動

アメリカやイギリスで利用されているペイデー・ローンという消費者金融では、クレジットカードの場合よりもっと深刻な自滅選択が観察されます。

ペイデー（payday）とは給料の支払日のことで、ペイデー・ローンでは給料日までのつなぎに借りる非常に短期のローンが貸借の対象になります。たとえば、消費者は2週間後の給料日に手数料を含めて返済する約束で100ドルを借り受けます。手数料は借入期間にかかわりなく一定の額、たとえば18ドルに固定されているので、これを複利で年率換算して金利を計算すると非常に高い率になります。手数料が18ドルで100ドルを2週間借りる場合には、729 5％にもなります。そのために、消費者は通常、銀行からの借入れやクレジットカードを使った借入れなど、より低利で借りられる金融手段を使い、それでも必要な流動性が確保できない場合に窮余の策としてこのペイデー・ローンを使うことになります。日本でいえば、合法的に高利で貸し付ける点では消費者金融に類似しているかもしれませんが、日本では上限金利規制に抵触するためにペイデー・ローンのような貸金業を合法的に営むことはできません。法外な金利や期間の短さの点ではヤミ金融と比較可能かも知れません。実際にアメリカでもニューヨーク州やペンシルバニア州など、ペイデー・ローンを禁じている州も少なくありません(7)。

ペイジ・スキバとジェレミー・トバクマンの2人は、ペイデー・ローン会社から提供された、テキサス州における2002~2004年の80万件の取引データと10万人を超える顧客情報を用いて、ペイデー・ローンの借り手たちのきわめて双曲的な凄まじい行動の実態を明らかにしています(8)。借り手たち(平均的には黒人かヒスパニックの30歳台半ばの女性)は1742ドルの平均月収に対して、平均8件前後、額にして2655ドルのローンを抱えています。期間が2週間のものに限定すると、1件当たり平均323ドルのローンに対して平均で58ドルの手数料を支払っているので、年率換算で実に7224%の金利を負担していることになります。

借り手たちの行動は以下の2つの点で特徴的です。1つは、借り手たちは、ペイデー・ローンを借り始めてから1年以内に債務不履行に陥る確率が80%に達します。2週間の借入契約だけに限定した場合、借り始めて1年以内に返済用の小切手が不渡りとなる確率は51%、貸倒れになる確率はおよそ30%と推定されます。2つ目の点は、その債務不履行に至るまでに平均5ヵ所の貸金業者から借り入れ、平均90%の実効金利を支払っているという事実です。

スキバたちは、(1)指数割引者、(2)「賢明」な双曲割引者、(3)「単純」な双曲割引者、の3つのモデルを比較したうえで、こうした借り手の自滅的な行動が3番目の「単純」な双曲消費者モデルによって定量的にもっともうまく説明できることを示しています。もちろん指数割引を仮定することによっても彼らの借入行動を部分的に説明することはできますが、そのためには、2週間で21%(年率で1万4104%)もの法外な時間割引率を仮定しなければなりません。それでも借入額が実際より10％程度過小評価されてしまう一方、債務不履行は50％過大に評価されてしまうので、ペイデー・ローンの借り手の行動をうまく説明しているとはいえません。

双曲割引モデルであれば、短期の時間割引率を高く設定することで、借入額がうまく説明できますが、「賢明」な借り手を想定した場合には、債務不履行の頻度が過大に評価されてしまうという問題が残ります。借り手が、自らの自制問題から将来同じように多重債務に陥ることを予想する「賢明」さを持っているのであれば、もっと早い時点で債務不履行に陥る決断をすることによって、借りたくなる将来の自分を縛ることが合理的な行動となるからです。そうせずに5件ものペイデー・ローンを借りてずるずると多重債務化する彼らの行動は、つぎつぎと高利の借金を重ねて破産のコスト負担を先送りにする「単純」な双曲者の行動そのものと解釈できます。それは、クレジットカードの利用者がお試し期間が過ぎてからも新しいカードに切り替えることなく高い金利で借金を続ける行動とも似ています。スキバたちは実際に「単純」な双曲割引者のモデルを用いることで、債務不履行の実態を含めてペイデー・ローン市場の自滅的な選択がうまく説明できることを示しています。ちなみにそこでは長期の時間割引率3・0％に対して、短期のそれは70・4％と非常に高い値が推定されています。過剰負債行動の背後には大変深刻な自制問題があるというべきでしょう(9)。

双曲割引と借金――わが国の場合

わが国でも、双曲割引が人々の負債傾向を増長させる現象はかなり明確に見られます。これまでの章でも議論した2010年のインターネット調査（『時間とリスクに関する選好調査』）からのミクロデータを使った分析の結果を見ていきましょう。

アンケートはさまざまな社会・経済属性を尋ねるのと同時に、短期と長期の時間割引率を尋ねる質問によって回答者に双曲割引があるかないかを調べています。加えて、子供のころ宿題を計画どおりに行えたかどうかを聞いているので、その回答を使って双曲的な回答者が「単純」な意思決定者なのか、「賢明」な意思決定者なのかの見当をつけることができます。ここでは、宿題の質問で計画よりも後回しにする傾向があったと答えた人を「単純」な双曲割引者、それ以外の双曲割引者を「賢い」双曲割引者と分類します。その結果、回答者2277人は表5-2のように分かれます。双曲割引を示した回答者は960人（42・2％）で、そのうち「単純」だと分類されるのは576人（全体の25・3％）、「賢明」と分類されたのは残りの384人（同16・9％）です。以下では、「双曲割引で単純」グループ、「双曲割引で賢明」グループ、「双曲割引なし」グループの3つのグループで負債傾向がどのように違うかを見ていきます。

いままでの議論からわかるように、理論的には「双曲割引・単純」グループが他の2つのグループよりも負債傾向が強いことが予想されます。「双曲割引・賢明」と「双曲割引なし」の比較については、難しいところですが、よほどのことがない限り「賢明」であっても双曲割引を持つグループの方が双曲的でないグループよりも強い負債傾向を示すと予想してもそれほど不自然ではないと考えられます。

住宅ローン以外を負債と考えたうえで、図5-3ではまず、負債者比率と平均負債金額が3つのグループでどのように異なるかを比べています。

図から2つのことがわかります。

表5-2　双曲割引の有無、「単純」・「賢明」の分布

	双曲割引あり		双曲割引なし
	「単純」	「賢明」	
人数（人）	576	384	1317
（割合、％）	（25.3）	（16.9）	（57.8）

注）インターネット調査『時間とリスクに関する選好調査』2010年より推定。

第一に、予想どおり、負債者の比率についても、負債金額についても「双曲割引・単純」グループがもっとも強い負債傾向を示しています。負債金額については、10万円以上の開きが見てとれます。双曲割引と負債行動の間に見られるこうした正の相関は統計的にも意味のある大きさであり、双曲割引が負債行動を増長させる無視できない影響を持つことがわかります。

第二に、「双曲割引・賢明」グループと「双曲割引なし」グループの違いはあまりはっきりしません。「双曲割引・賢明」グループの方が高い負債者比率を示すのに対して、負債額については「双曲割引なし」グループの方が大きい結果になっています。ただこれらの違いはそれほど大きなものではなく、統計的には誤差の範囲です。双曲的であっても、その影響を自覚して「賢明」な選択を行う人はよく自制して双曲的でない人とそれほど違わない負債行動をとっていることがわかります。「賢い」人たちのこうした自制傾向はあとの分析でも同様に確認されることになります。

図5-4は、とくに過剰負債について同様の比較を行ったものです。何を過剰負債と考えるかという定義の問題は難しいところですが、ここでは以下の5つの観点から人々の過剰負債傾向を捉えます。

図5-3　双曲割引と負債

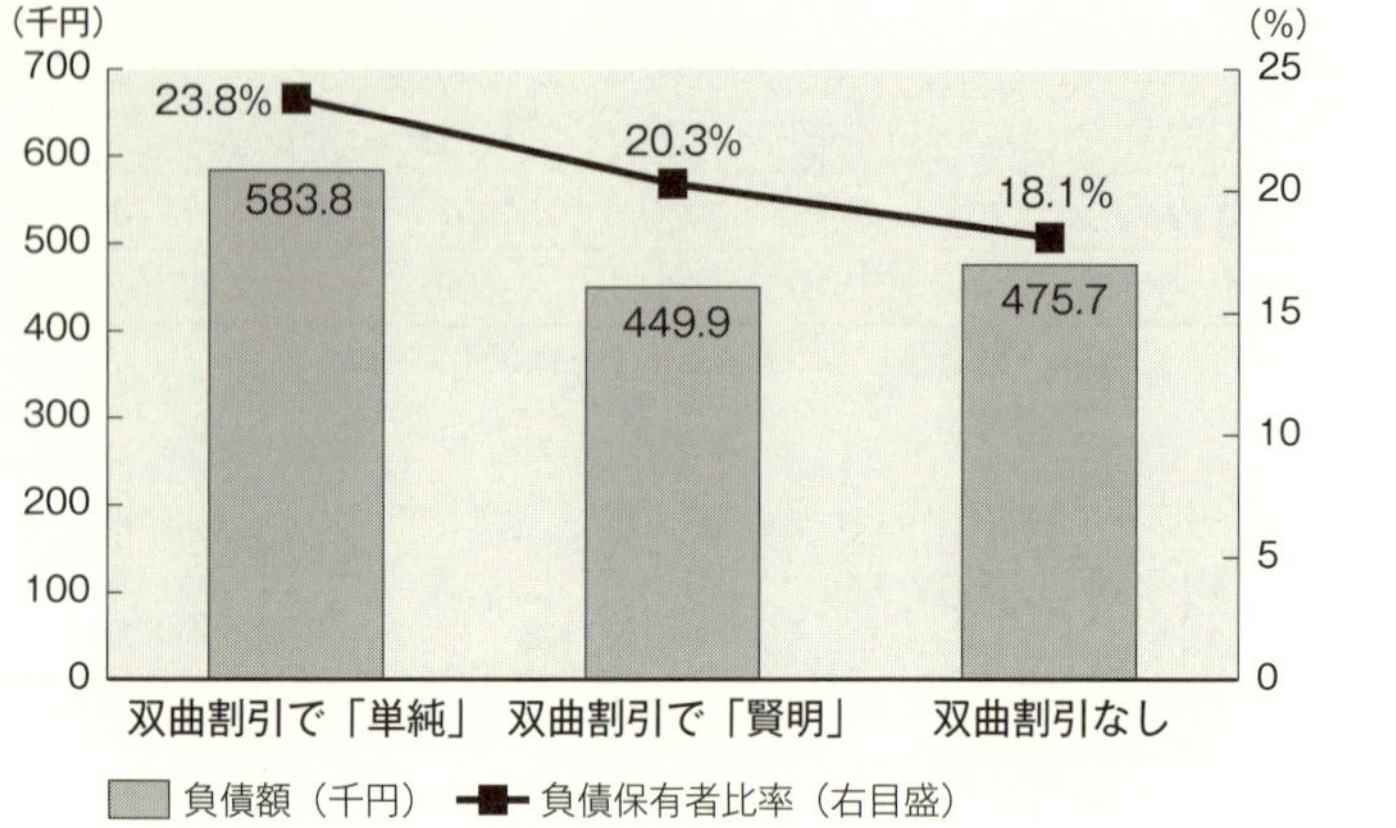

注）インターネット調査『時間とリスクに関する選好調査』2010年。

1. 家計所得の30％以上の借金を抱えている。
2. クレジットカードによる負債を保有している。
3. 消費者金融で借りたことがある。
4. 何らかの理由で借入れの申込みを断られたことがある。
5. 債務整理や自己破産を経験したことがある。

1の指標はやや恣意的ですが、2010年から施行されている改正貸金業法では原則的に年収の3分の1を超えて新たな借入れができないことになっていることを考えると、住宅ローンを除いて家計所得の30％というのは少なくとも社会通念上はかなり大きな借金といえるでしょう。また2でクレジットカードによる負債といっているのは、リボ払い契約などによる有利子の借金のことで、利払いを伴わない一括・分割払いはこれには含まれません。クレジットカードの負債を過剰な借金と見なしてよいかは難しいところですが、この調査のサンプルでカー

図5-4　双曲割引と過剰負債

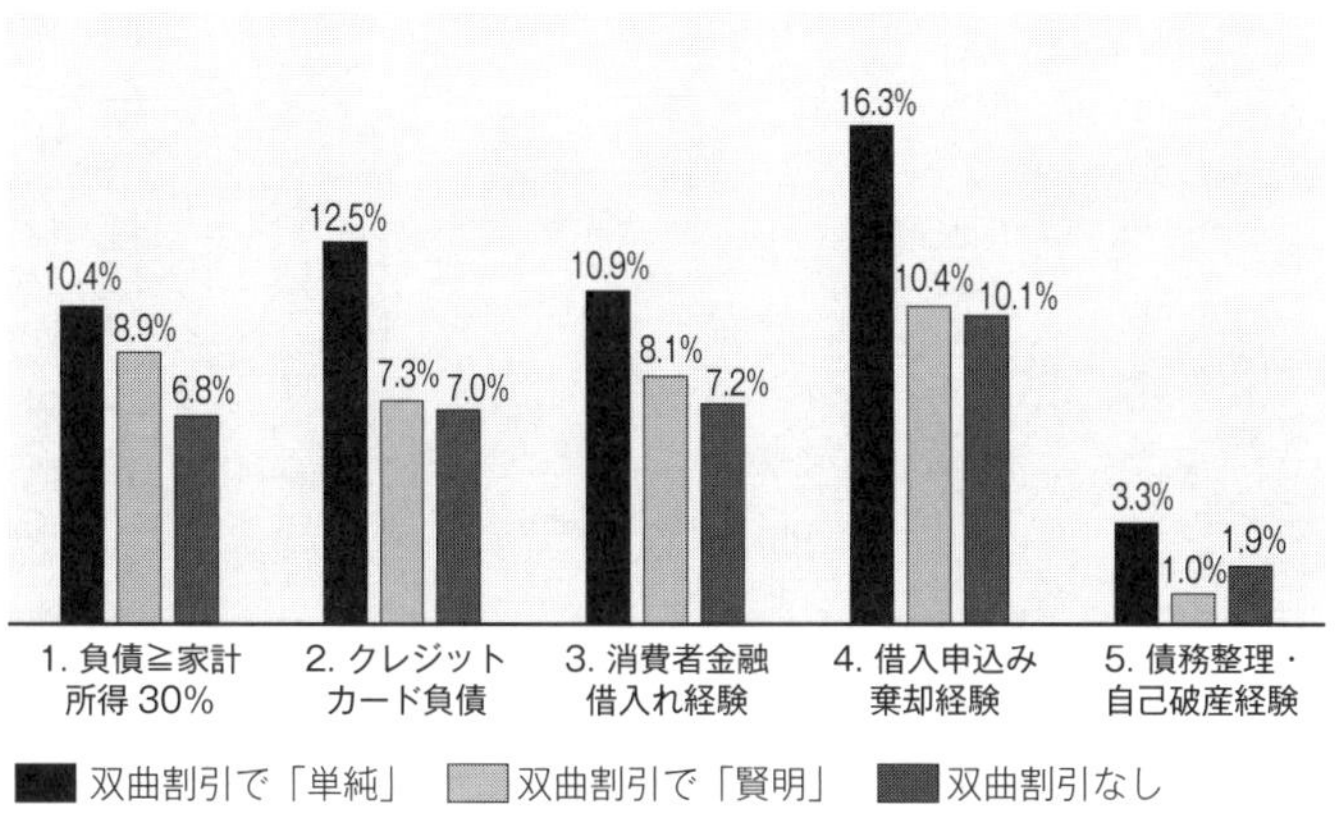

注）インターネット調査『時間とリスクに関する選好調査』2010年。

ド負債を保有する人は10人に1人に満たないことから、これを保有する人はかなり負債傾向が高いのではないかという判断です。以上1と2の項目は現にいま借金があるかどうかを問題にしていますが、残りの3つはこれまでの経験を問題にしています。アンケート回答者の過剰負債傾向と断っているのはこのためです。

結果は図に示されるとおり、5つのどの項目についても、過剰負債傾向を示す人は「双曲割引・単純」グループにもっとも高い割合で含まれています。たとえば、クレジットカードによる負債がある人は、「双曲割引・単純」グループに12％以上含まれているのに対して、他の2つのグループでは7％前後に過ぎません。借入申込みを棄却された経験や債務整理・自己破産経験を持つ人の割合についても、「双曲割引・単純」グループでは他グループの1・6〜1・7倍もの高い値になっています。

過剰負債傾向を持つ人は、続いて「双曲割引・賢明」グループに多く見られますが、「双曲割引なし」グループとの差は、「双曲割引・単純」グループとの差が示すほど顕著ではありません。このことは、図5−3の負債保有の場合と同じです。ただし、5つのどの項目についても、過剰負債傾向を持つ人と持たない人の分布は3つのグループで異なっていて、その差が誤差の範囲を超えることが統計的な方法で確認できます。

以上は過剰負債の傾向を示すと思われる5つの項目それぞれについて双曲割引の影響を調べたものですが、主成分分析とよばれる手法を使ってこれらのデータを同時に利用してそこに含まれる共通の要因を取り出すことができます。そのスコアはいってみれば右で見た具体的な過剰負債行動をその人にとらせる隠れた選択上の性向を表すと考えることができます。ここではそれを「過剰負債指数」とよびましょう。この指数は平均がゼロになるように作られていて、その値が高い人ほど、過剰負債傾向が強いと判断されます。図5−5は、3つのグループでそのインデックスの値がどのように違うのかを比べています。「単純な双曲割引」グループがもっとも高い過剰負債傾向を持つという結果が、図5−4よりも明確に示されています。

これまでの議論では、双曲割引の有無と意思決定の「賢明」さの観点からアンケート回答者を3つのグループに分けて負債行動を比べただけで、時間割引で測られる他の傾向や社会・経済要因の影響を除外していませんが、そうした配慮をしても、双曲割引が負債傾向を強め、とくに自制問題を予想できない「単純」な意思決定者の場合にその傾向が顕著に表れるという結論に変わりはありません。

表5−3は、せっかちさ、符号効果の有無、性差、年齢、学歴、所得、資産といった他要因の影響を取り除いた場合に、双曲的な人がそうでない人よりもどれだけ負債傾向が強いか、言い換えれば、

図5-5　過剰負債指数

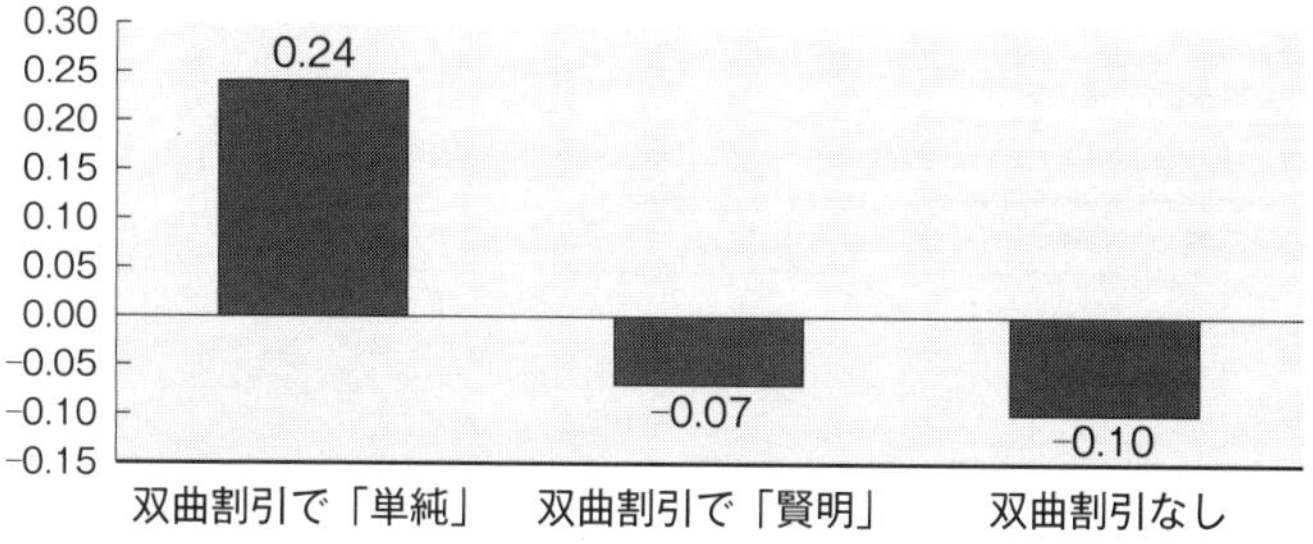

注）インターネット調査『時間とリスクに関する選好調査』2010年より推定。

他の要因が変わらない場合に、双曲的でない人が双曲的になるとどれだけ負債傾向が強まるかを推定したものです[10]。自分の自制問題を甘く見積ってしまう「単純」な人の場合には、負債全般についても過剰負債傾向についても一様に負債傾向が強まることが表からわかります。双曲的になることで、負債保有確率は4・7ポイント上昇し、余分に11万円の借金を背負うことになります。クレジットカード負債の保有確率はそれによって4・8ポイント上昇しますが、もともとこのサンプルではクレジットカード負債を持つ人の割合が9％に満たないことを考え合わせると、その効果は決して小さくないといえるでしょう。これに対して、自制問題を正しく理解している「賢明」な人の場合には、双曲割引の効果はそれほどはっきりしていません。実際に、「単純」な意思決定者への効果がすべて誤差の範囲を超えているのに対して、「賢明」な人の場合はどれも誤差の範囲です。

ところで、双曲割引は、負債申込みの棄却経験についても、「単純」な人の場合にはこれを4ポイント上昇させますが、その解釈には注意が必要です。借金を申し込んで来た人がはたし

表5–3　双曲割引が負債行動に及ぼす効果

		「単純」な意思決定者	「賢明」な意思決定者
負債全体	負債保有確率	4.7ポイント上昇	1.3ポイント上昇
	負債額	11万円増加	(1万円減少)
過剰負債	負債≧所得の30%となる確率	2.5ポイント上昇	(1.3ポイント上昇)
	クレジットカード負債を持つ確率	4.8ポイント上昇	(0.4ポイント上昇)
	消費者金融利用経験を持つ確率	(0.9ポイント低下)	(0.6ポイント上昇)
	負債申込みの棄却経験を持つ確率	4.0ポイント上昇	(0.3ポイント低下)
	債務整理・自己破産経験を持つ確率	(0.3ポイント上昇)	(0.6ポイント低下)
	過剰負債指数	0.27上昇	(0.02低下)

注）インターネット調査『時間とリスクに関する選好調査』2010年より推定。カッコはそれが有意でない（誤差の範囲を越えていない）ことを表す。

て双曲的な人かどうか、あるいは双曲的であるとして、「単純」なのか「賢明」なのかは、貸し手からはわからないからです。もちろん、双曲的で単純な人の方が所得や保有資産などの家計状況が劣悪であるとすれば――実際そのことは統計的にもある程度確認できるのですが――返済能力の低さが理由で彼らの負債の申込みが棄却されることは十分にありそうなことです。しかし表5–3の結果は、所得、資産などの他変数の影響をすべて除去した後のものなので、こうした解釈は成り立ちません。そうではなく、双曲的で「単純」な人は、将来の返済を十分に請け負えるほど家計状況が芳しくない場合にも、申込みが棄却されるかもしれない水準まで借入れを行おうとしており、その結果、より高い確率で借金の申込みを断られているのではないか、と解釈するのが自然でしょう。

双曲割引と多重債務

双曲割引が過剰な負債を増長させるという右の議論は、

多重債務行動を理解するうえで重要です。多重債務者の行動は多くの場合2つの点で双曲的です。第一に、債務内容の多くが、クレジットカードや消費者金融を利用した短期で高金利の借入れである点です。双曲的な人は近い将来の返済ほど高い割引率で割り引くので、短期の負債ほど高い金利の負担を許容することになります。

第二に、多重債務者は債務整理や自己破産に至るまでに、利息返済のための新たな借金を繰り返して借入れの件数と金額を大きく累積させます。これもまた、目先の金利を払い続けることで、債務整理や自己破産のようなつらい決着を次々と先送りしてしまう、「単純」な双曲者に特徴的な行動だと考えられます。あるいはまた、ペイデー・ローンのところで説明したように、債務整理や自己破産は将来の自分の手を縛る一種のコミットメント手段と考えることができますが、そうした手段を適切な早い段階で利用して多重化の連鎖を断ち切れない点も、「単純」な双曲者の行動として解釈できるところです。

実際に、大阪大学と早稲田大学のグループ（代表者筒井義郎）が消費者金融の利用経験者を含む2853人を対象に行ったインターネット調査では、直近と1年先の時間割引率の差で回答者の現在バイアスの程度を測っています。消費者金融の利用経験のない回答者が平均81・1％の現在バイアスを示したのに対し、利用経験者では118・7％、債務整理者に至っては151・39％もの現在バイアスを示しています。[11]

上限金利に関連した以下のエピソードもまた、双曲割引と多重債務の関係を示唆しています。2006年1月に出された最高裁判例を機に、それまで認められていたグレーゾーンの金利（利息制限法による上限金利20・0%と出資法による上限金利29・2%の間の金利）による過払い金を、訴えがあった場合に債務者に返還しなければならなくなり、実質的にはグレーゾーン金利での貸付けができなくなりました。そのために消費者金融会社は融資の審査を厳しくて、消費者無担保融資の件数や残高は大幅に減少したのですが（のちほど図5-11で示します）、そこで弾き出されたのがそれまで高い金利で借りていた、信用リスクの高い消費者たちです。

前節でも説明したように、双曲的な人はそうでない人よりも高い確率で負債申込みの棄却経験を持っていますが、私たちの試算ではその差が2006年の最高裁判例を機に0・4〜0・8ポイント拡大しています。[12] このことは、グレーゾーン金利の廃止に伴って市場から弾き出された信用リスクの高い消費者の中に、より多くの双曲割引者が含まれていたことを示唆しています。双曲割引が過剰負債をもたらしている1つの間接的な証拠といえるでしょう。

符号効果による借入回避

以上では、双曲割引が人々の負債保有の傾向、とりわけ過剰債務傾向を増長させる効果について見てきましたが、本章の最初にも説明したように、時間割引はこれ以外に2つの経路から私たちの負債行動に影響を与えます。1つは、将来の支払いや損失を割り引かないという符号効果には、人々の「借入回避」の傾向を強め、負債保有を抑制する効果があると考えられます。さらに、時間割引率そのものの水準が高いほど、人は現在指向的な消費を行い、より大きな借金を抱えることが予想されます。

表5-4　符号効果とせっかちさと負債行動

		符号効果の効果	せっかちさが1標準偏差上昇の効果
負債全体	負債保有確率	6.1ポイント低下	5.9ポイント上昇
	負債額	23万円減少	20万円増加
過剰負債	負債≧所得の30%となる確率	3.4ポイント低下	2.6ポイント上昇
	クレジットカード負債を持つ確率	1.6ポイント低下	2.2ポイント上昇
	消費者金融利用経験を持つ確率	(0.2ポイント低下)	1.1ポイント上昇
	負債申込みの棄却経験を持つ確率	(0.4ポイント低下)	2.9ポイント上昇
	債務整理・自己破産経験を持つ確率	(0.2ポイント低下)	0.4ポイント上昇
	過剰負債指数	(0.11低下)	0.24上昇

注）インターネット調査『時間とリスクに関する選好調査』2010年より推定。カッコの数字はそれが有意でないことを表す。符号効果の効果は、符号効果を示す回答者と示さない回答者の差。せっかちさは設定の違う異時点間選択の質問から得られた4つの時間割引率の標準化平均で定義。

こうした予想がかなり現実妥当性を持っていることを示しているのが表5-4です。同表では、年齢や性差、経済属性などとともに、双曲割引の影響を取り除いた場合に、符号効果とせっかちさの程度が負債傾向にどの程度影響を与えるのかを推定しています。[13]

ここから3つの事実が読み取れます。第一に、右で述べた2つの要因は、予想どおり、負債行動、とりわけ負債保有確率と負債額に対して強い影響力を持っています。とくに、符号効果については、それを示す回答者は示さない回答者よりも、負債保有確率が6・1ポイント低く、負債金額が23万円小さくなります。符号効果の持つこうした借入回避効果の大きさは決して小さくなく、せっかちさが高じた場合の効果や、表5-3で見た双曲割引の効果の大きさよりも大きいといえます。

第二に、しかしながら符号効果の借入回避効果は過剰負債に対しては大きくなく、統計的な有意性も弱くなります。

第三に、これに対してせっかちさはどの項目についても負債傾向を増長させる方向に有意に作用することがわかります。

肥満とやせ

体型を選択する

厚生労働省の平成20年国民健康・栄養調査によれば、日本では男性の4人に1人以上（28・6％）が、女性については5人に1人強（20・6％）が、肥満に属します。ここで肥満とは、体重（kg）を身長（m）の2乗で割って求められる体格指数BMIが25以上に達する状態を指します。図5-6に示されているように、とりわけ男性については、肥満者の比率は増加傾向にあります。アメリカやヨーロッパ諸国と比べると肥満者の割合は低いと考えている人も少なくないと思いますが、実はすぐ後で示すように日本の肥満率は欧米諸国に比べても低い方ではありません。この点については、肥満を定義する場合に、日本肥満学会が定める日本の基準（BMI25以上）とWHO（世界保健機関）が定める欧米基準（BMI30以上）で違っている点にも注意しておく必要がありますが（コラムD参照）、これらの基準がともに、糖尿病などの肥満関連疾病にかかる確率から定められていることからすると、基準が数値的に違うとはいえ、日本でも肥満は大きな問題だといわなければなりません。

ところがその一方で、日本では女性の低体重化が進んでいます（図5-6参照）。2008年の段階

第5章 借金・肥満・ギャンブルに見る自滅選択

図5-6 日本の肥満者比率・やせ比率の推移

(%)
- 肥満 男性: 1982年 19.0、1987年 20.4、1992年 23.9、1997年 23.3、2002年 28.9、2007年 30.4、2008年 28.6
- 肥満 女性: 1982年 21.8、1987年 21.2、1992年 21.8、1997年 20.9、2002年 23.1、2007年 20.2、2008年 20.6
- やせ 男性: 1982年 6.3、1987年 6.4、1992年 5.6、1997年 5.3、2002年 4.4、2007年 4.2、2008年 4.3
- やせ 女性: 1982年 7.5、1987年 8.8、1992年 9.5、1997年 9.7、2002年 10.1、2007年 10.7、2008年 10.8

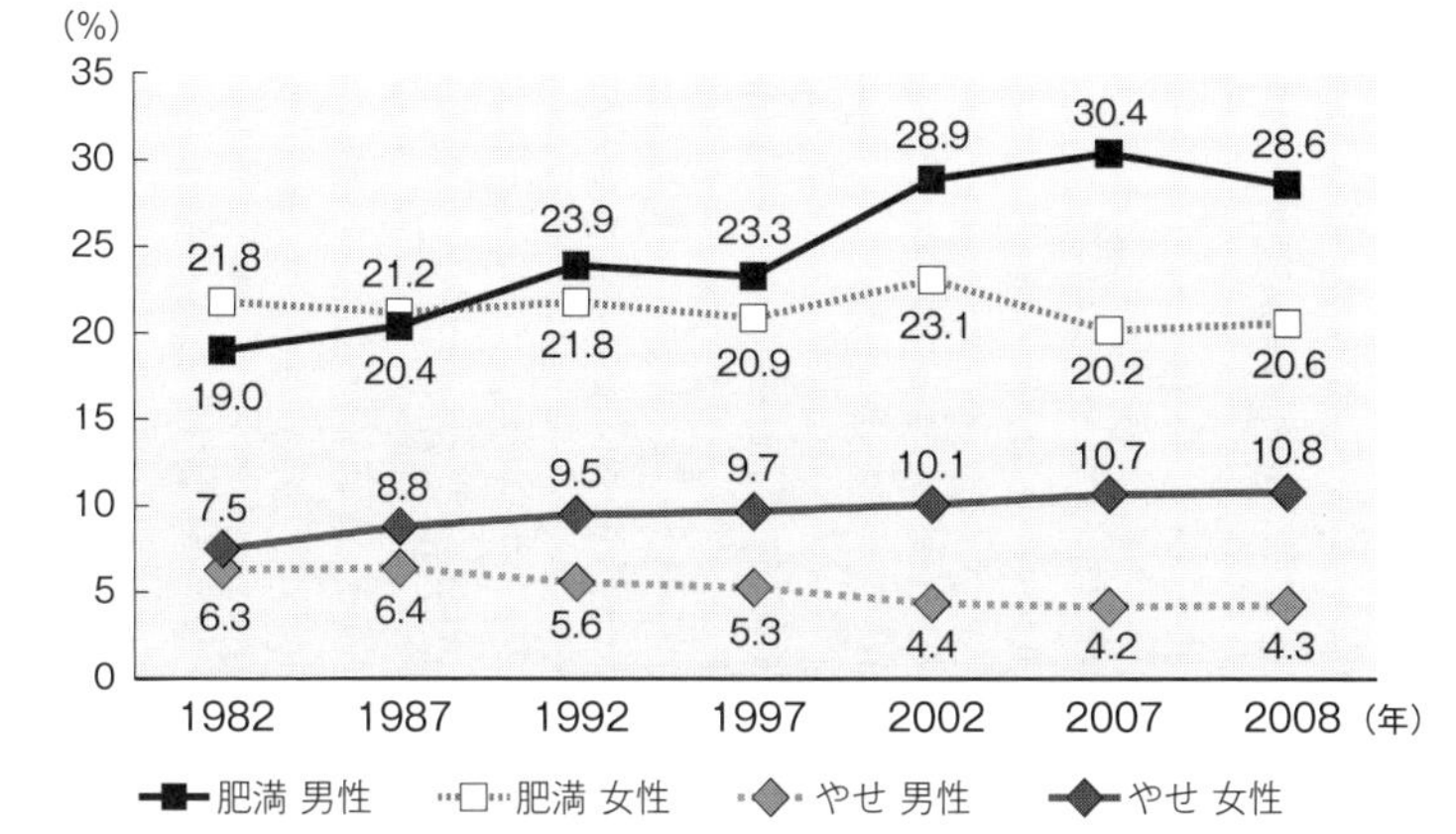

注) 厚生労働省『平成20年国民健康・栄養調査』より作成。

で、女性全体の10人に1人（10・8％）が、BMI 18・5未満のやせに属しています。

肥満ややせといった体格の問題は、多くの場合、医学や栄養学の観点から議論されますが、カロリー摂取という消費選択の問題として捉えることで、経済学的な（場合によっては行動経済学的な）観点から違った有用な知見を引き出すことができます。

カロリーを摂取したり美味しいと感じたりする時点と、それが体重の増減や健康状態の変化という結果になって表れる時点の間には時間的なずれがあるので、食べるという行為は、将来の健康を考えていまどれだけカロリーを取るか（いまどれだけ美味しいものを食べるか）という典型的な異時点間選択の1つです。

食べる行為が異時点間選択だといわれて難しく感じる人は、気に入ったドレスをパーティーで着たいために食べる量を調節する女性や、1ヵ月後の健康診断のためにアルコールや食事の量を減らす人を思い出せばわかるはずです。どれだけ遠い将来を見ていてどれだけ深い動機を持っているかはともかく、これらの例ではともに将来の利益を見据えていまの食事の量と質を決めています。俳優やモデルなど、体型がそのまま金銭的に評価される人の場合、もっともわかりやすい形で異時点間のトレード・オフが生じます。彼らの食生活はかなり高度に管理されたものであるはずです。この例の1つは、若い女性が将来、少しでもよい伴侶を見つけるために、体型を美しく保つようなつらい食事制限を実行するケースです。相撲取りは、将来の所得を高めるために現在のカロリー摂取量を逆に高めに維持しようと努力する特異なケースです。とくに身体の小さい力士の場合には、身体を大きく太らせるためにできるだけ大きなカロリーを摂取しようとするその苦労は並大抵でないと聞いています。

このように、食べることが異時点間選択である結果、人々の肥満度や健康度は、その人その人の時間割引率の高さや双曲割引の程度に依存することになります。とりわけ、双曲割引に起因する自制問題が深刻で、その問題を正しく織り込めない「単純」な食いしん坊の場合は、摂生をドミノ式に先送りにして行う過食が、肥満という自滅をもたらすことになります。

本節では、肥満・やせなどの健康の問題を異時点間選択の視点から考え、双曲割引に起因する自制問題が実際に肥満をはじめとする健康問題に影を落としていることを示します。

貯めずに借りる肥満者

第1章でも見てきましたが、肥えている人はそうでない人よりも強い負債保有の傾向があります。これはデータを変えても非常に安定的に見られる現象です。第1章では2005年度のアンケート

表5-5　負債者の方が強い肥満傾向

		BMIの平均	構成比		
			肥満	重度肥満	やせ
			BMI≧25	BMI≧30	BMI＜18.5
男性	負債保有者	24.02	34.4%	6.0%	3.5%
	負債非保有者	23.23	24.4%	4.0%	4.7%
	差の有意性	＊＊＊	＊＊＊		
女性	負債保有者	21.70	13.2%	3.7%	15.3%
	負債非保有者	20.81	8.5%	1.2%	19.3%
	差の有意性	＊＊＊	＊	＊	

注）インターネット調査『時間とリスクに関する選好調査』2010年より作成。＊＊＊は差が1％有意水準で、＊は10％で有意であることを示す。

データを使いましたが、その後の（サンプルを変えた）同じアンケート調査や２０１０年に行ったインターネット調査でも、同様の傾向が例外なく検出されています。表５-５はそのインターネット調査の結果です。男女とも、負債の有無によってＢＭＩの平均値と肥満者の比率に差が出てくることがわかります。

さらに同じネット調査から、前節で説明した過剰負債指数を使って過剰負債者を割り出し、その割合を肥満者と非肥満者で比べたのが図５-７です。男女ともに、肥満者の過剰負債傾向が際だっていることが見て取れます。

似たような関係は、マクロデータを使って、貯蓄性向と肥満傾向の間の逆相関という形でも捉えることができます。図５-８は、２００１年から２００４年にかけてのＯＥＣＤ加盟の先進諸国の家計貯蓄率（ＧＤＰに占める家計貯蓄額の割合）と肥満者比率を散布図の形でプロットしたものです。貯蓄率と肥満率の間に明確な負の相関が見て取れます。相関係数は45％もの高い値になります[14]。また図からは、マクロデータで見る限り（そして

図5-7　肥えている人に強い過剰負債傾向

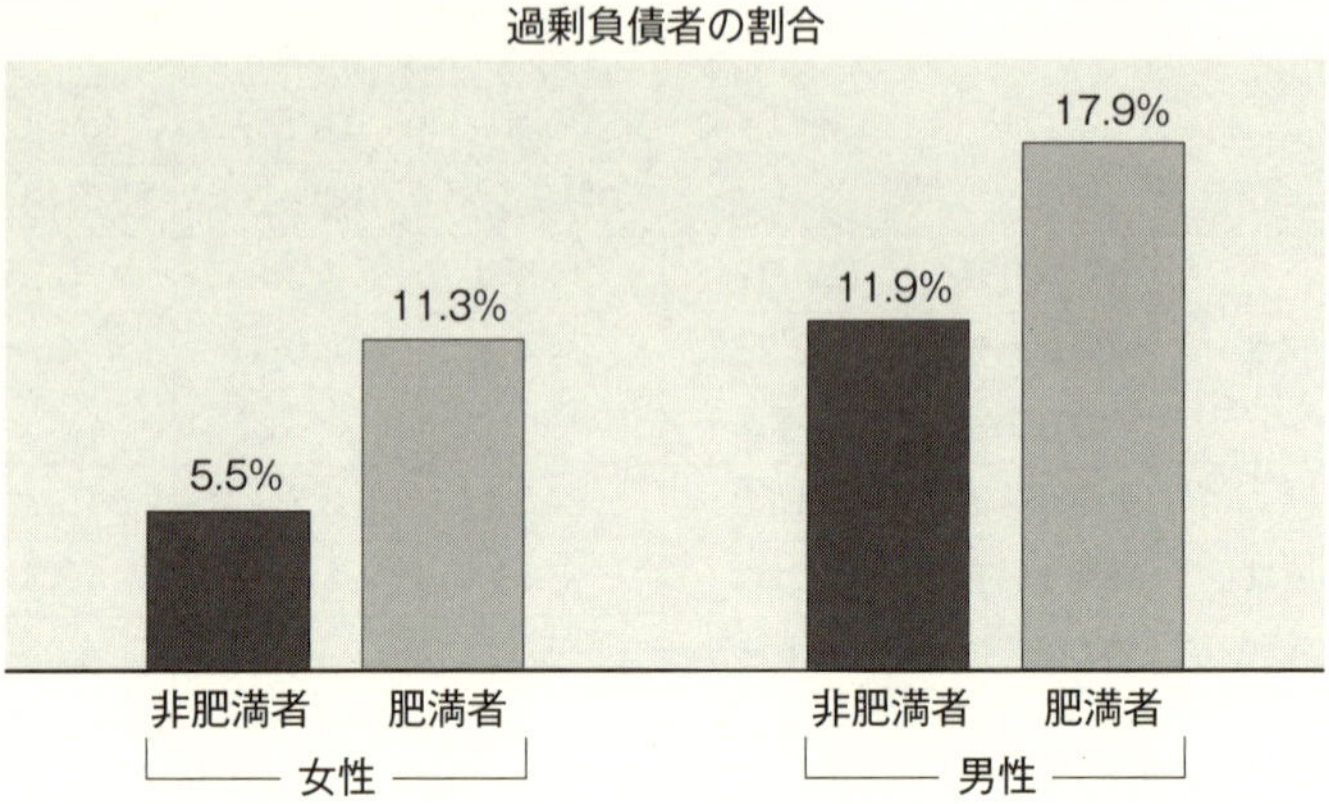

注）2010年インターネット調査『時間とリスクに関する選好調査』より推定。過剰負債指数の値が平均（ゼロ）から1標準偏差以上大きい人を過剰負債者とした。

日本肥満学会の肥満基準を採用する限り）日本はこれまで信じられてきたような高貯蓄・低肥満の国では決してなく、アメリカとともにもっとも左上（低貯蓄・高肥満）のグループに属しているという意外な事実も読み取れます。

こうした貯蓄と肥満度の逆相関はミクロデータを使った研究からも報告されています。パトリシア・スミスら3人のグループが、全米長期若年者サーベイ（NLSY79）という大規模な個票データを用いて行った研究です[15]。スミス等は、1989年の調査年に貯金を増やしたかどうかに着目し、貯金を引き出すか増やさなかったグループの方が、BMI値が高く、肥満に属する確率も高くなる傾向のあることを示しています。

これらの事実は、無駄に蓄えた皮下脂肪や内臓脂肪を、そのときどきの食べる楽しみのために背負った健康上の「負債」だと考えることでうまく理解できます。一度この「脂肪負債」を背負うと、

図5-8　貯蓄率が低い国ほど高い肥満比率：国際比較

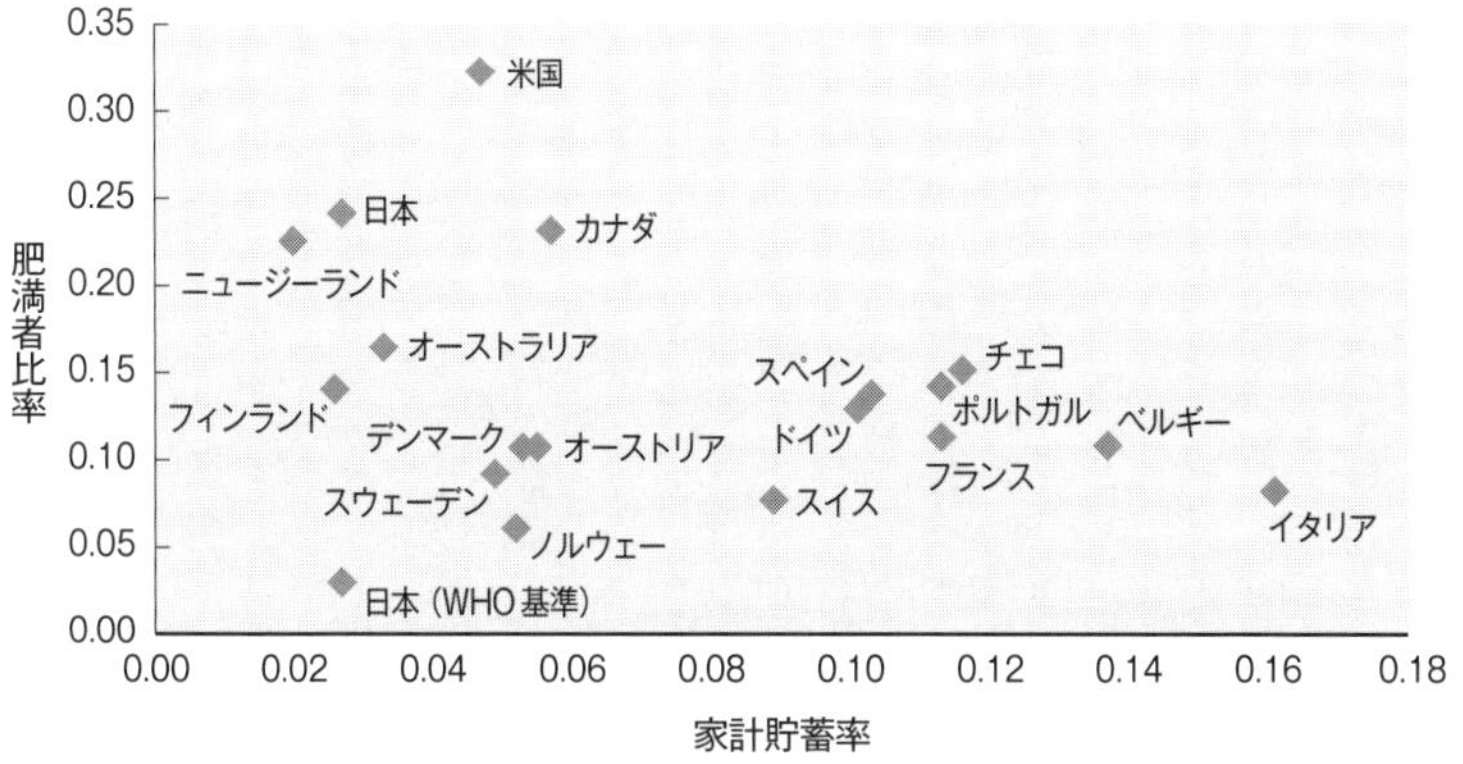

注）WHO Global Database on Body Mass Index, OECD OUTLOOK, Villar and Quintana-Demeque (2009) より作成。

着るものが合わなくなったり、医療費が余計にかかったりといったさまざまな「利息」を支払う必要が出てきます。逆にいえば、私たちがどれだけカロリーを摂取するかは、食べることで得られる美味しさや活力といった「現在」の利益と、「将来」のこうした「利息」をどのように見積もるかで変わってくるわけです。そしてその選択の構造は、「現在」の利益のために借金をして消費するのか、「将来」のために貯蓄をするのかという選択とまったく同じです。その結果、「将来」よりも「現在」にウエイトを置くせっかちな人ほど、借金をし、脂肪も蓄えることになります。肥満度が負債保有との間に正の相関を、貯蓄との間に負の相関を示すのは、1つにはこうした異時点間選択という類似性に原因があると考えられます。

肥満という自滅

負債保有という異時点間選択がそうであったよ

うに、人々のカロリー摂取の行動、ひいては肥満などの体型も時間割引率から3つのルートで影響を受けると考えられます。時間割引率そのものの水準、双曲割引に伴う現在バイアス、および符号効果の3つの経路です。時間割引率はその人のせっかちさの程度を示す指標なので、それが高いほど、現在指向的に食べることを優先させ、その結果肥満傾向が高じることが予想されます。双曲割引の下で自制問題を持つ人は、ダイエットを先延ばしにして目前のご馳走を優先させたり、手間のかかる健康的な食事よりも手軽ですぐに空腹が満たされるファストフードに走るようなことが行われます[16]。最後に、符号効果を示す人は、肥満という「借金」を背負った場合に支払わなければならないだろう「利息」の支払い——医療費がかかる、衣服が窮屈になる、人目が気になる、など——を避けるために、カロリーの摂取量を抑制する傾向が強くなるので、肥満に対しては抑制的に作用すると考えられます。「借入回避」が肥満に対しても作用すると考えるのは不自然ではありません。

表5-6は、こうした仮説が実際のデータからも支持されることを示しています。2005年の大阪大学アンケートを使って行った、大竹文雄と康明逸との共同研究の一部です。第一に、せっかちさが高いほど、また双曲割引の程度が深刻なほど、BMIで見ても肥満確率で見ても、肥満度が高くなることがわかります。たとえば、5段階で表された双曲度が平均から1段階増すことで、肥満確率は2・81ポイント上昇すると推定されています。

第二に、符号効果は、予想どおり、その「借入回避」効果によってBMIを下げる方向に作用しています。符号効果を持つ人は持たない人よりも、BMIが2・17ポイント小さくなることが示されています。肥満確率への影響は有意ではありませんが、重度肥満確率は符号効果によって有意に1ポイ

表5-6　時間割引の体格への効果

	BMI	肥満確率	重度肥満確率	やせ確率
せっかちさの上昇	1.09%上昇	2.28ポイント上昇	(0.16ポイント上昇)	(0.83ポイント減少)
双曲性の上昇	0.96%上昇	2.81ポイント上昇	0.73ポイント上昇	0.92ポイント減少
符号効果（ありーなし）	2.17%減少	(3.69ポイント減少)	1.06ポイント減少	4.02ポイント増加

注）Ikeda *et al.* (2010) より、筆者作成。性差、年齢、所得、資産などは制御ずみ。せっかちさの上昇は、時間割引率の1標準偏差分の上昇の影響を示す。双曲性の上昇は、宿題の後回し傾向（5段階）を双曲性の代理変数として、それが1段階上昇した場合の効果を表す。符号効果（あり―なし）は、同効果がある場合それがない場合に比べてどれだけ違うかを表す。かっこ（　）付きの数値は有意でないことを示す。

ント以上低下します。とくにやせ確率を上昇させる効果は大きく、符号効果があることによって、やせに属する確率は4ポイントも上昇します。

表5-6では、その人が将来の自制問題を織り込む「賢明」な人か、それを織り込めない「単純」な人かを区別していませんが、負債問題の場合と同様に肥満という自滅的選択を考える場合にはとくにこの点が重要です。直近の選択になるといつもせっかちさの度合いが跳ね上がってしまう自分の習性をあらかじめ織り込めない人は、たとえばダイエットなどの摂生の計画をドミノ式に先延ばしにしてしまっていつも過剰なカロリー摂取に傾いてしまうことが予想できます。そしてそのように蓄えられた余分な脂肪は明らかに長期的な利益に反しているという意味で、それは自滅的な過食といえます。

実際にこうした予想はデータからある程度裏づけられます。2010年のインターネット調査のデータを使い、「単純」か「賢明」かでサンプルを分けて、肥満度に対する自制問題の影響を見たのが、図5-9です。前節と同様、宿題の計画外の後回しがあったかなかったかで「単純」か「賢明」かを識別しています。表5-6の結果と同じように、双曲的回答者の方がそうでない回答者よりもＢＭＩが高く、肥満者の比率も高いという傾向が観察されています。さらに、同じ双曲的な人でも「単純」な人の方が肥満度が高くなるという予想どおりの結果が男性サンプルについて読み取れます。女性サンプルでは「賢明」な双曲者グループが「単純」な双曲者グループよりも肥満度が高い結果になっていますが、男性の場合と違って、女性のこの差は小さく、統計的には誤差の範囲です。とくに男性の肥満の背後には、将来の自制問題に気づかずに行う自滅的な過食行動があると考えられます。

双曲割引と肥満の正の相関関係については、たとえば、ティモシー・リチャーズらの研究グループによっても報告されています。[17] 彼らはアリゾナ州立大学の学生82人を対象に経済実験を行って時間割引率を推定し、ＢＭＩが高い学生ほど双曲性の程度が高い事実を示しています。

ただ、彼らは、この関係を双曲割引が肥満度を上げているのではなく、肥満が双曲割引をもたらしていると解釈しています。肥満度が上がって不健康度が増すと、将来の生存確率が低くなるので、短期の時間割引率が高くなるのではないかというわけです。肥満度が時間割引率を決めているのか、私たちがここで議論しているように時間割引率が人々の肥満度を決めているのかという因果関係の問題は、結局は丁寧な統計処理をしなければわからない難しい問題です。ただ、日常での私たちの食生活を思い出してみたときに、肥えている人が自分の将来の短さを考えて将来を大きく割り引いていると考えるのか、将来を大きく割り引く人が現在の満足を優先させて肥えてしまうと考えるのか、のどちらが自然な解釈かという判断はそれほど難しくないように思います。

図5-9　双曲割引と肥満

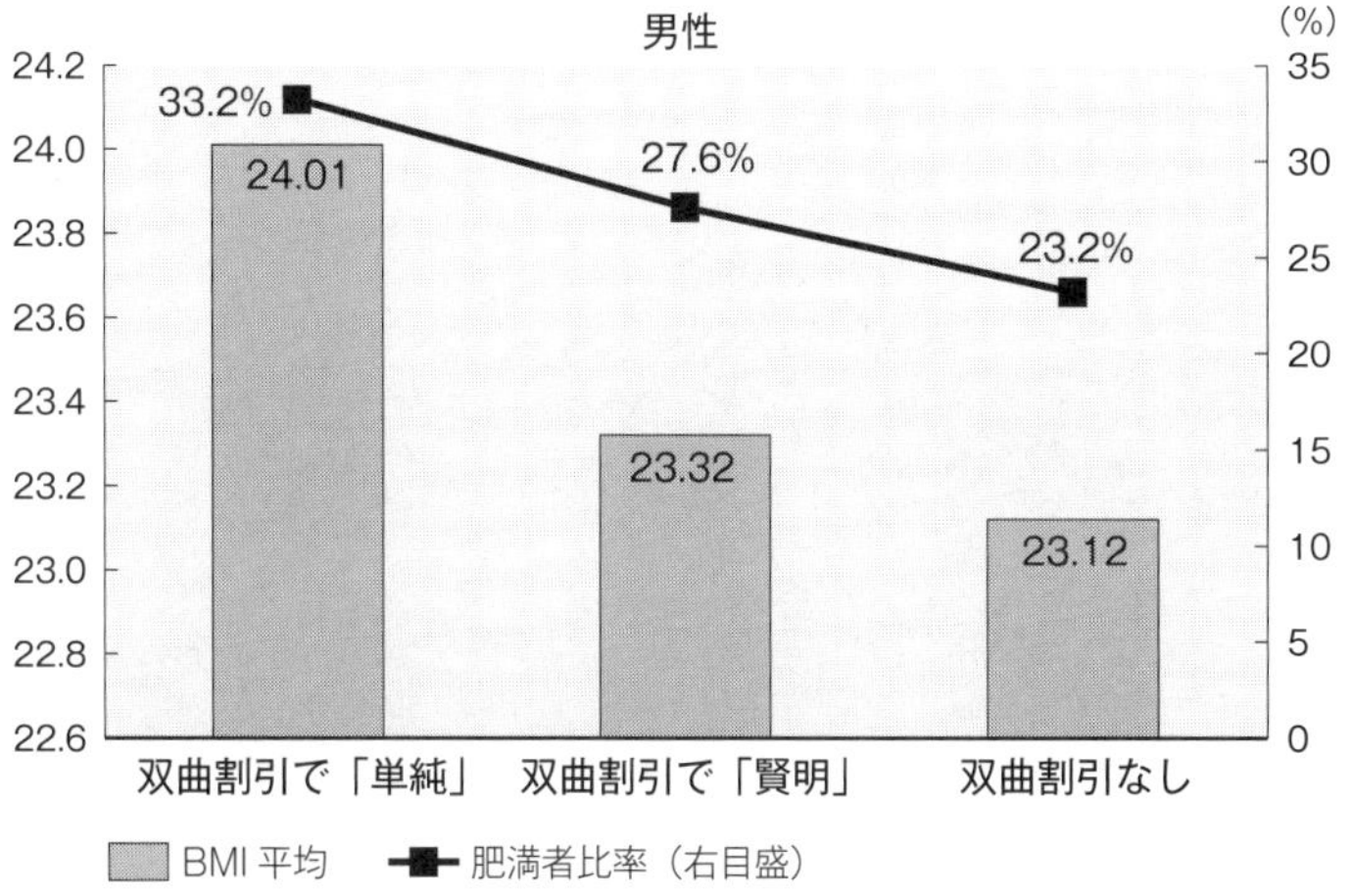

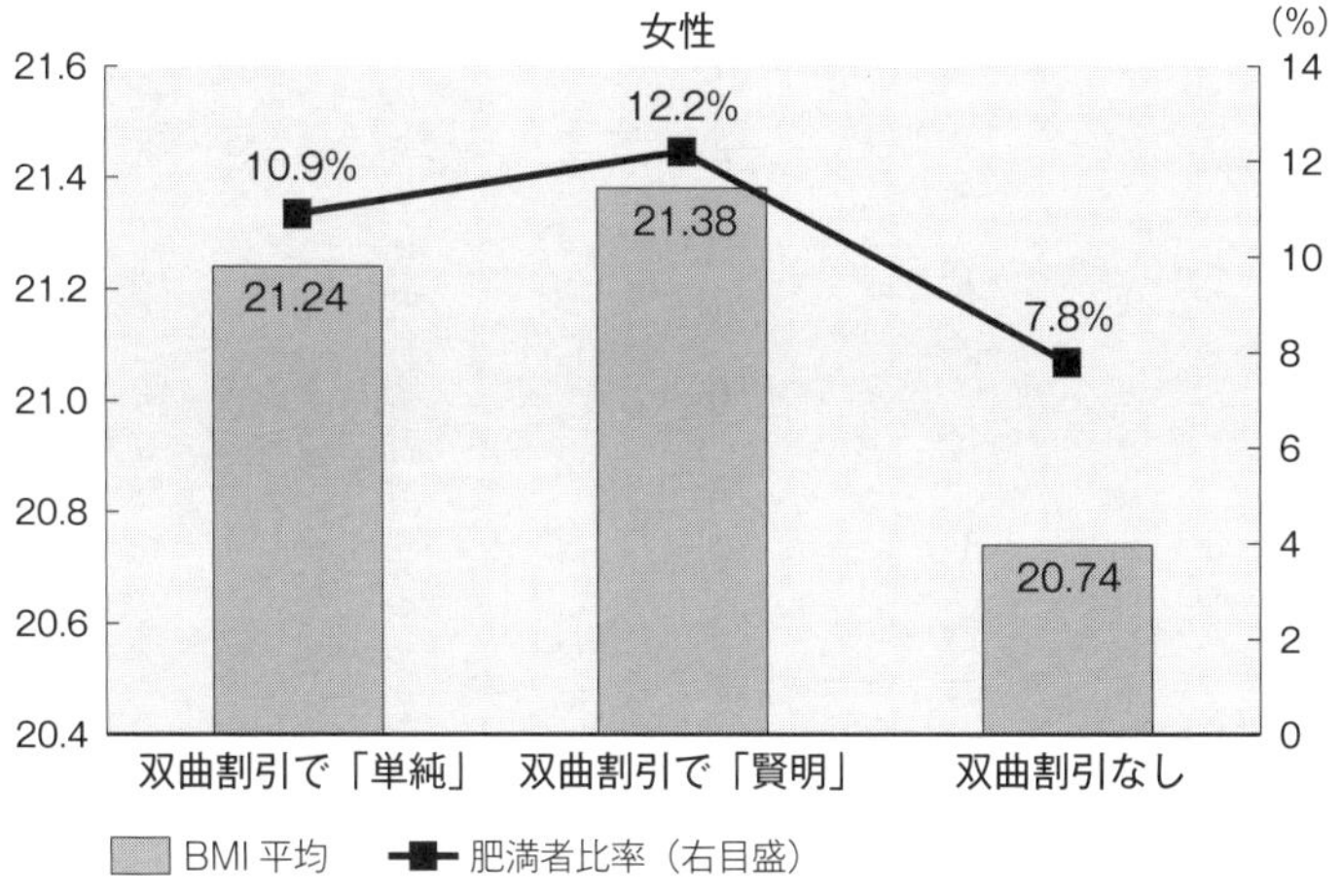

注）2010年インターネット調査『時間とリスクに関する選好調査』より作成。

やせという選択

表5-6で見たように、やせに属する確率は、符号効果がある人の方が高く、双曲割引の程度が高い人ほど低くなります。しかしこの傾向が、低体重が不健康な状態であることを考えると少し奇妙です。実際に医学的な研究から、疾病リスクはBMIに関してU字型、またはJ字型をしていて、低体重の人は肥満者と同様に疾病リスクが高く、その分必要な医療コストも嵩むことが知られています[18]。たとえば、日本肥満学会の肥満症診断基準検討委員会で示された推定結果をもとに計算すると[19]、やせの境界値であるBMI18・5の男性の疾病合併率はおよそ2・32ですが、この水準はBMI25・6の肥満者のそれと同じ水準です。ちなみに標準体型（BMI22）の場合は2・07です。

低体重がこのように健康被害をもたらすのであれば、符号効果を持ち、せっかちさや双曲性の程度が低い人ほど、将来の低体重化の不効用を重大に考えて、やせにならない選択をするはずです。ところが、わたしたちのデータは、逆の関係を示しています。

どうして将来を割り引かない人ほど低体重になるのかについては、今後実証的に分析していく必要がありますが、人々に低体重を「利益」と評価させる何らかの文化的・社会的な背景があるのではないかということは考えられます。

たとえば、イタリアでは、2006年に1人のブラジル系女性モデルが拒食症によって死亡した事件をきっかけに、BMI18以下のモデルの活動を禁止するなど、ファッションモデルの低体重化を規制しています。こうしたエピソードは、痩身に偏った美意識が市場で形成されていることを表しています。

図5-10　理想と考えるBMI

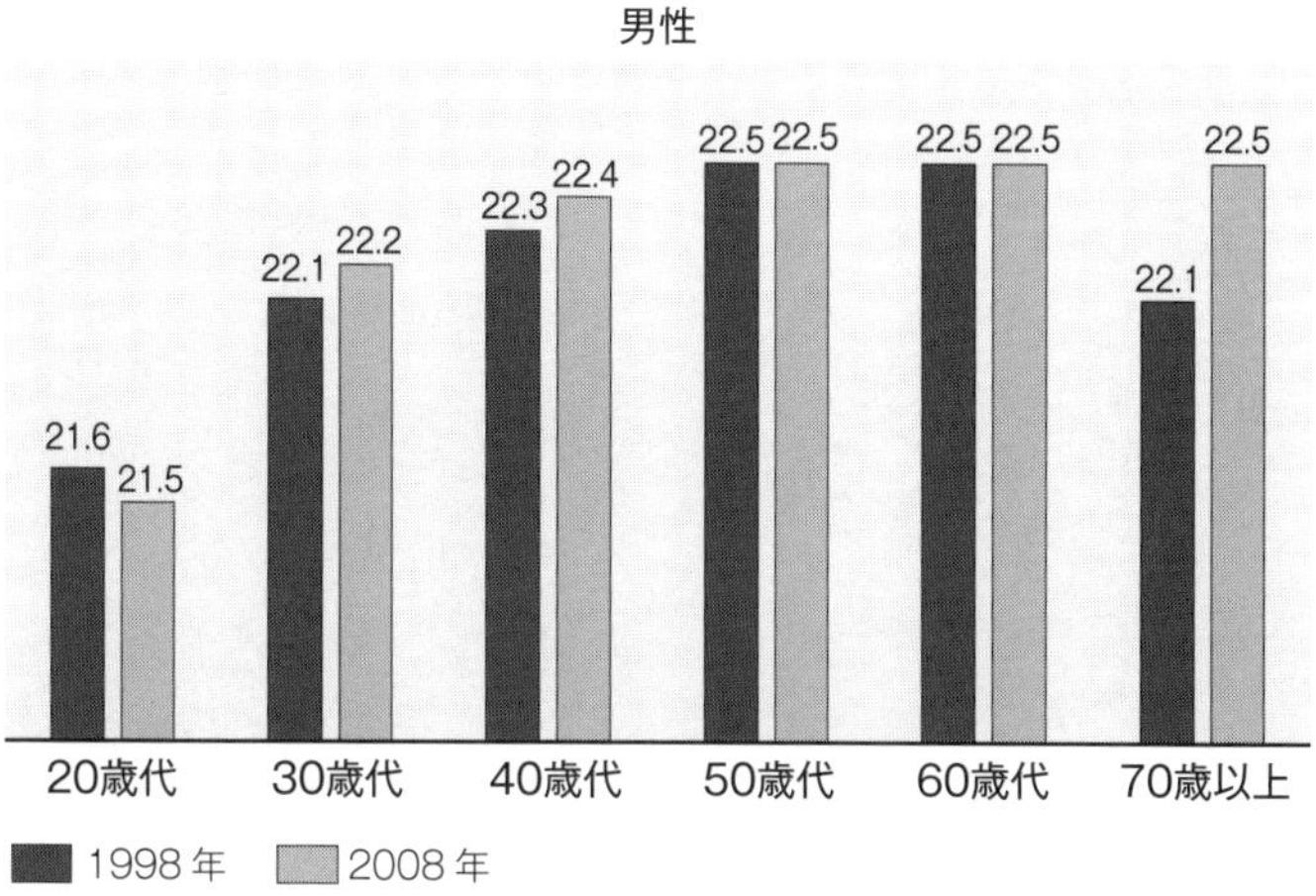

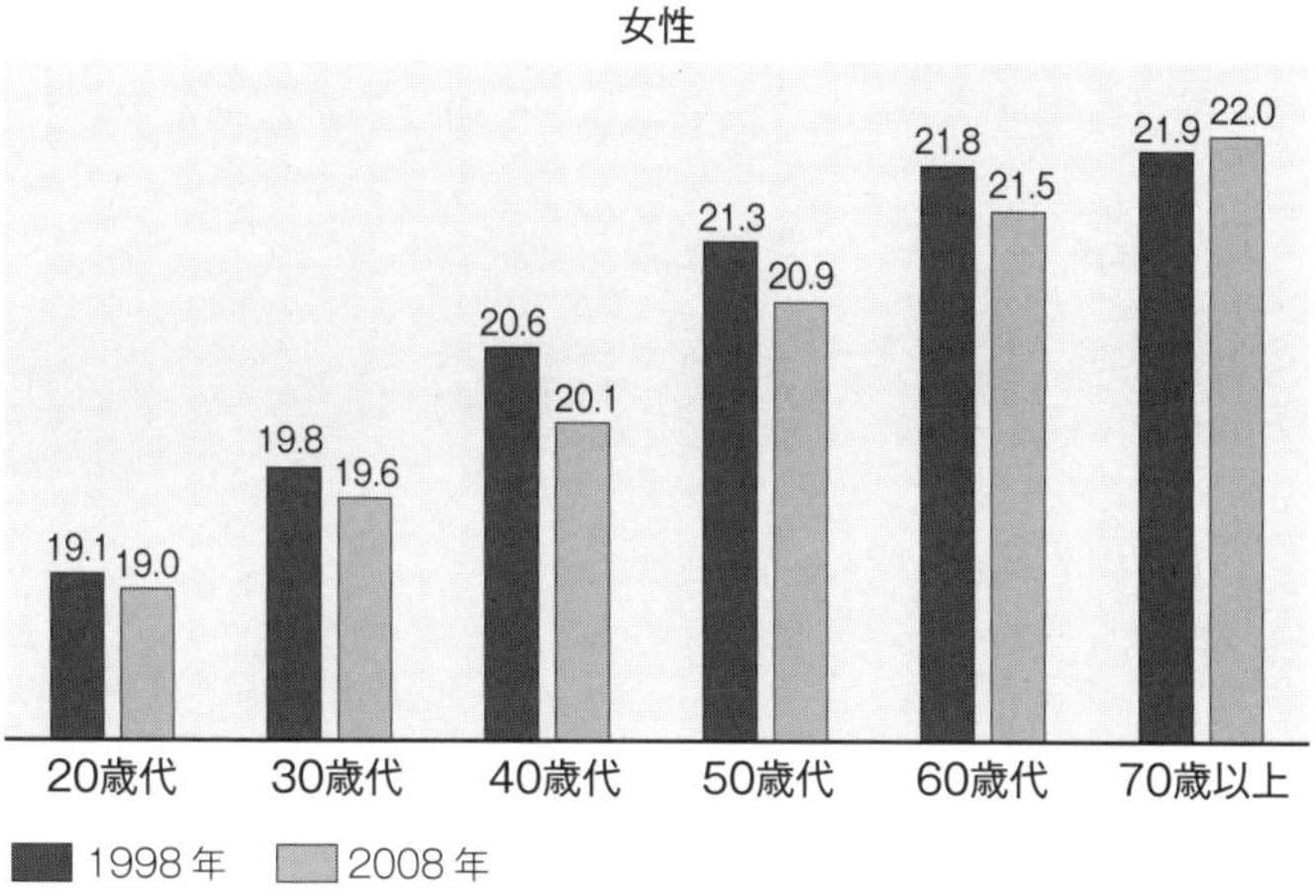

注）厚生労働省『平成20年国民健康・栄養調査』より作成。標準（理想）体型は男女ともBMI22。

図5–10は、『平成20年国民健康・栄養調査』の結果から、「自分が理想と思っている体型（理想のBMI）」の年齢分布をまとめたものです。男性の分布に比べて、女性の場合には2つの顕著な傾向が見られます。第一に、理想と考えるBMIが1998〜2008年の10年で低下している点です。このことは、図5–6で、女性のやせ比率がずっと上昇傾向にある事実と符合しています。

第二に、女性、とくに20〜30歳代の女性が理想とするBMIが、医学的に理想とされる水準（BMI22）を大きく下回っています。このように女性が痩身に対して憧れを持っているために、細い体型は自身の美意識を満足させるという（不健康という不利益を超えた）大きな「利益」を生んでいるのかもしれません。符号効果を持ち、せっかちさや双曲性の程度が低いほどやせの確率が低くなるという結果が、とくに女性サンプルに見られたのはそのためだと考えられます。

ギャンブル・タバコ・酒

最後に、ギャンブルやタバコといった、習慣性を持ち長期的に不利益をもたらすような財・サービスの消費行動について簡単に見てみましょう。第1章でも触れたように、これらの消費行動はお互いに相関性を持つと同時に、過剰負債や肥満などほかの自滅選択とも強い関連性を持ちます。[20]

たとえば、図5–11を見てください。消費者金融の貸出残高とパチンコ店の売上げ（貸し玉料）総額の推移を比べたものです。前節で説明したように2006年に最高裁が債務者による利息過払い金

図5‐11　消費者金融貸出残高とパチンコ店売上げの推移

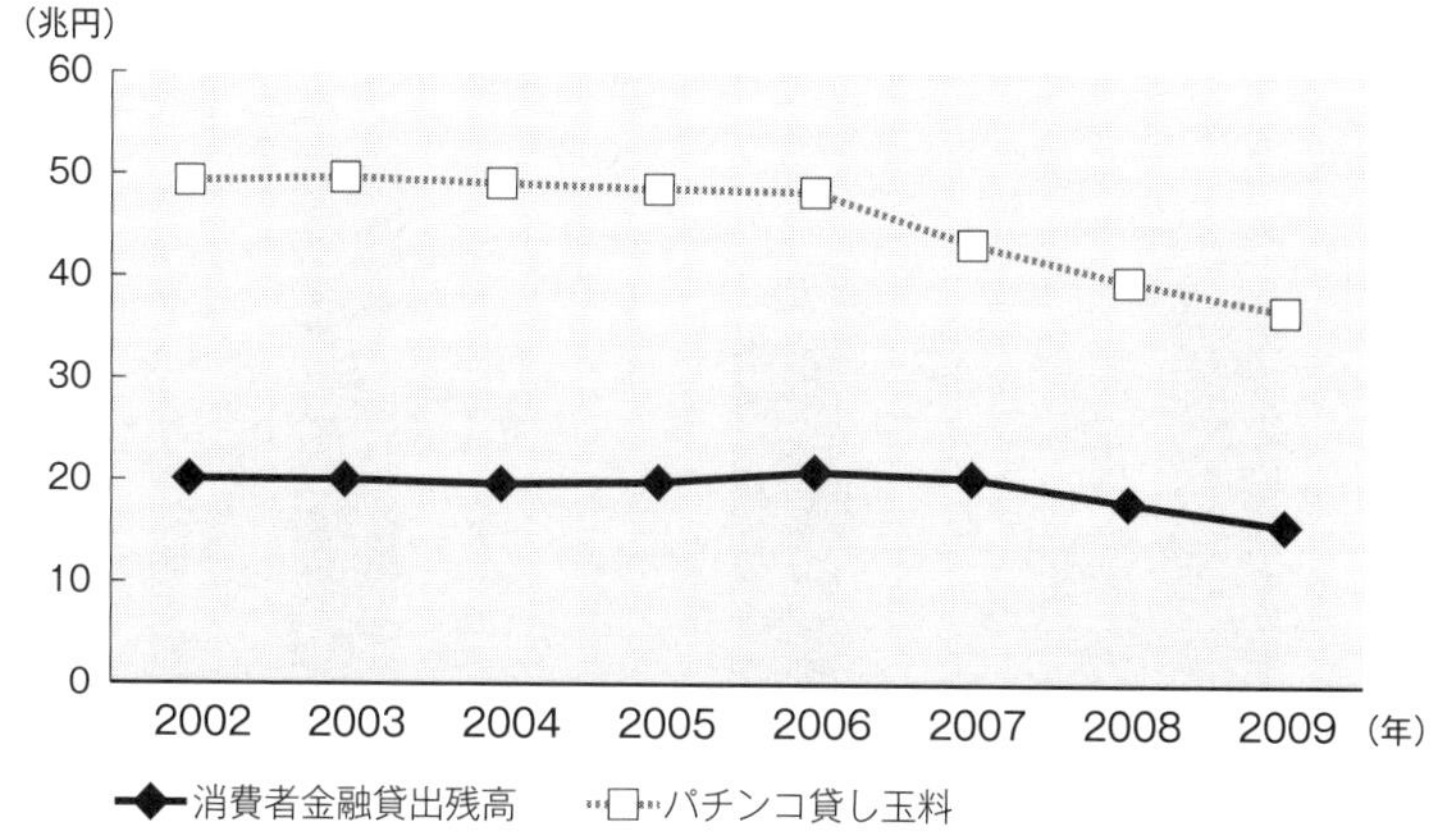

注）消費者金融貸出残高は、金融庁HPより、パチンコ貸し玉料は（社）日本遊技関連事業協会HPの社会経済生産性本部発行レジャー白書より取得。

の返還請求を認めたのを機に消費者金融の貸出残高が下降に転じているのがまず見て取れます。興味深い点はそれと軌を一にしてパチンコ店の売上げが急速に減少している事実です。あたかも消費者金融で借金をしてパチンコをしているかのようです。実際に、図5‐12に示すように、わたしたちのウェブ調査によれば、ギャンブルを習慣的に行っている被験者は圧倒的に高い確率で消費者金融からの借入経験を持ち、実際にクレジットカードによる借金を持っています[21]。これらは、ギャンブル習慣が、長期的な利益を考えた合理的な選択というよりも、衝動的な自滅選択の性質を持っていることを想像させます。

図5‐13は、前節で行ったように、ウェブ調査の被験者を、双曲的で「単純」な被験者、双曲的で「賢明」な被験者、双曲的でない被験者の3つのグループに分けて、タバコ、ギャンブル、酒の消費習慣を持つ人の割合を比べています。ほとん

図5-12　ギャンブル習慣者の過剰負債傾向

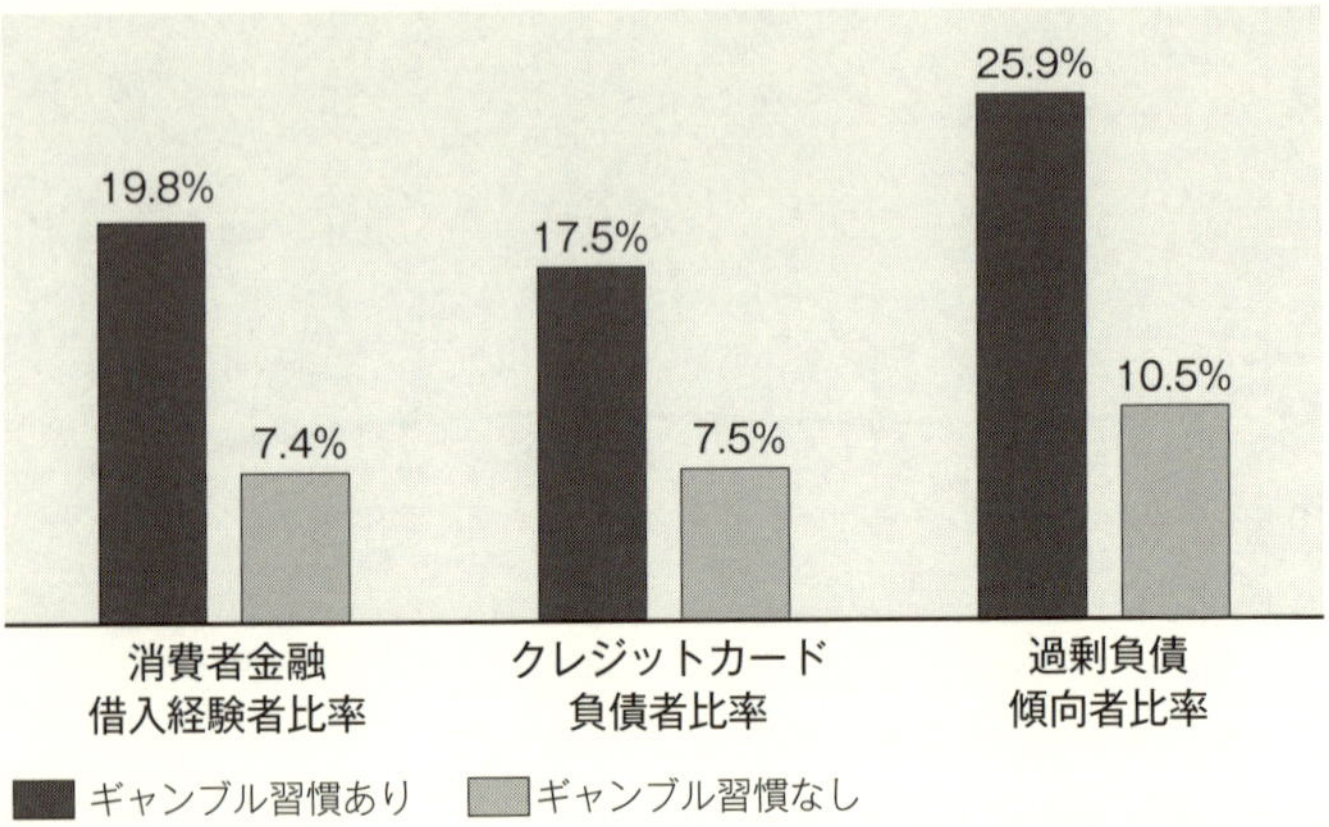

注）2010年インターネット調査『時間とリスクに関する選好調査』より作成。週に1度以上ギャンブルをする人をギャンブル習慣ありと定義。過剰負債者は過剰負債指数の値が平均より1標準偏差以上大きい被験者。

どの消費習慣者についても、双曲的で「単純」な被験者グループにもっとも高い比率で含まれ、双曲的でないグループにもっとも低い比率で含まれていることがわかります。こうした傾向は、年齢や所得、危険に対する態度など他の要因を考慮しても変わらず、ギャンブルや喫煙などの自滅的な選択が、双曲割引による自制問題と関連していることを強く示しています。

まとめ

この章では、さまざまなデータを見ながら、双曲割引の下で発生する自制問題が実際に長期的な利益を損なう自滅的な選択に関連していることを示しました。とりわけ、双曲的な選択者が将来の自分の忍耐力を過信する「単

図5-13　双曲割引とタバコ・ギャンブル・酒の習慣

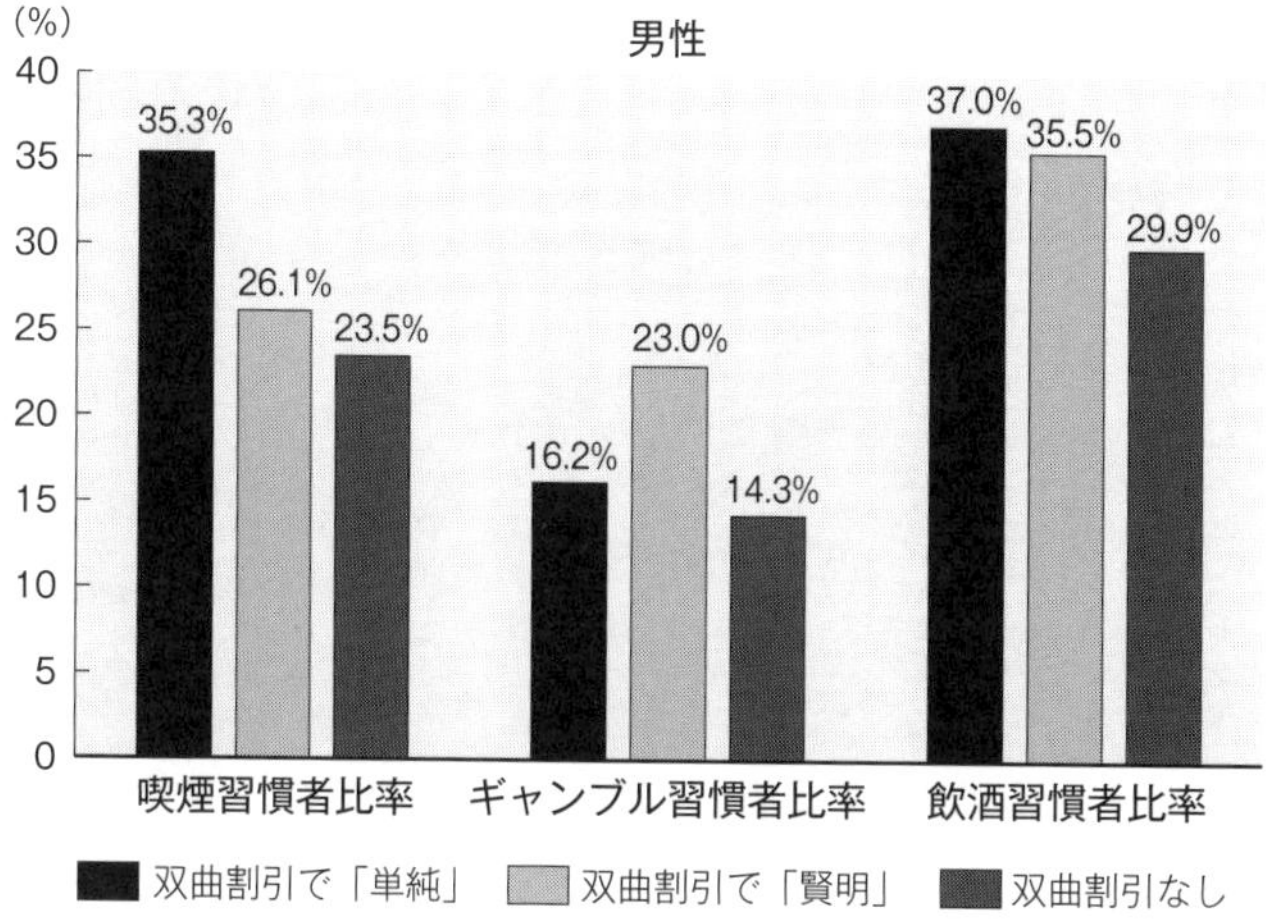

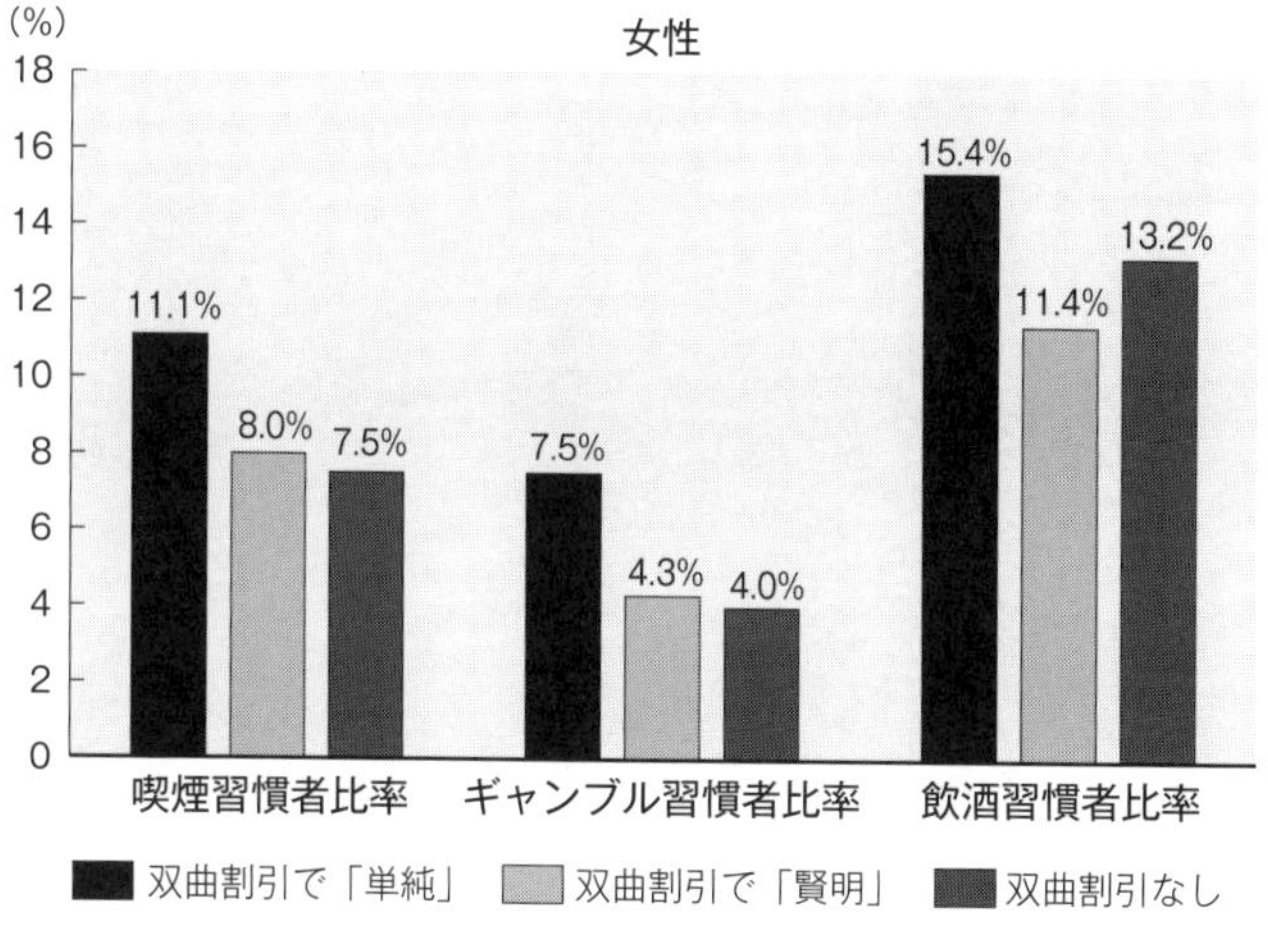

注）2010年インターネット調査『時間とリスクに関する選好調査』より作成。各習慣者の定義は図3-8と同じ。

純」な意思決定者である場合、さまざまな局面で消費を過剰に、蓄積を過小にするような選択を行ってしまう傾向があります。入れば使う所得―消費サイクル、クレジットカードや消費者金融を用いた過剰負債、肥満をもたらす過食、ギャンブルや喫煙など依存性を持つ財の過剰消費などがそれです。これに対して、将来の損失を利得の場合より小さい割引率でしか割り引かない符号効果は借入回避行動をもたらし、消費や負債を抑制する方向に働きます。

【注】

（1）米国農務省ホームページ、Supplemental Nutrition Association Programの統計資料を参照（http://www.fns.usda.gov/pd/34SNAPmonthly.htm）。
（2）Shapiro（2005）参照。
（3）Mastrobuoni and Weinberg（2010）参照。
（4）ただ、このように結論づけるには、時間割引率の効果を除外しておく必要があります。これまで議論してきたように（そしてすぐ後で示すように）、保有資産の多寡は双曲割引ばかりでなく時間割引率そのものの水準にも依存するからです。マストロブォーニたちの非貯蓄者は、時間割引率が高いために非貯蓄者であり、右下がりの消費パターンを示したという可能性も否めません。
（5）Meier and Sprenger（2010）参照。
（6）Shui and Ausubel（2005）参照。
（7）ただ日本のヤミ金融の場合、たとえば3万円借りて10日後に5万円返したり、7万円借りて10日後に10万円返すようなことが行われます（井手（２００７））。実効金利は、前者の場合およそ年率1億２５１６万%、後者の場合でも年率45万%を超えますので、ペイデー・ローンはそれほどまでには法外ではありません。

（8）Skiba and Tobacman (2008) 参照。

（9）このほか、自制問題が過小貯蓄や過剰負債と関係を示した海外の研究として、田中知美らがベトナムで行ったフィールド研究（Tanaka and Nguyen, 2010）があります。そこでは、ロスカ（ＲＯＳＣＡ）とよばれる頼母子講に似た私的な貯蓄組合への参加・不参加が、双曲性やせっかちさの度合いと相関をもつことが示されています。Tanaka and Murooka (2012) も参照のこと。

（10）くわしくは、Ikeda and Kang (2011) 参照。

（11）筒井・大竹・晝間・池田（２００７）参照。ただし、そこで双曲割引を測る際、異なった金額に対応する時間割引率の差をとっているので、正確な意味で双曲割引の代理変数にはなっていません。

（12）Ikeda *et al.* (2010) 参照。

（13）くわしくは、Ikeda and Kang (2011) 参照。

（14）このようにマクロの国際比較で低貯蓄率が高肥満率に対応することを最初に示したのは、Komlos *et al.* (2004) です。

（15）Smith *et al.* (2005) 参照。

（16）Cutler *et al.* (2003) 参照。

（17）Richards *et al.* (2010) 参照。

（18）たとえば、Kuriyama *et al.* (2002)、Flegal *et al.* (2005)、前田（２００８）参照。

（19）肥満症診断基準検討委員会（２０００）。

（20）タバコやギャンブルなどの習慣財の消費行動については、以前に取り上げているのでそちらを見てくださ い（池田（２００８））。くわしい分析については、依田・後藤・西村（２００９）や依田（２０１０）、

Kang and Ikeda（2010）を参照。

(21) 賭博は、競馬法などの法律によって許されている場合を除いて、刑法によって禁じられています。パチンコは、パチンコ店、古物商（景品交換所）、景品問屋が連携する、通称「三店方式」という形をとることによって刑法の適用を免れています。しかし、実際問題として、パチンコをギャンブルではなく単なる遊技だと考える人はほとんどいないでしょう。ここでもパチンコをギャンブルと見る立場をとっています。

コラムD 肥満基準――日本とＷＨＯ

肥満かどうか、やせかどうかを判断するのに、ふつう体格指数ＢＭＩが用いられます。欧米各国では、ＷＨＯ（世界保健機関）が定めた判定基準に従って、ＢＭＩ30以上を肥満としています。これに対して日本では、日本肥満学会肥満症診断基準検討委員会が２０００年に行った報告（同委員会（２０００））に従って、ＢＭＩ25以上を肥満とする日本肥満学会基準が用いられています。これは日本人の場合に、肥満に伴う健康障害（耐糖能異常、高血圧、脂質代謝異常、高尿酸血症、心疾患（心電図異常））の発生リスクが25を境にして急激に増大する傾向が同委員会で確認されたことによります。欧米の基準では肥満と判断されない場合でも、肥満に伴う健康障害が起こりやすい特有の素因を日本人が有していることを考慮しているわけです。

両基準の違いは表C5-1のとおりです。ＢＭＩが25以上30未満の人は、日本肥満学会基準では肥満（1度）と判定されますが、ＷＨＯでは過体重（preobese）という、肥満の一歩手前の状態と判断されます。低体重をＢＭＩ18・5未満とする点、18・5以上25未満を普通とする点、それから疾病リスクが最小となる標準（理想）体重をＢＭＩ22と定める点は、日本肥満学会基準とＷＨＯ基準で共通しています。

より低いＢＭＩ値でも肥満と判定されるという意味で日本の方が厳しい体格基準になっていますが、日本肥満学会ではこれとは別に、肥満に関連して健康障害を併発するか、もしくはそのことが予測される場合を、疾患としての肥満という意味で「肥満症」と定義しています。肥満症の診断基準は、肥満と判定されたもの（ＢＭＩ25以上）のうち

表C5-1　体型の判別基準：日本肥満学会基準とWHO基準

BMI	日本肥満学会基準	WHO基準
BMI＜18.5	低体重（やせ）	低体重（やせ）
18.5≦BMI＜25	普通体重	普通体重
BMI＝22	標準（理想）体重	標準（理想）体重
25≦BMI＜30	肥満（1度）	過体重（preobese）
30≦BMI＜35	肥満（2度）	肥満（クラスⅠ）
35≦BMI＜40	肥満（3度）	肥満（クラスⅡ）
40≦BMI	肥満（4度）	肥満（クラスⅢ）

注）日本肥満学会基準は、同学会肥満症診断基準検討委員会報告（2000）による。

（1）肥満に関連し、減量を要する健康障害（2型糖尿病、高血圧、高尿酸血症・痛風、心筋梗塞・狭心症など）を持つか、

（2）内臓脂肪型肥満などのハイリスク肥満であるか、

のどちらか一方を満たす場合です。

とくに筋肉質の男性の場合がそうですが、BMIが高いからといっていわゆる肥満体ではない場合も少なくないので、現在と将来の損得の選択という枠組みでうまく説明できるのは、BMIを基準とした「肥満」ではなくて、疾病として定義された「肥満症」かもしれません。実際に、筋肉の割合が大きい男性の場合、時間割引率と肥満の相関が女性の場合ほど強く検出されないのは、BMIを用いて肥満を識別しているからかもしれません。

コラムE『スーパーサイズ・ミー』——欧米の肥満事情

30日もの間、三度三度の食事をマクドナルドでとり続けたらどうなるでしょうか？　このばかばかしくも、興味深い「実験」にモーガン・スパーロック氏は自ら実験台となって臨み、その模様を映画に記録しました。2004年に公開されたアメリカのドキュメンタリー映画『スーパーサイズ・ミー』です。「実験」は、

（1）1日3回マクドナルドの商品を食べる、
（2）1日の歩行距離をアメリカ人の平均である2500歩以内に抑える、
（3）「スーパーサイズ」（超大盛り）を店員から勧められると、勧められるまま食べる、

という過酷なルールに従って進んでいきます。

「実験」終了の30日後、スパーロック氏はどうなったか？　体重は84・1キロから95・2キロに増加（割合でいえば、11・1％の増です）、肝臓には深刻な炎症が見られ、躁鬱傾向まで現れたというから凄まじいものです。映画のタイトルは、超大盛りメニューの「スーパーサイズ」と、それを動詞に解釈して「太らせてみろ」という皮肉で悲痛な叫びを掛けているわけです。

この映画の背景には、1970年後半以降、アメリカが経験している爆発的な肥満人口の増加があります。図C5-1で示されているように、2000年以降は過体重（preobese）と肥満それぞれが30％超える水準で推移しており、2008年の段階では全米の20歳以上の3人に2人が過体重以上に属しています。

図C5-1　米国の肥満率推移（%）

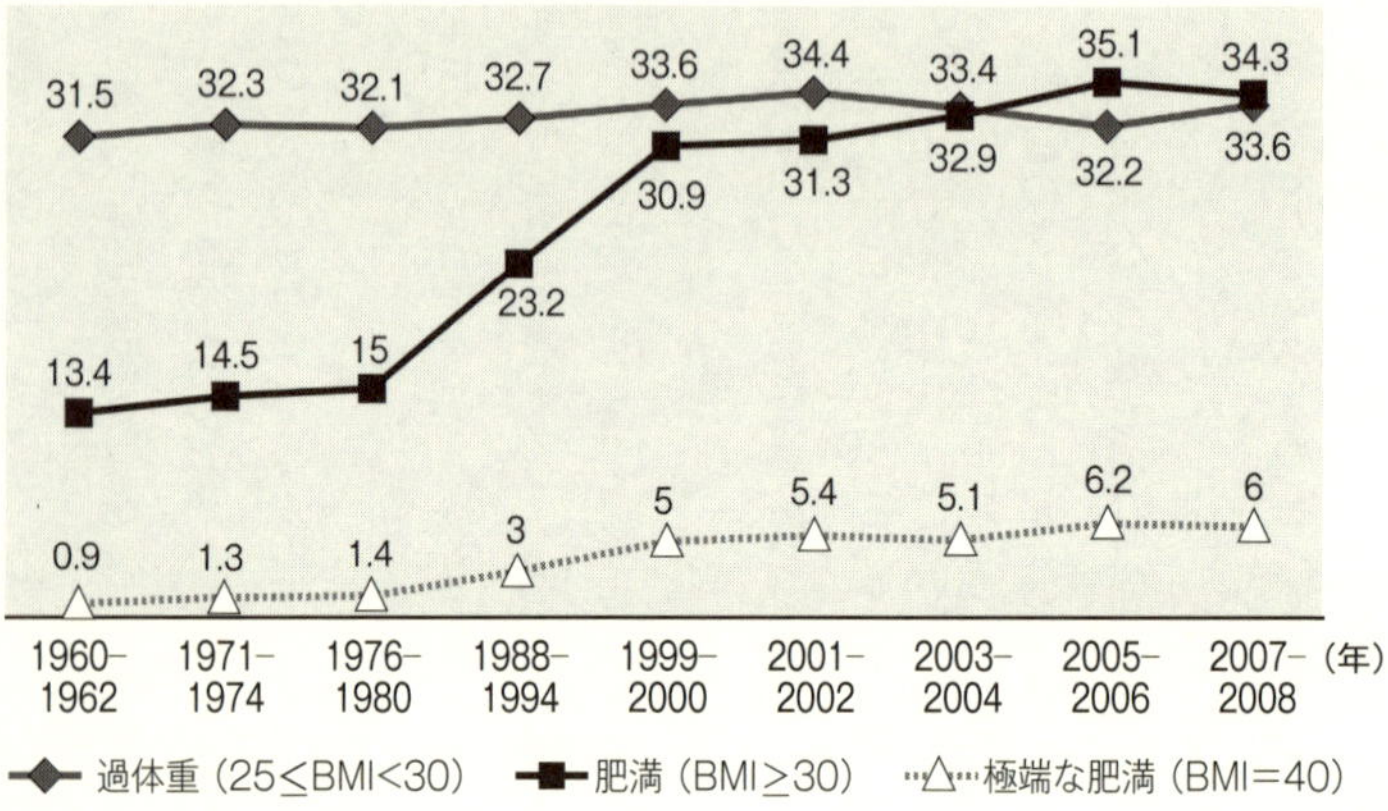

注）米国保健社会福祉省（DHHS）疾病予防管理センター（CDC）FastStatsより、筆者作成。年齢構成は米国2000年基準に調整済み。

２００２年には、ニューヨーク市に住む２人の未成年者が、マクドナルド社の食品が原因で肥満になったとして、同社を相手に損害賠償の訴えを起こしています。連邦地裁は、因果関係が明確ではないなどとしてこの訴えを退けましたが、肥満の問題が現代アメリカ社会でいかに深刻化しているかを象徴する事件です。程度の差こそあるものの、こうした肥満化の傾向は先進国や東アジアに共通して見られる現象です。肥満度ナンバー２のイギリスでは、２００６年に「フィットネス担当大臣」なるポストを設置するなどして、この問題に対処する体制を整えています。

コラムF　体重を軽めに言う——自己申告バイアスと双曲割引

図C5-2に示した2つのBMIの分布は、2005年前後に2ヵ月違いで行った2つの全国調査の結果をとくに女性についてまとめたものです。濃い色の分布は、厚生労働省が2004年11月に実施した「国民健康・栄養調査」、薄い色の方は大阪大学が2005年2月に行ったアンケート調査の結果です。横軸に示したBMIの各範囲に、日本の女性たちがどのような割合で分布しているかを表しています。サンプルは地域的・年齢的な偏りが出ないようにどちらも任意抽出という適切な方法で集められ、その数は2000を超える大規模な調査です。

さて2つの分布にどのような違いがあるでしょうか。グラフを眺めて考えてみてください。

正解は、BMIが大きい肥満の領域や小さいやせの領域では、濃い色の分布の方が高くなっているのに対して、BMI19から25にかけての望ましい体格の領域では、薄い色の分布の方が高くなっているということです。同じ日本女性の体格についての大規模全国調査であるにもかかわらず、どうしてこのようなことが起こるのでしょうか。

実は、厚生労働省の濃い色のヒストグラムは、被験者の身長と体重を実際に測定して行った実測データに基づいている一方、薄い色のグラフはアンケートによる自己申告データに基づいている点で大きく違っています。

体重を自己申告によって調査する場合に、多くの回答者が体重や身長を望ましいと思う方向に偽って申告するということがしばしば起こります。とりわけ、肥満傾向にある人は体重を軽めに申告したり、身長を高

図C5-2　BMIの実績値と自己申告値：女性

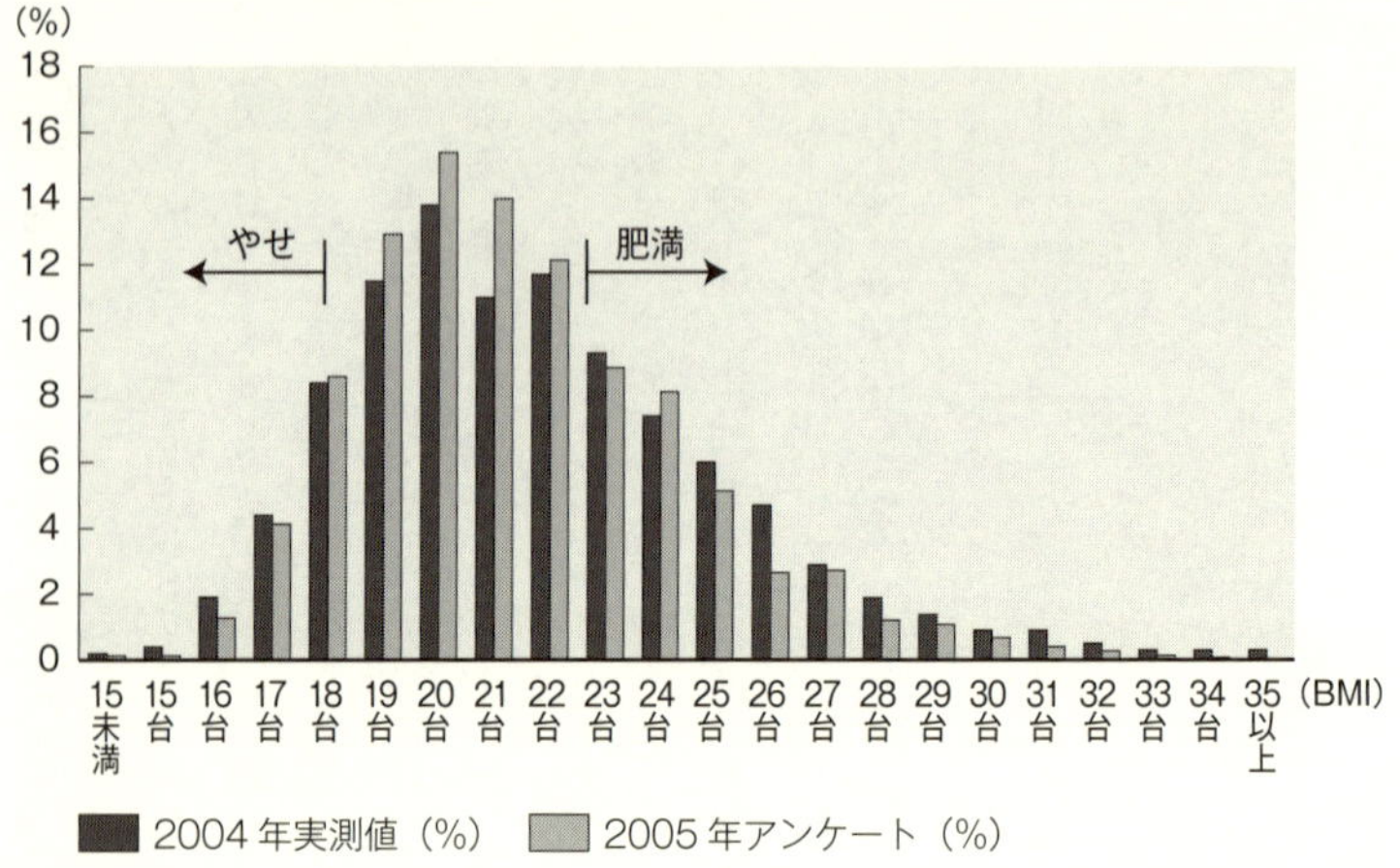

注）実測値は厚生労働省『2004年国民健康・栄養調査』、アンケートは大阪大学『くらしの好みと満足度についてのアンケート』2005年より作成。

めに申告したりする傾向があるので、自己申告データの場合、肥満率が過小に推定される嫌いがあります。これを自己申告バイアスといいます。右の例では、とりわけ、BMI25以上の肥満領域で、自己申告データ（薄い色）の方が実測データよりも低く、逆に普通体重の領域では高くなっていて、この自己申告バイアスが発生しているのがグラフからでも明確に読み取れます。

実際に、2つのデータを使って肥満者の比率とやせの比率を男女について計算してみると、表C5-2のように自己申告バイアスが強く疑われる結果になります。とくに、女性の場合には、実測で20・1%の肥満比率が観察されるのに対して、アンケートでは14・3%に過ぎません。両データのサンプリングに偏りがないとすれば、肥満女性の多くが体重を軽く（または身長を高く）申告していることになります。単純に計算

表C5-2　実測データとアンケートデータ

	肥満者比率		やせ比率	
	実測データ	自己申告データ	実測データ	自己申告データ
男性	27.3%	24.0%	7.3%	5.7%
女性	20.1%	14.3%	15.3%	14.3%

注）厚生労働省『2004年国民健康・栄養調査』、大阪大学『くらしの好みと満足度についてのアンケート』2005年より作成。

すれば、肥満男性の12%、肥満女性の28%以上が肥満でないという自己申告を行っていることになります。

ただ、自己申告バイアスが疑われるアンケートデータを用いて時間割引率や双曲割引と肥満の関係を分析する場合でも、時間割引率や双曲割引の程度が自己申告バイアスと相関していなければ統計上問題はありません。たとえば、双曲的な人ほど肥満傾向が強いという結果を右で紹介しましたが、自分の体重を過少申告する程度が、その人がどのくらい双曲的かということと無関係であれば、その結果はそのまま信頼できます。ただ、そうでない場合には、検出された相関の大きさには何らかの留保が必要になってきます。

アンケートで体重を記入するのに、双曲的な肥満者ほど過小に申告する傾向があるとすれば、双曲性と肥満の間に本当は正の相関があっても、その過少申告によって真の相関が隠れてしまい、私たちには観察できなくなったりします。また正の相関が観察できたとしても、それが過小に推定されることになります。

自己申告バイアスに対してどのように対応するかは難しい問題です。たとえば、米国には同一の被験者に対して実測と自己申告で行った体格データがあり、自己申告データを修正するための簡単な式が推定されていて、アンケートデータの場合には通常はそれを使ってバイアスを矯正するというような手続きがとられます。ただ、その修正式を体格や体質の分布がまったく違う日本のデータに当てはめることはできません。日本ではまだそのようなデータセットがないので、右で見たような近い時期に実施された実測と自己申告の調査の結果を比べることで、自己申告バイアスを憶測するしかありません。

第6章
自制する知恵と手立て

新古典派とよばれる標準的な経済学では、私たち人間は最適問題を解く機械のように、常に矛盾のない行動をとる、きわめて合理的な主体であると考えてきました。したがってそこでは、自制の問題も、矛盾した行動も、後悔を伴う行動もありえません。問題があるとすれば、情報が完全でないとか、何らかの取引制約があるなどの理由で選択に歪みが生じる場合か、公害のようにある人の選択が市場を通さずに他の人に直接影響（これを外部性といいます）を与える場合に限られます。そうした問題がない限り、私たちの選択は合理的であり、市場の価格メカニズムを通して資源の効率的な配分が達成されることになります。

ところが、実際は、前章で見てきたように自制問題というやっかいなものに直面している私たちは、短期的な利益に惑わされた自滅的な選択をしばしば行ってしまいます。喫煙者の多くはいつもタバコの本数を減らしたいと考えていますし、食べ過ぎて後悔する経験を持たない人はいないでしょう。クレジットカードを使って買い物をすることでいつまで経っても減らない借金を抱えている多くの人は、いつか払い続けた利子の大きさにうんざりするはずです。

こうした問題にどのように対処すればよいのでしょうか。最後に本章では、とくに自制問題への対策を中心に取り上げながら、自滅する選択を回避し、よりよい選択を可能にする知恵と手立てについて考えてみたいと思います。

対策としては2つのものが含まれます。1つは、私たちひとりひとりが意思決定者として自制問題の中でどのように長期的な利益を確保していくかという、選択上の知恵と自制する手立ての問題です。もう1つは、ほかの人が行う選択の枠組みをデザインする立場にある場合に、どのような枠組みを作れば彼らの自制を助けたり、その選択を改善したりできるのかという政策の方向づけの問題です。後者の場合には、家庭内での子供の養育から、学校や企業内でのルール作り、大きくは国全体の制度設計まで広い範囲の問題に関連してきます。以下では順を追って考えていきましょう。まずは個人個人が選択を改善させる方法から考えます。議論の全体は図6-1に要約しているので、参照しながら次節を追ってください。

自滅する選択を避ける手立て

将来の緩い自分を織り込む

自制問題の下では、放っておけばそのときどきの自分が短期的な満足を優先させて、長期的な計画をドミノ式に反故にしてしまい、結果的に大きな損害が選択者に及ぶことになります。そうした自滅選択の影響を避けるには、まずは自制問題の構造をよく理解し、将来の緩い自分を織り込んだ「賢明」な選択を行う必要があります。つまり貯蓄なり、ダイエットなり、節制の計画を立てるときに、実施の直前になると時間割引率が跳ね上がって忍耐力のない自分になることを知って、計画を無理のない実行可能なものにしておく必要があります。もちろん、短期のせっかちな自分でも実行できる程度の計画では大きな成果は望めないのですが、それでもそのときどきの短期的な自分が思うに任せた矛盾した行動に比べれば、多くの場合、長期的により大きな利益が確保できます。

第4章で紹介したウォンのフィールド実験では、シンガポール随一の国立大学の学生でさえ、約450人の被験者のうち80％以上が少なくとも部分的にしか自分の自制問題に気がついていません（表4‒3参照）。私のウェブ調査でも全体の4人に1人以上がこうした「単純」な意思決定者です（表5‒2参照）。そして前章の負債や肥満のデータが示すように、自制問題の構造を知り、将来の自分を織り込んで「賢明」な決定するようにするだけで、かなり選択の質が向上するはずです。

ブレてみてわかる自制問題と意志力

それでは、どのように自分の双曲性の程度、言い換えれば自分の自制問題の深刻さを知ることができるのでしょうか。目前の強い誘惑をうまくコントロールして長期的な利益を確保する自己管理能力を意志力とよぶことにすれば、このことはいかにして自分の意志力を知ることができるかという問題と密接に関連しています。

実は、私たちは経験によってしか、自分の自制問題の深刻さと意志力の強さを知ることはできません。もちろん、たとえば書物や身辺の事例から学ぶことで、あるいは親など血縁者の行動を観察することで、ある程度は自分の自制問題を推測できるでしょうが、結局のところ、自身がどの程度ブレるタチなのかという私的な情報は、何度か自分でブレてみなければわからないところがあるわけです。

このことは2つの重要なインプリケーションを持ちます。第一に、自分の自制問題の深刻さを知るには、何らかの意志力のテストが必要だということです。つまり、毎月定額の貯蓄をするとか、毎朝決まったコースをジョギングするなどの、意志力が必要になるようなタスクに挑戦し、自分の自制問題がどのくらい深刻で、それを制御する能力がどの程度自分にあるのかを知る機会が必要であるわけです。毎月の定額貯金や毎朝のジョギングにはそれ自身で長期的な利益があるのですが、かりにその懸命な戦いに敗れたとしても、そのテストによって自分の意志力の程がわかるという大きな二次的な効果があるのです。

このように、選択や行動によって選択者自身の自制問題の深刻さや意志力の強さについての情報が発信されることを、ローランド・ベナブーとジーン・ティロールは自己シグナリングと名づけていま

図6-1　自滅選択を避ける：自制と選択の相関

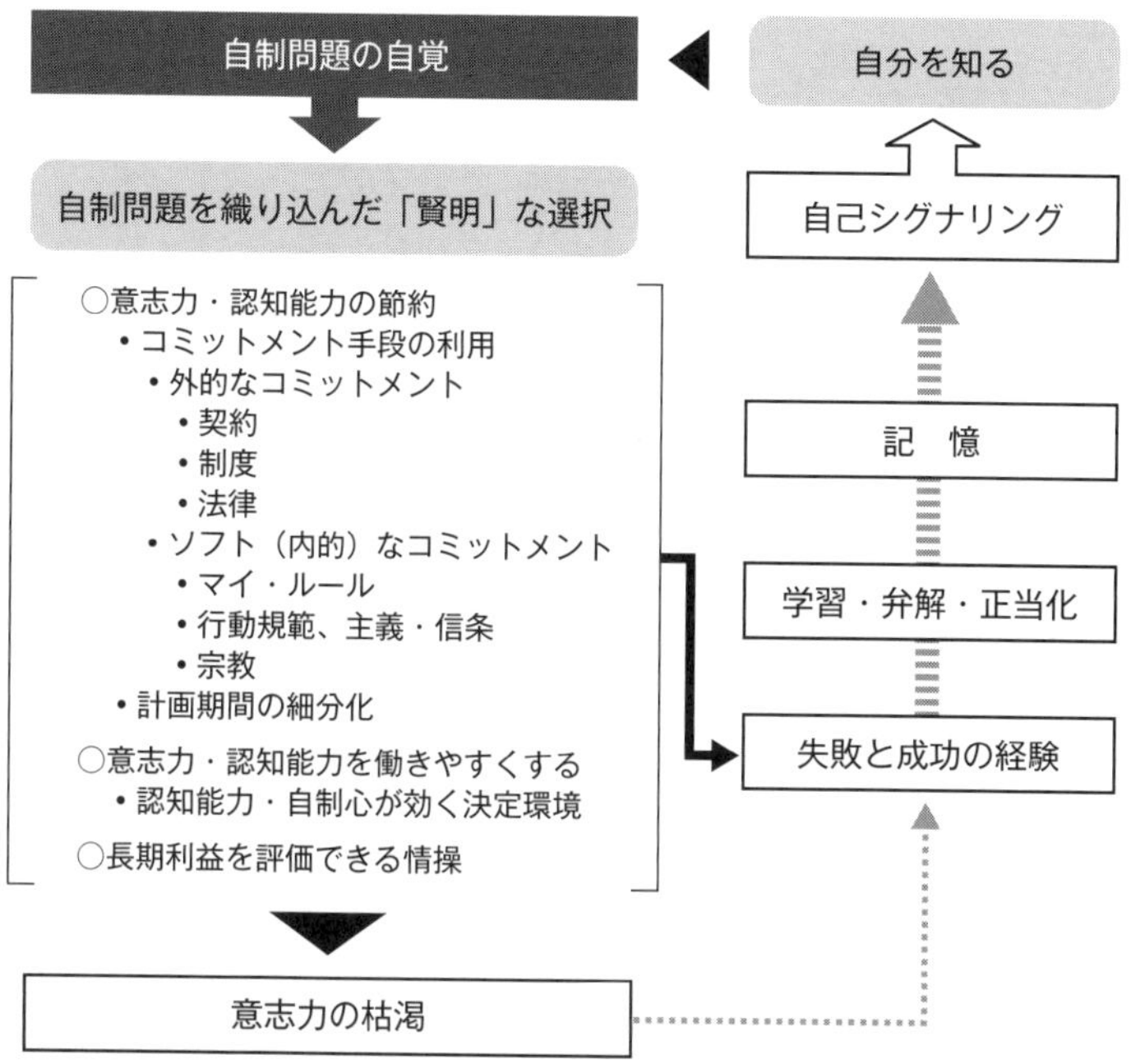

す[1]。先に、自制問題とは、長期的自己という依頼人（計画者）と短期的自己という代理人（実行者）の間で生じる利害対立（エージェンシー問題）だと説明しましたが、日々の行動から発信される自己シグナリングによって代理人のタイプについて情報が得られれば、依頼人である長期的自己はそれを見越して手を打つことが多少とも可能になるわけです。

ただ、目前の快楽に抗わなければならないつらい仕事は、気を許せば安きに流れてしまう危うい境遇に自ら身を置いてこそ意志力のテストになるのであって、仕事が自分の意志とは関係なく外部から強制的に課される場合には「意志力テスト」としての意味合いが大きく損なわれてしまいます。「厳しく」育てられた子供がときとして教条的で自制の効かない大人になって暴走することがあったり、逆に自由に育った子供が後年ブレない強い選択ができたりするのは、こうしたことと関係があるのかもしれません。目前の利益からの衝動を我慢することを「自制（セルフ・コンロール）」とよべるのは、あくまでもそれが自発的に設定された長期的な利益を選んだ結果である場合に限られるのです。

第二に、自分の双曲性の程度を知るには、過去の行動を分析しその結果を正確に記憶していくことが必要になります。しかしこの作業は少なくとも2つの理由から思いのほか簡単ではありません。まず分析の難しさです。自分の行動計画がどれだけうまくいくかは、自分の意志力もさることながら、外的要因にも大きく依存するのが普通です。たとえばダイエットが途中で頓挫したとして、それが自分の弱い意志力のせいなのか、突然招待された上司からの宴席のせいなのかを分析的に識別することはそれ自体が困難な作業です。さらに、実行者である短期的自己（代理人）は、できるだけそれを自分の意志力の弱さのせいではなく上司の責任に帰させるようあらゆる正当化と弁解を用意するので、その作業はますます困難さを増します。厄介なことに、短期的自己（代理人）は長期的自己（依頼人）とまったく同じだけの知的能力を持つわけですから、頭のよい人ほど巧妙な弁解を弄することができるでしょう。ダイエットを中断したのは、「上司との宴席を断れば将来にかかわる」からで、長期的利益にかなった合理的な選択だ、という短期的自己の言い分はあたかも先のことを考えた長期的自己の理屈のようです。

2つ目の理由は、途中で挫折したつらい経験を1つ1つ正確に記憶することはたいへんつらい作業だということです。ダイエットに挫折する前後から、それまで習慣にしていた体重や摂取カロリーの記録を止めてしまった経験をお持ちの読者も少なくないでしょう。逆に、成功体験は自信につながる誇らしい経験なので、好んで記憶されることになります。その結果、往々にして自制心の過去の戦績を過大に記録して、自分の双曲性を実際よりも過小に予想してしまう危険があります。

逆の危険性も考えられます。長い間立派に節制を続けるなどして自制心の戦績は申し分がなく、自分の自制問題がそれほど深刻ではないというデータがたくさんあるにもかかわらず、何らかの理由から自分の意志力に自信が持てない場合、「意志力テスト」をずっと繰り返してしまう可能性です。拒食症やワーカホリック（仕事中毒）などの強迫神経症的な行動がこれです。厳しい戒律を自らに課して、常に自分の信仰心をテストし続ける熱心な信仰者が、教条的、原理主義的な行動をとるようになるのに似ています。これらの禁欲的な行動が、実はその底流で双曲割引という自制問題につながっているというのは一見逆説的ですが、制御しがたいどう猛なライオンを自分の中に抱えているという盲信から逃れられないと考えれば理解できます。

枯渇する意志力に対応するための2つの方法

自制問題を理解していたとしても、それを織り込んだ選択をするには高度な認知能力と強固な意志力が必要です。手を伸ばせばすぐに得られる大きな満足が目前に見えるにもかかわらず、それを選んでしまうと、長期の利益という抽象的にしか見えない曖昧なものが失われると信じるのは想像力のいる大変知的な作業であり、そのうえで目前の具体的な快楽ではなく、抽象的な長期の利益を実際に選ぶには相当の意志力が必要でしょう。

ところが、意志力は枯渇することが知られています。たとえば、実験的に、集中力を必要とするようなタスクを課すと、そのあとの作業の質や量が低下したり、選択が衝動的になったりすることが報告されています。[(2)] そして一度意志力が枯渇すると、しばらくしてそれが再生されるまでは、つらい選択が困難になります。そのために、自制問題の下で、つらいけれどもよい選択をするにはこの問題にうまく対処する必要があります。

これには2つの方法が考えられます。1つは、意志力や認知能力をできるだけ節約して長期的な利益を選ぶ方法です。前節でも述べたコミットメント手段を用いるのは典型的な方法です。自分の手をあらかじめ完全に縛ることができれば、自分の意志力に関係なく長期的な行動計画が自動的に実行されるはずです。また、計画期間や活動期間を短く刻むことで、自制問題の深刻さを軽減し、多少とも楽な選択が可能になります。もう1つは、意志力が効率的に利用できる環境で選択を行う方法です。本能や衝動性の影響が弱い環境下で選択を行うのがそれです。順を追って見ていきましょう。

2種類のコミットメント手段

第4章で見たように、自分の自制問題に気づいている人は、さまざまなコミットメント手段を使い、将来の実行者であるそのときどきの自分の手を縛ることによって長期的な利益を守ることができます。コミットメントの方法には、図6-1にもまとめているように、大きく2つの方法があります。1

つは、契約や法律、制度など、外的な取り決めやルールに基づいて強制的な効力を持つ外的なコミットメント、もう1つは、外的な強制力を伴わないもので、内的なコミットメントとか、ソフトなコミットメントとよばれるものです。

第4章で議論したように、資産を不動産や株式など流動性の低い形――「金の卵」を産むガチョウ――にしておくことで、計画外の過剰な消費をするという選択を制限することができますが、こうした方法は資産の性質や契約という外的理由から拘束を受けるので、多分に外的コミットメントの性質の濃いコミットメント手段です。ブタの貯金箱、解約が高くつくような積立貯金や年金も同じ理由から外的なコミットメント手段です。

パトリシア・ソーディンは、1988〜1999年のオーストラリアの家計支出データを使って、自制問題と老齢年金加入の関係を調べています。飲酒や喫煙行動から回答者の自制問題の代理変数を作り、自制問題が深刻な回答者ほど高い確率で老齢年金に加入していることがそこでは示されています[3]。これは老齢年金という外的なコミットメント手段が自制問題への対応に利用されている例です。

ソフトなコミットメント手段

これに対して、ソフトなコミットメントは、契約などを用いずに自発的に何らかの心理的なコストを仕掛けることで、長期的利益に沿った選択を自分に行わせようとするものです。たとえば、次のようなものです。

●夢や目標を他人に語る
●協働者や秘書を仕事部屋に入れておく
●オフィスや勉強部屋のドアを開けておく
●図書館や公共施設で勉強・仕事をする
●仕事を自宅に持ち帰らない
●小銭を集めて1万円札に替える
●クレジットカードを作らない／持ち歩かない／限度額を小さくする
●分包の菓子やポテトチップを買う／一切家に買い置かない
●新車の色として、汚れが目立つ白や黒を選ぶ
●ゆったりとした衣服を着ない
●食後すぐに歯を磨く
●連続ドラマの初回を見ない

夢や目標を公言する場合、達成できなければ信用や名誉が損なわれるというリスクがコストとしてかかりますが、それによって目標達成への拘束力が増します。協働者を仕事部屋に入れておくことで、好きな時間に好きな格好で仕事に集中する自由が奪われますが、ネットサーフィンに逃げようとする自分をともかくもパソコンの画面に縛りつけることができます。仕事部屋のドアを開けておいたり、図書館を使ったりすることにも同じ効能があります。仕事を持ち帰らないと決めることで、勤務時間

中に仕事を片づけるプレッシャーが高まります。小袋に分けられたポテトチップを買うことで、新しい袋を開ける罪悪感を自分に課すことができます。小さい茶碗を使う場合も同様です。小銭を1万円札に替えることでわずかながら流動性が失われますが、1万円を崩すのは嫌なものです。

ソフトなコミットメントは契約によらない自主的なものなので、拘束というコミットメント本来の目的からいえば、強制力を伴う外的なコミットメントの方が多くの場合有用なのですが、外的なコミットメントの場合、自己シグナリングがうまく機能しないという問題があります。本章の前半で説明したように、私たちは、自分が行った選択とその結果を情報としてフィードバックすることによって、自分の自制問題の実像を正確に把握していく必要があります。外的なコミットメント手段のメリットは意志力と関係なく選択を確定してしまえる点にあるわけですが、そのメリットゆえに、そこで選ばれた行動やその結果には自分の意志力を推し量る情報が含まれません。その意味では、多少とも自分の自主性と意志力に依存するソフトなコミットメント手段は自己シグナリングを機能させ、うまくいけば自分の意志力についての自信を高めることができるというメリットがあります。

マイ・ルールを作る

「甘いものは家に置かない」、「賭け事は一切しない」というように、自分だけのルールを作って自分を律している人は少なくありません。ここではそれをマイ・ルールとよびましょう。ソフトなコミットメントの1つの変形は、長期的な利益を守る行動をマイ・ルールとして原則化しそれに従うというものです。私たちの内面で何が起きているのかをもう一度整理して、このマイ・ルールの効能についていて考えてみましょう。

私たちの内部では目前の利益に目が眩んだ短期の自分（悪魔）と先々の利益まで考える長期の自分（天使）がせめぎ合っています。天使としての自分は計画者であり、悪魔としての自分は実行者です。いま、ダイエットの計画を実行に移そうとしているとしましょう。ご馳走を前にして悪魔は「ダイエットは明日からにしたら？」と囁きます。この提案は名案かもしれません。今日ご馳走を食べて、ダイエットを明日から実施すれば、今日の満足も明日からの健康も手に入るからです。しかし賢明な天使であれば、実際にはこれは成功の見込みのない案だと気づきます。一度ダイエットの計画を反故にしてしまうと、その計画の信頼性が大きく損なわれてしまうからです。次にまた同じ状況が生じたときに、天使はもっと簡単に敗れ去ることになります。

こうして考えると、ダイエットを始めるかどうか、あるいはダイエットを続けるか中断するか、といった選択をする場合、「今日食べる」と「今日我慢する」の2つの選択の利益だけを比べるのは適切ではないことがわかります（その場合には双曲割引のせいで悪魔が勝利します）。そうではなく、「今日食べる」を選ぶことが「明日以降も食べる」を選ぶことになると知ったうえで、「ずっと食べる」のか「ずっと我慢する」のかという選択の連なりを選ぶつもりで、食べるかどうかを決めることが肝要です。つまり今後も長期間にわたって繰り返されるだろう同じような選択をまとめて一度に選ぶわけです。ジョージ・エインズリーはこうした意思決定の工夫を、繰り返し選択の結果を長期に「束ねて」評価すると表現しています。[4] 双曲割引の性質から、先の利益を考慮するほど忍耐力は高まるので、ある選択の利益を先々まで束ねることによって、自滅する選択を回避し長期利益を確保できる理屈になります。「いま間食をする」か「しない」かと自問して「する」を選ぶ人も、「これからもずっと間食し続けるか」「これからもずっと間食しないか」という選択になれば後者を選ぶでしょう。

さて、マイ・ルールを作ることは、繰り返される悩ましい選択を選択の束として理解し、長期的な利益を守る方向に選択を原則化してしまう行為と考えられます。たとえば、「間食は一切しない」というマイ・ルールを作ることは、「間食をするかどうか」という決定をする場合に、常にこれを「これからもずっと間食し続けるか、ずっと間食しないか」という連なりの選択として捉え、束として大きな利益をもたらす「間食しない」ことを原則化しているわけです。

こうしたマイ・ルールを設定するにあたっては、2つのことが重要です。第一に、マイ・ルールはごまかしようのない明確な内容であることが必要です。「間食はしない」よりも「甘いものは食べない」、「クレジットカードで分割払いをしない」よりは「クレジットカードを持たない」、「ビールは1本以上飲まない」よりは「ビールは一滴も飲まない」というようにです。エインズリーの表現を借りれば、誰にでもわかるような「明確な一線」でルールを区切るわけです。なぜなら、マイ・ルールという天使の戦術に対して、悪魔である短期の自分は正当化と例外化によってそのルールを破らせようとするからです。

正当化とは、たとえば「宝くじは賭け事ではない」と解釈させて短期的な選択をごまかしてしまう方法です。私たちはそれによって「賭け事は一切しない」というマイ・ルールを破る罪悪感を感じることなく、宝くじを買うことができます。一度こうした合理化をしてしまうと、今度はサッカーくじが宝くじの延長と見なされるようになり、なし崩し的にマイ・ルールの機能は失われていきます。

また、例外化とは、いま直面している選択だけをルールの適用外としようという悪魔の戦術です。たとえば年末宝くじだけをルールの適用外として賭けを楽しむかもしれません。ところが、そうした例外が宝くじ全体に及ぶようになることはありそうなことです。こうした正当化や例外化という悪魔の手練手管に惑わされないように、マイ・ルールはできるだけ単純でごまかしようのない「明確な一線」によって画されていなければならないのです。悪魔は、天使と同じだけの知的能力を駆使してルールを形骸化させようとするわけですから、この「一線」を巡る攻防はぎりぎりの厳しいものになるはずです。

第二に、マイ・ルールがうまく守られて長い間コミットメントとして機能した場合、逆にそれは強迫観念となって選択者を害する可能性があります。先にもふれましたが、ルールや計画には、守れば守るほど強くなり、逆に破るたびに弱体化していくという自己強化的な性質があります。したがってマイ・ルールはそれを遵守し続けることでコミットメント手段としての機能を強めることができるのですが、それが行き過ぎると今度は逆に行動が教条的になり長期的に大きな損失がもたらされます。潔癖症、拒食症、過度の吝嗇などがそれです。そうした弊害を避けるには、月に一度好きなものを食べたり、朝寝坊するなどして、ルールを意図的に破ってリセットし、それを相対化しておく工夫も必要なのです。長期の利益を大きくするためには、いわばナイフの刃上に立つような際どい選択が求められていることを常に留意すべきでしょう(5)。

計画期間を短く刻む

双曲的な消費者、とりわけ「単純」な消費者は、収入が多いときにたくさん遣って段々と先細っていくようなおカネの使い方を結果的にしてしまいます。食料券や年金の給付に関連して前章で説明した「所得―消費サイクル」です。余裕のある間に貯められないという意味では、このサイクルが過小貯蓄の問題であることについてもすでに指摘しました。

この「所得―消費サイクル」を改善する1つの方法は、1回当たりの収入を減らし収入の頻度を増やすことです。計画しなければならない消費の期間を短くするわけです。

この方法は2つの理由で有効でしょう。第一に、それによって、手許の所得額を限定し、行き当たりばったりの過剰消費の損害を小さく限定できます。第二に、計画期間が短くなることで選択の結果がイメージしやすくなり、必要な認知能力と意志力が少なくてすみます。

実際に、宇南山卓とステファンズ・メルビンの2人は、1990年2月から日本の年金給付の間隔がそれまでの3ヵ月間隔から2ヵ月間隔に短縮されたのに応じて、改定前に見られた年金サイクルが大幅に弱まったことを報告しています[6]。こうした結果はいまの議論と整合的です。

計画期間を刻むことの有効性は、先のアリエリーたちの学生を使った実験からも確認できます。最終締切日に3つの仕事を一度に提出させたグループよりも、等間隔に仕切られた3つの締切日に仕事を1つずつ提出させたグループの方が、質、量ともに高いパーフォーマンスを示しています。

小さな子供に計画的な消費を習得させるために、小遣いの頻度をたとえば3日間隔から始めて、1週間隔、2週間隔、というように徐々に増やしていくことがありますが、これは期間を刻んで選択を簡単にする右の方法を逆に利用したものです。最初に3日という短い計画期間の中で小遣いを均して使う自制心を養い、そのメリットを自覚させながら期間を延ばすことによって長期的な消費の技術を習得させているのです。

面白いことに、この教育法は、ハトに「自制心」を植えつけるうえでも有効であることが知られています。行動心理学者のA・W・ログとJ・E・メイザーは、同じ遅れを伴う大小のえさの選択から始めて、小さい方のえさの遅れを少しずつ小さくしていき、それによって間近の小さなえさを我慢して遅れを伴った大きなえさを選ぶ「自制心」を4羽のハトに教え込むことに成功しています(7)。待つことの利益を徐々に刷り込むことで直近の利益を相対化し、そこから受ける衝動性を弱めるこの方法を、かれらは減衰(フェイディング)法と名づけています。

ちなみにメイザー等によれば、4羽のハトのうち期間中に死んでしまった1羽を除く3羽が、こうして得た「自制心」を11ヵ月後の実験でも保ち続けていました(8)。減衰法が、実際に自制の養成にある程度効果的であることを示唆する結果といえます。

敵が弱いうちに兵力を集中させる

目前の利益にとらわれて短期的な選択を行ってしまう私たちの性向は、実は外的な環境が悪くなった場合に生き抜くために必要な能力だと考えられます。そうした本能に根ざした衝動的な選択は、いざという場合には、その存在理由からして、長期的な利益を考慮する余地など与えないほど強いものです。逆にいえば、微力な意志力を効果的に生かして少しでも長期的利益にかなった選択をするには、本能や衝動性のスイッチがオンになっている選択環境を避ける必要があります。たとえば、空腹の度合いがひどい状態でレストランに入ると、短期的な利益を最優先にするために注文する量は過剰になります。栄養や食べる量を調節したよい食事を選択するには、空き腹を避けることです。食事の回数を増やすことも一案です。この方法は、所得―消費サイクルを避けるために計画期間を短くすることにも似ています。

もう1つ考えられるのは、食事など、自制問題を伴う選択を行う場合には、認知能力が必要な他の作業を同時に行わないことです。携帯電話で仕事の話をしながら自動車がうまく運転できないのと同じように、認知能力と意志の働きを他に利用していては、短期的な自分を制御して長期の利益を確保するナイフエッジの選択はできません。

この点は、米国のマーケティング研究者であるババ・シブとアレキサンダー・フェドリキンの2人が実験によって明らかにしています。[9] 彼らは、被験者を2つのグループに分け、一方には大きな数（7桁数）、他方には小さな数（2桁数）を暗記するタスクを課します。そのうえでタスクの最中に、フルーツサラダかチョコレートケーキのどちらを食べるかを尋ねたところ、よりハードなタスク（7桁数の暗記）を課されたグループが、より高い確率でチョコレートケーキを選ぶ結果になっています。自制的な選択に必要な認知能力や意志力には限界があるために、他のタスクによってそれが利用された結果、食べものの選択がより衝動的になったと考えられます。

長期的な選択を行うためには、いわば本能や衝動性という「敵」が大きくならないうちに、認知能力や意志力という「兵力」をそこに集める必要があるのです。

選択の限界

以上では自制問題を理解したうえで、どのようにして自滅的な選択を避けるかということを考えてきましたが、それだけでは決して十分ではありません。そもそも私たちの多くが、直面している自制問題に十分気がつかず、将来の甘い自分を織り込んだ「賢明」な選択ができるとは言い難いからです。

スポーツ・ジムの会費を1年分前払いすることで健康な生活にコミットする例を挙げましたが、「単純」な人は、今日ジムに通うかどうかを決める段になって、それが予想以上につらいことに気づいてトレーニングを先延しにしてしまいがちです。その結果、長期の会費を前払いしているにもかかわらず、ジムにいくたびに料金を払う契約の場合よりもかえって高い料金を結果的に支払う羽目になります。

実際に、ステファノ・デラヴィグナとウルリケ・マルメンディアの2人は、[10] 米国の3つのヘルスクラブに属する7752人のデータを使って、会費とジムの利用頻度、契約期間の関係を調べ、多くの会員がそのような不合理な行動をとっていることを示しています。たとえば、70ドル以上する月決め会費で契約している会員は平均で月4・3回しかジムを利用しておらず、1回当たり17ドル以上も支払っている勘定になります。10回回数券を利用すれば1回10ドルで済むことを考えれば非常に割高な選択をしていることになります。ちょうど、低い勧誘金利につられて結果的に高い金利を支払っていたカードユーザーの場合（前章参照）と同じです。

コミットメントの手立てとして利用するつもりが、かえって大きなコストを支払う羽目になるこれらの行動もまた自滅的選択の例です。その背後には将来の自制問題についての甘い見積もりがあるものと考えられます。多少ともこのような「単純」な部分が私たちにあるとすれば、外部から何らかの介入を行って選択者の厚生を改善し、ひいては社会全体の資源配分を効率化することが大きなテーマになります。次にこの問題について考えてみましょう。

選択を許す介入

自由な選択を許して介入する

人々が常に合理的な選択をするという前提に立つ標準的な経済学では、原則的に自由な選択と取引が、限られた資源の下で社会の厚生水準を最大限高めることになります。同時に、個人が自由に選ぶ権利もそこでは保障されています。第1章で説明したように、人々の厚生を改善するために彼らの選択を規制しそこに介入すべきだという考え方をパターナリズム――父権的干渉主義――といいますが、従来の経済学では、パターナリスティックな政策は原則的には望ましくないとされてきました。

しかしこれまで見てきたように、人々の選択は双曲割引のような厄介な選択バイアスに左右されていて、長期的な利益を最大にするどころか、逆に自滅的な選択をしてしまいます。個人の選択の自由を残しながら、こうした問題に対処するにはどうすればよいのでしょうか。

行動経済学では、強制することなく選択の枠組みを変更するだけで人々の選択に介入し、社会の厚生を高めていこうという介入の考え方が提案されています。リバタリアン・パターナリズム（自由主義的な父権的干渉主義）とか、ビナイン・パターナリズム（親切な父権的干渉主義）とよばれる考え方がそれです。(11)ここではリバタリアン・パターナリズムという表現を用います。

わかりやすい例は、自動登録制の導入です。国民年金や企業年金など、長期的に見て加入することが望ましいとわかっている制度があっても、加入するためにその意思表示をして自分で手続きをとらなければならないとすれば、多くの人がその煩わしさから加入しないことを結果的に選択してしまうことになります。リバタリアン・パターナリズムからの１つの提案は、そうした、意思表示をしなければ加入できない仕組みから、加入資格が発生した時点で拒否の意思表示がないかぎり自動的に加入の扱いになる自動登録の仕組みに変更するというものです。

加入や参加を選択する場合にその意思表示を義務づける方式を「オプト・イン（opt-in）」方式、退会や不参加を選択する場合に意思表示を義務づける方式を「オプト・アウト（opt-out）」方式といいます。「オプト」とは「選択する」という意味の動詞です。自動登録制を導入することは、要するにオプト・イン方式から、オプト・アウト方式に変更することといえます。

こうした変更は、人々の加入の選択に意図的に影響を与えようとする意味ではパターナリスティックな介入ですが、会員には常にオプト・アウト（退会の選択）の権利が残されているという意味で、選択の自由が１００％保障されています。これが、自由な選択を保障しながら介入するリバタリアン・パターナリズムです。

この例からわかるように、リバタリアン・パターナリズムでは、選び手にとって望ましい行動が、広い意味で「自主的」に選ばれるように選択の枠組みに工夫を凝らします。

ではどのようにして手品師のように特定の答えを選ばせるのでしょうか？　人々の選択バイアスを逆に利用して、選び手に選んでほしい選択肢がもっとも抵抗なく選べるように道筋をつけるのです。このちょっとした誘導のことを、リチャード・セイラーたちは「ナッジ（nudge）」とよんでいます[12]。もともとひじでそっと突いて合図を送ることを意味する言葉です。ナッジは、手品師が客の癖を利用して意中のカードを選ばせるのと同じアイデアです。具体的に説明しましょう。

手品師の介入——デフォルトを変えて、よい選択を誘導する

選択の意思表示をしない場合の初期設定のことをデフォルトといいますが、選択のデフォルトを変えることは選び手を誘導（ナッジ）するのにもっとも効果的な方法の1つです。

現状を改める選択には心理的な負担がかかるので、多くの場合現状を維持しようとする選択バイアスが生じてしまいます。前章で説明した現状維持バイアスです。そしてこのバイアスがあるために、私たちにはデフォルトに強く引きずられて選択してしまう傾向があります。この「デフォルト・バイアス」が災いして望ましい選択が阻害される場合には、同じバイアスを逆手に取って望ましい選択をデフォルトにすることで選び手の行動をよい方向に導けます。前節で取り上げた自動登録制の導入は、「非加入」がデフォルトであるオプト・イン方式から、「加入」がデフォルトである自動登録制（オプト・アウト方式）に変えることによって、現状維持バイアスの強い人を加入する方向に誘導しようというものです。

こうしたデフォルトの変更は、合理的な選択者ばかりの世界では意味をなさないことに注意してく

ださい。そこでは選択肢のありようにかかわりなく、常に最善手が選ばれるからです。選択バイアスについての実証的な知見に基づいたデフォルト介入という方法は、従来の経済学にはなかった発想なのです。

デフォルトを変えることで選択を改善しようとする試みは、すでに数多く報告されています。たとえば、さきほど議論した自動登録制を実際に導入する動きが各種の年金制度で見られます。とりわけ日本のように公的退職年金への加入が原則化されていなかった海外では、公的年金への自動登録制の導入が進められています。2006年に制定された英国の年金法や米国の年金保護法、2007年施行のニュージーランドのキウィ貯蓄者法などです[13]。

米国の確定拠出型企業年金401(k)でも成果を上げています。1990年代後半にブリジット・マドリアンとデニス・シーが行った調査によれば、同年金への加入を標準的なオプト・イン方式から自動登録方式にしたことで、実際に加入率が49%から86%に改善しています[14]。

わが国が、後発医薬品(ジェネリック医薬品)の利用を促進し、医療費を抑制するために2008年に行った処方箋の変更もデフォルト介入の1つです[15]。それまで、医師の指示する薬が後発医薬品に変更できる場合に、処方箋の「後発医薬品に変更可」の欄に署名(または記名・押印)する方式であったのを、この改定で後発医薬品に変更できない場合にのみ所定の欄に署名(または記名・押印)する方式に変わりました[16]。選択のデフォルトを「後発医薬品への変更可」に変更することで、後発医薬品の利用を促進しようとするリバタリアン・パターナリスティックな施策の1つと考えられます。健康保険組合連合会の調べによれば、後発医薬品の服用経験者の割合は、この施策の前後で、2008年の17・6％から、2011年の47・4％に大幅に上昇しています[17]。

双曲割引を利用してよい選択を誘導する

前章で見たように、過小貯蓄や肥満などの自滅的な選択の多くが双曲割引と関連していると考えられるので、その双曲割引を逆手に取って長期的な利益の方向に選択を誘導できれば大変有用です。

双曲割引を利用する1つの方法は、長期的な利益を損なう選択にはすぐに大きなコストがかかり、望ましいものを選ぶ場合には手間がかからないような選択の枠組みを設定することです。目先の手間を過大に評価する双曲的な人は、この介入によって長期的にのぞましい方向に選択が誘導されるはずです。

ジュリー・ダウンズやジョージ・ローウェンスタインら米国カーネギーメロン大学の研究グループがファストフード店で行った「サンドイッチ実験」はそうした介入の有効性を示す面白いフィールド実験です[18]。彼らはまず、商品の並べ方が異なる3種類のメニューA、B、Cを用意します。メニューAではフロントページに低カロリー商品が、メニューBではフロントページに高カロリー商品と低カロリー商品が均等に、メニューCではフロントページに高カロリー商品が集められています。どのメニューも他のページを見れば同じ商品を探すことができるので、メニューによって何らかの制約が加えられているわけではありません。

ポイントは、同じカロリーの商品を選ぶ際の心的なコスト（面倒さ）がメニューによって違っている点です。たとえば、低カロリー商品を選ぶ場合、メニューAが提示された場合はフロントページから選べますが、メニューCではページをめくる面倒を負担しなければ同じ商品は選べません。

このフィールド実験からダウンズらは、顧客が低カロリー商品を選ぶ確率や、実際にそこで摂取したカロリー量が、提示されたメニューに大きく引きずられたことを示しています。低カロリーメニューを見せられると低カロリー商品を、高カロリーメニューを見せられると高カロリー商品を選ぶという具合です。たとえば、低カロリーメニューAを提示された客は、混合メニューBを見せられた客よりも48ポイント高い確率で低カロリー商品を選んでいます。高カロリーメニューCを見せられた客は、混合メニューBを提示された場合よりも47ポイント低い確率でしか低カロリー商品を選ばない結果になっています。このことは、双曲割引とそこから発生する現状維持バイアスを逆に利用する工夫をほんの少し加えるだけで、人々の食事の選択が改善できる可能性を示しています。

選ぶときの面倒さを食品によって変える同じような介入の実験は、アメリカの中・高校や大学の食堂でも行われています。たとえばレジへの行列の途中にサラダ・バーのコーナーを配置したり、フルーツの置き場をレジの直前にしたりすることで、こうした健康食品の消費量が飛躍的に伸びた例が報告されています。[19] 最近では日本の大学生協の食堂でも同じような配置が見られますが、同様のアイデアに基づいたものと思われます。

ついでにいえば、スーパーマーケットのレジの直前に、特売のポテトチップやチョコレートなど、衝動性に訴える商品を配置するのもまた（健康に与える影響は正反対ですが）双曲的な消費者を誘導する同様の試みといえます。

行動経済学の知見を生かして学校での食生活を改善することを目的とした「スマーター・ランチ

ルームズ（より賢い食堂）」というプロジェクトが、デヴィッド・ジャストやブライアン・ウォンシンクらコーネル大学の研究グループによって展開されています。そこでも「サンドイッチ実験」で説明したような、健康な食品を選びやすく、不健康な食品を選びにくくするような、わずかな心理的負担を選択的に仕組む工夫がさまざまな形で提案されています。[20]

将来の貯蓄にコミットさせる

双曲割引を利用するもう1つの方法は、将来の辛抱強い選択にいまのうちコミットしてもらう仕掛けを作ることです。双曲的な人は、間近の選択に高い時間割引率を示しますが、長期の選択には忍耐強い選択を行います。たとえば、いま貯蓄を勧められても応じられない場合でも、将来の貯蓄プランには喜んで応じるはずです。そこでいまの段階でそのプランにコミットできるオプションを提示することが1つの方法になります。

リチャード・セイラーとシロモ・ベナルチが実際の確定拠出型企業年金401（k）を使って行ったスマート・プログラムの社会実験はもっともよい例でしょう。[21]スマート（SMarT）とは、「Save more tomorrow（明日はもっと貯めよう）」の頭文字を取ったもので、企業年金401（k）で従業員の貯蓄額を上げるために考案されたプログラムです。このプログラムでは、昇級ごとに年金積立金（拠出金）の割合（積立率）が自動的に上がるプランを用意し、それまで勧めてもなかなか積立率を上げなかった従業員を対象に加入を勧めます。加入した後でもプランからいつでも脱退する自由があります。その意味でリバタリアン・パターナリズムの要件を満たしています。

前節の自動登録とは違って加入の意思表示を従業員に求めるので、現状維持バイアスに働きかけて加入率を上げることを意図したものではありません。むしろ、自動登録制の場合、多くの人たちが一度自動加入すると、今度は低い積立率（3％程度）に設定された加入時のデフォルト・プランに居続ける現状維持バイアスを発揮し、結局貯蓄額がいつまでも上がらないという問題があります。スマート・プランはその問題を打開するために考案されたものなのです。

昇給ごとに積立率が上がっていくスマート・プランは、貯蓄性向の低い双曲的な人たちが貯蓄率を上げていくうえでうってつけの2つの性質を持っています。第一に、将来の時間割引率の方が低い双曲的な人は、現在の貯蓄よりも将来の貯蓄に対して寛容です。将来の貯蓄にコミットできるプランは彼らにとって願ってもないことです。

第二に、双曲的な人は現状維持バイアスが強いために、一度このプランに入るとずっと同じプランに居続ける傾向があります。昇級ごとに積立率が上がるので、その間貯蓄率は上がり続けることになります。自動登録制では加入率を上げるために現状維持バイアスを利用するのに対して、スマート・プランでは積立率を引き上げるためにそれを利用するわけです。

さらに、スマート・プランには、損失回避の弊害を回避できるメリットがあります。人々の関心が、年金への積立てが天引きされた後の月々の手取り給料額にあるとすると、昇給がないときにも積立率が上がるプランでは、その都度手取額が減って強い損失感を生むので、損失回避の傾向が強い人から敬遠されることになります。積立率の上昇が昇給時に限定されるスマート・プランでは、こうした損失回避の影響も回避できます。

その結果、スマート・プランは実際に従業員の企業年金への加入率を高め、彼らの積立貯蓄額を増加させることに貢献しています。スマート・プログラムの初めての導入例となったアメリカのある中規模製造企業の場合、1998年の導入時に有資格者の78%がスマート・プランに入会し、その80%までが、4回の昇給時点を含む施行期間（40ヵ月）の最後まで参加し続けたことがセイラーたちに報告されています。平均で3・5%であった貯蓄率はその間で13・6%にまで上昇しています。こうした成果から、2007年時点でアメリカの3分の1以上の大規模事業主が、スマート方式かそれに類似した拠出率自動引上げ方式を確定拠出型企業年金に導入しています。(22)

逆転の発想──非対称パターナリズム

このような実例からもわかるように、リバタリアン・パターナリズムの考え方は、双曲割引や現状維持バイアスなど、自滅的な選択の原因となっているまさにその選択バイアスを逆用して、選択を改善しようとする逆転の発想です。現状維持バイアスがあるがために惰性から年金に加入しない人が多い場合には、加入を「現状」（デフォルト）に設定することで、惰性で加入できる枠組みを作って対処する、双曲割引があるために現在貯蓄ができない人には、将来の貯蓄にコミットできるオプションを作ることで、双曲割引を持つ人ほど貯蓄したくなる仕組みを作る、という具合です。

その結果として、リバタリアン・パターナリスティックな介入は多くの場合、選択バイアスを持つ選び手には影響を与えますが、バイアスを持たない合理的な選び手には影響を与えないという性質を持ちます。いわば特定の選択バイアスを持つ選び手だけに見える塗料を選択ボタンに塗ることで、その人たちだけに選択的に介入しているのです。こうした性質を「非対称パターナリズム」といいます。[23] 非対称パターナリズムは、外から見ても、（あるいは、本人自身でさえ！）選び手の誰が選択バイアスを持ち誰が持たないかを識別できない場合に大きなメリットがあります。課税や取引規制によって介入する従来のパターナリズムの場合、問題のない合理的な選び手に対しても一様に規制の網がかかってしまう問題が生じるのと対照的です。

実践に向けて

消費者の満足の感じ方や選択上の特性がわからない状況で、実際にリバタリアン・パターナリズムに基づいて社会制度を設計する場合、いくつかの実践上の注意が必要です。たとえば、何らかの新しい年金制度を考える場合、どのようなことに注意して実際に加入の仕組みをデザインすればよいのでしょうか。これには大きく2つの指針が念頭に置かれるべきです。

1つは、デフォルトは社会全体の合理的な判断と整合的である必要があります。たとえば、必ずいずれかの選択を意思表示しなければならないとした場合に、合理的な判断力を持った選び手であればその過半数が選ぶだろうオプションをデフォルトに設定することが大切です。たとえば、何らかの新制度への自動登録がよいのか、標準的なオプト・イン方式がよいのかは、合理的な有資格者が多数決をすれば加入と非加入のどちらが採択されるかという判断によるべきだという意味です。リチャード・セイラーとキャス・サンスティーンは、こうした原則を「市場模倣アプローチ」とよんでいます。[24]

この市場模倣アプローチを事後的に適用する方法として、制度の導入後にデフォルトから退出する人をできるだけ少なくするようにデフォルトを変更していくことが考えられます。あるデフォルトでまず制度を動かしてみて、そのデフォルトからオプト・アウトする人が多ければ、デフォルトを変更するという方法です。米国の確定拠出型年金で、従来の標準的なオプト・イン型加入方式の下では非加入というデフォルトからの退出者（つまり加入者）が多かったので、加入をデフォルトにした自動登録制に制度を変更させたのがよい例です。

ただこの方法には問題があります。第一に、この方法では選び手の合理的な選択を推測する必要がありますが、その見当をつけることがどうしても困難な場合があります。事前にそれが難しいのはもちろんですが、あるデフォルトを試して情報を集める場合でも、観察されたデータが現状維持バイアスの呪縛から完全に自由な選択結果なのかはわかりません。第二に、「そもそも論」になりますが、いろいろな選び手がいる中で1つのデフォルトを設定することは、多くの人々の選択をそれぞれの異なった最適選択から乖離させてしまう可能性があります。

2つ目の方法は、これらの問題を回避するために、すべての選び手に明確な意思表示による選択を義務づける方法です。ガブリエル・キャロルらの研究グループは、自動登録制では年金保険料の拠出率がデフォルト設定に低迷してしまうという401（k）の問題を解決するために、企業に雇用されてから30日以内に加入・非加入の明示的な意思表示を行うよう義務づけることを提案しています。[25] 実際にこの制度を導入した金融サービス会社では、標準的なオプト・イン式の下で41％であった加入率が新制度導入によって69％に上昇し、オプト・イン式では30ヵ月かけて達成された拠出率（給与に占める積立金の比率）（5％）が新制度の下では雇用3ヵ月後には達成されています。期限を切って重要な意思決定を義務づけるこの制度にはまた、双曲割引を持つ選び手たちが重要な問題の決定を先送りする弊害を回避するメリットもあります。ただし、強い選択バイアスを持つ人にそうした難しくつらい選択を強要する以上、対象となる選択肢についての説明会を事前に開くなど、十分な教育的配慮が不可欠になります。

政策を考える

喫煙への介入

最初に喫煙の規制について考えてみましょう。

まず、タバコが医学的に有害な財であることは疑いをいれません[26]。私自身は、その健康被害の大きさから考えて、長期的にはタバコの消費を強く規制し、できれば遅くとも20～30年程度先には全面禁止に持っていくべきだと考えています。もちろん、規制で喫煙率が低下すると、税収が減ってそれだけ財政が逼迫したり、タバコ農家の生計が立ちゆかなくなったりという問題が発生しますが、ここではそうした問題は考えずに話を進めます。税収を見込んで非常に有害な習慣財の消費を許すのは、アヘンや麻薬の場合と同様に本末転倒ですし、タバコ農家の問題は産業政策の観点から対応すべきであって、競争下で立ち行かない既存産業の既得権を守るために有害財の消費を規制しないのもまた本末転倒でしょう。

ただ、実際に規制の方法を考える場合、すでにタバコに依存している現在の喫煙者とそうでない将来の喫煙者を分けて考える必要があるかもしれません。

現在の喫煙者に対しては、タバコが強い習慣性を持つことがわかっていながらその消費をいったん認めてしまった以上、突然喫煙を禁じて大きな苦痛を負わせるのはフェアでなく、また現実的でもないでしょう[27]。ヘビー・スモーカーであった私には、強制的に節煙させられるときの苦しみがよくわかります。当面は段階的にタバコ税を上げるなどして、徐々に喫煙者の節煙や断煙を誘導するのが妥当な施策だと思われます。その際、将来のある時点（たとえば、20年先の時点）から全面禁煙に移行することに立法府がいまからコミットすることで、喫煙者たちは多少ともそのことを参照点に反映させ、これからの喫煙行動を調整していくことが考えられます。

人々の喫煙量が減れば健康度が上がって医療費が節約できる社会的なメリットがあるので、喫煙者たちが節煙・断煙をするのにかかってくるコストを社会全体で幾分シェアする仕組みを作ることは合理的です。その意味で、病院の禁煙外来に医療保険の適用を認めたことは適切な対策と考えられます。禁煙補助剤や節煙器具の利用に補助金を出すことも考えられます。

断煙や節煙を希望しながら実現できない喫煙者のために、健康保険組合などがリードして、コミットメント手段として機能するような断煙サークルを組織することも1つの方法です。医師の協力を得て科学的なデータを取りながら、妥当な断煙方法をアドバイスすることである程度の成果が望めるのではないでしょうか。

以上は、現在すでに喫煙者である人を念頭においた施策です。

現時点で未成年者の人やまだ生まれていない人の将来の喫煙について考える場合、事情は大きく異なります。いま規制してもそれが発効する現時点ではまだ喫煙習慣を持っていないからです。まだ喫煙可能年齢に達していない人たちを、将来吸い始めるかもしれない人という意味で潜在的始煙者とよぶことにします。タバコが有害な習慣財だという判断に立てば、潜在的始煙者に対して早い段階で将来の喫煙を規制しておくことが望ましいと考えられます。とくに新成年の喫煙については強く規制すべきでしょう。

介入例としては、たとえば喫煙を免許制にすることが考えられます。今後申請があった場合にのみ喫煙免許を発行し、すでに20歳を超えている人を含めてそれがなければ喫煙できないという仕組みにするという提案です。自動車運転免許と同じように喫煙者は喫煙時の免許携帯が義務づけられ、違反は罰則の対象とします。免許の発行時に（および、義務教育の一環として）タバコの害についての講習を受けることを義務づけるのも一案です。

この制度は、従来20歳を過ぎると自由に喫煙できるというのがデフォルトになっているのを、喫煙免許の申請という形でオプト・インしなければタバコが吸えないようにデフォルトを変える政策です。喫煙を選択する自由が完全に残されているという意味ではリバタリアン・パターナリスティックな政策ですが、手続きを踏んで喫煙しなければ罰則が加えられるという意味ではやや強い規制がかかることになります。

喫煙免許制は、20歳未満の潜在的始煙者の将来の喫煙を抑制するのに、2つの点で有効です。第一に、潜在的始煙者はニコチン依存を持たないので、彼らの喫煙選択の可能性を制約しても、喫煙者の

図6-2　断煙・節煙希望者の割合

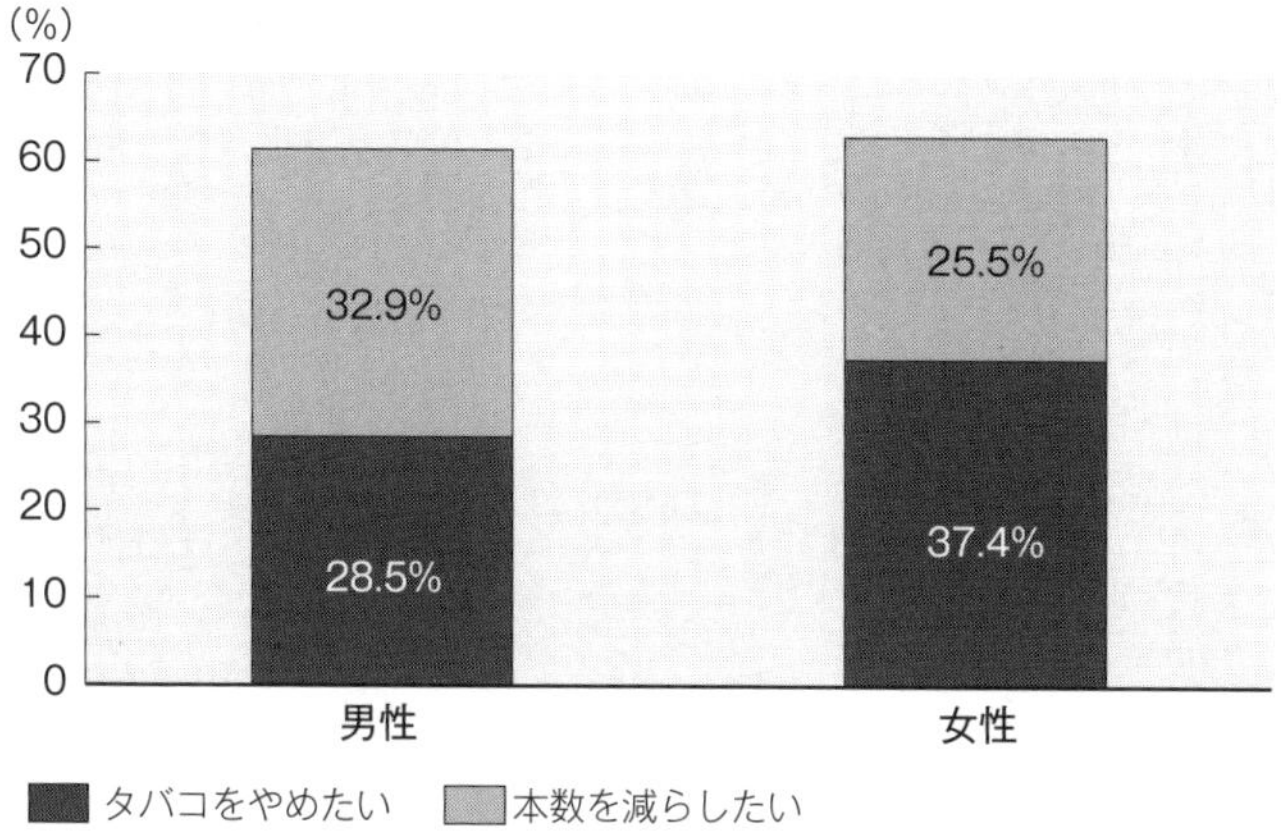

注）厚生労働省『平成20年国民健康・栄養調査』より作成。数字（%）は、平成20年の調査時に習慣的に喫煙している人数に対する割合。

ような苦痛を強いることにはなりません。双曲割引が強く現状維持バイアスが強い人であれば、免許を申請せずに非喫煙者で居続ける方がより楽なはずです。

第二に、われわれ親の世代、とくに双曲割引を強く持つ現在の喫煙者は、現在の未成年者（および自分）の将来の喫煙を抑制することに対しては寛容であるはずです。現世代内の短期の選択とちがって、将来の（次世代の）選択では低い時間割引率による将来指向的な選択ができるからです。前述のスマート・プランが双曲割引を持つ従業員に将来の貯蓄をコミットさせたのと同じです。厚生労働省の「平成20年国民健康・栄養調査」によれば、喫煙者の60％以上がタバコをやめたいか減らしたいと考えています（図6-2参照）。喫煙を始めるというそもそもの選択が「やめたくてもやめられない」現在の苦境をもたらす自滅的選択であったと自覚する人であれば、子供世代がそうならない環境にいまからコミットする「賢明」な選択ができればできるはずです。

最初に、ゆくゆくは全面禁煙に持っていくべきだということを提案しましたが、ニコチン依存の問題がない新成年が新たに喫煙を始めることについては、もっと早い段階で禁止することが考えられます。可能であればすぐにでもといいたいところですが、未成年喫煙者を減らすための準備期間が何年か必要でしょう。2008年時点で喫煙習慣を持つ人のうち、未成年から喫煙を開始した人の割合は男性で29・1%、女性で16・5%です[28]。たとえば10年先であれば実行可能ではないでしょうか。実施にあたっては、その時点で20歳以下の人にそれ以降喫煙免許を発行しないことで彼らの喫煙を禁じることができます。

肥満の改善

前の節でサンドイッチ実験や「スマーター・ランチルームズ」プロジェクトを例に引いて、選択枠組みを工夫することで健康的な食生活を誘導できることは説明しました。ここでは、肥満の問題に関連して、食品表示を用いた政策とメタボ健診制度について少し議論しましょう。

肥満対策と健康の増進を目的として、食品にカロリー量を含めた栄養成分を表示することが多くの国で義務づけられています。日本での義務化はまだですが、健康増進法に従って厚生労働省が栄養表示基準を定めていて、すでに食品の82%に同基準に準拠した図6-3のような表示がなされているという報告もあります[29]。

ただこれまでの計量経済学的な分析によれば、肥満対策として見た場合に、これらの政策はあまり

図6-3　栄養表示

栄養成分200ml（約コップ1杯）当たり	
エネルギー	65kcal
タンパク質	0.9g
脂質	0.2g
炭水化物	10.5g
ナトリウム	41mg
カリウム	300mg
カルシウム	20mg
植物繊維	0.8g
β-カロチン	3,000 ～ 15,000 μg

コレステロールゼロ 0

効果的でないことが知られています。たとえば、米国では1993年に制定された栄養表示教育法（NLEA）によって食品のカロリー表示が義務づけられましたが、ジャヤチャンドラン・ヴァリヤムとジョン・コーリーがその前後の人々の肥満度の変化から効果を推定したところ、非スペイン系白人女性のBMIが0・3低下した以外に大きな変化は見られませんでした[30]。

先のサンドイッチ実験の結果を考え合わせてみると、カロリーや栄養の正確な情報を調べて食生活を改善していくのは、どちらかといえば双曲割引や現状維持バイアスを持たない（したがって肥満傾向の少ない）合理的な消費者の方かもしれません。そうだとすれば、カロリー表示の義務づけは、問題のない消費者の方により強く効く、逆の非対称性を持ったパターナリズムになってしまっているとも限りません。こうした推論は、栄養表示教育法の導入後、非スペイン系の白人女性だけがBMIを落とした事実ともつじつまが合います。同じように、1994年から1996年までの米国個人食糧摂取継続サーベイ（CSFII）を用いて行われた分析では、カロリー表示制度の導入は非肥満者のBMIを大きく低下させた一方で、肥満者には影響を与えなかったことが報告されています[31]。合理的な行動を前提にすれば、正しい情報を提供することで選択を大きく改善することが期待できますが、ここまで見てきたように肥満の原因が選択バイアスにもとづく非合理的な選択にあるとすれば、食品表示が大きな効果を持たないのは不思議ではありません。

わが国では、2008年4月からいわゆるメタボ健診（特定健康診査・特定保健指導）制度が導入されています。この制度の下では、医療保険を運営する保険者は、40歳から74歳の加入者を健診し、結果に応じて保健指導を行わなければなりません。今後、指導実績を伴わない保険者には罰則として高齢者の医療保険（後期高齢者医療制度）への負担金が増額されることが検討されています。それがどのような形で個々の加入者の保険料に跳ね返ってくるのかは未定ですが、金銭的なインセンティブを与えることによって保険組合全体が肥満などの健康の問題に取り組むことを求める制度だといえます[32]。

この健診制度をどのように評価すべきでしょうか。第一に、強い後回し傾向からそれまでわざわざ健康診断に向かわなかった加入者にも、定期的な健診が義務づけられ、保健指導がなされるので、正確な健康情報に基づいて食生活の改善が行いやすくなります。

第二に、保険者に課される罰金が結局は肥満を改善できない加入者に転嫁されるとすれば、健康上のリスクが大きい加入者ほど、実質的に高い保険料を支払わなければならなくなり資源配分は改善されます。保険料にリスクを反映させることは、医療保険を頼んで安易に脂肪を蓄えるようなモラル・

ハザードを抑止するうえで効果があるでしょう。

第三に、蓄積された脂肪が、摂生の後回しという自滅的選択の結果であるとすれば、そこに罰金を科して選択の改善を促すことは理論的には加入者の長期的な利益につながります。ただ、双曲割引による脂肪だけを色分けできないという問題があります。とくにいまの場合非加入の自由がない皆保険が前提になるだけに、観察できない加入者の選好だけを根拠に肥満を罰することは説得性に欠けるでしょう。

問題はさらに微妙です。デビッド・カトラーとエドワード・グリーザーは、BMIの個人差の72％までが遺伝要因によると推定しています[33]。その意味で過剰脂肪はいわば親からの負の遺産という側面がありますが、普通の遺産のように相続を拒否する自由はありません。そうした「負債」に罰金を科すことには配分の効率性だけでは判断できない公平性の問題があります。現行の所得再分配政策だけでそれに対処できるかどうかは慎重に精査する必要があります。

最後に、以上の議論が妥当するには、医学的・統計学的知見に基づいた適切な健康基準と保険者に対する公正な罰則ルールの策定が大前提になります[34]。この点が担保されなければこうした介入はかえって大きな資源配分上の歪みをもたらすことになります。

消費者信用市場への介入

前章で見たように、過剰債務や多重債務が双曲割引に起因していることを示唆する直接・間接のデータがあります。私たちが2010年に行ったウェブ調査も示すように、とりわけ問題なのは、将来の自分の自制問題を甘く見積もる「単純」な消費者の場合です。借入れを決める時点ではそれなりに将来の返済を計画しているつもりでも、返済の時点になると自分の時間割引率が跳ね上がることを織り込んでいないために返済を先延ばしにしたり、返済のために新たな借金を作ったりということになります。そのために勧誘金利（ティーザーレート）や入会時のポイント特典に乗せられてカードローンを借り始め、返済遅延などで結局高い金利を負担することになります。グレーゾーン金利引下げ前の金融庁の調査によれば、消費者金融で借入れを行った債務者のうち、7年後に完済しているのは40％に過ぎず、30％は延滞などの事故を生じ、非完済者の7年後の負債残高は当初借入額の3・6倍の66万円に達しています。[35]

限定的な合理性しか持たないこうした借り手を守る観点から、フランスやドイツなどでは何らかの上限金利が設けられています。わが国では、それまでの「貸金業規制法」を改正して2006年12月に可決された「貸金業法」で、2010年6月から上限金利が29・2％から20％に引き下げられました。[36]この法律には、上限金利の引下げ以外にも、年収の3分の1を超える貸付けを禁じるなどの総量規制が盛り込まれ、同時に貸金業者が借り手の総借入残高などの返済能力を把握できる信用情報機関を整備することが求められています。

双曲割引がいわば消費者の選好に内在する歪みであると考えれば、理論的には、課税や補助金という歪みを政策的に与えて、借入れや貯蓄を長期的に望ましい水準に誘導することができます。[37]ただ、単純な借入課税では、双曲割引に基づかない（あるいは、双曲割引に基づいていても「賢明」な選択による）適正な貸借取引も一律に制約してしまうことになります。こうした歪みの弊害を最小限に抑える必要があるでしょう。

考えられる1つの政策は、一定以上の金利による貸付けだけに課税するという方法です。高い金利でも借りようとする消費者には双曲割引の強い「単純」な借り手が高い比率で含まれているはずなので、十分に高い金利での取引だけに課税対象を限定すれば、ある程度選択的に問題のある借り手の過剰負債を抑制することができると考えられます。その意味では非対称パターナリスティックな性質を持ち合わせています。

上限金利規制は、上限以上の金利（いまの場合、20％）で貸し付けることに対して禁止的に高い率で課税するという貸付税政策の特殊なケースと考えられます。ただ、現行の20％という上限が双曲的な借り手を選別するふるいとして十分に高い水準かといえば何ともいえません。この点はきわめて実証的な問題で、今後、消費者金融市場の動向を精査しながら見極めていく必要があるでしょう[38]。

また、上限金利が引き下げられた結果、信用力のない借り手が消費者金融市場から閉め出されてしまい、ヤミ金融に流れるかもしれないという問題があります。貸金業法には、ヤミ金融に対する罰則の強化も併せて盛り込まれていますが、この問題は金融市場だけにとどまらずセイフティネットという社会保障上の問題として捉える必要があるでしょう。

もう一つの対策として、返済遅延の場合に適用される金利や罰金に上限を加えることが考えられます[39]。クレジットカードによる借入れの場合も、消費者金融によるローンの場合も、返済遅延が生じた場合、ペナルティーとして非常に高い金利が適用されるのが普通です。双曲的で「単純」な消費者はそのことを知りながらも、自分の返済能力を甘く見積もるために、結局その高い遅延金利を払う羽目になって大きな厚生損失を被ります。そこでこの遅延金利を節度のある範囲に抑える規制を行うことで、「単純」な借り手が自分の落ち度以上に大きな損害を被るのをある程度防ぐことができます。その一方で貸し手の方はうま味の減った貸出額を減らすので、過剰な借金が行われにくくなる効果もあります。

この規制では遅延時の借入れだけが対象になるので、おもに双曲的で「単純」な借り手を選択的に規制することになります。その意味で、この介入も非対称的パターナリスティックな政策といえます。

２００９年に改正されたアメリカのクレジットカード法は実はこの政策の応用例です。それまでは、クレジットカードの「お試し期間」中に返済遅延が生じた場合に、罰則として「ポストお試し期間金利」や「デフォルト金利」という、「お試し期間金利」に比べると法外に高い金利が適用されていましたが、この改正によってそれが禁じられ、罰則金利や手数料を合理的な範囲に収めなければならないことになっています。

問題と課題

前の2節では、双曲割引などの選択バイアスがあるために長期的な利益が阻害される場合に、どのような介入が可能かということを議論してきました。リバタリアン・パターナリズムという、新しい実証的知見に基づいた行動経済学のアイデアは、自滅する選択の原因を逆手にとる超絶技法ですが、常にそれで問題が解決できる万能薬ではもちろんありません。最後に問題点と課題について考えましょう。

第一は、問題点というよりも注意すべき点です。リバタリアン・パターナリズムは、その定義から選び手たちに選択の自由を保障するものではありますが、介入していることに変わりはないという点です。なるほど選択肢の数はそれによって変わりませんが、選び手の心理的コストを選択ごとに変えることで、実質的には見えない規制をかけているのと変わりません。リバタリアン・パターナリズムはパターナリズムであって、その責任で介入しなければなりません。選択の「自由」を許しているという理由で、介入すべきかどうかがはっきりしない問題にリバタリアン・パターナリズムをみだりに用いることは許されないでしょう。介入するかどうかは、それが簡単かどうかで判断されるべきではなく、介入すべきかどうかで判断されるべきです。

ジョージ・ローウェンスタインとピーター・ユベルの以下の論説は示唆的です。

「行動経済学は、伝統的な経済学が指示する、痛みを伴うけれどもより効果的な答えを避けるための政治的な便法として使われているように思われる。（中略）行動経済学はより根本的な経済学的な介入の代わりではなく、それを補完するものでなければならない。伝統的な経済学が無糖飲料と加糖飲料に価格差をつけるべきだと提案してくれれば、行動経済学は、無糖飲料に対する補助金と加糖飲料への課税のどちらによく消費者が反応するかを示唆することができる。

しかしそれがせいぜいだ。どの知見をとっても、行動経済学だけでは、わが国の難問に取り組むのに必要な数々の遠大な政策の代わりにはならない。」

（『ニューヨークタイムズ』2010年7月14日付）

第二に、行動バイアスを利用して人々の選択を誘導（ナッジ）する技術は、それ自体行動経済学や心理学の重要な成果ですが、使いようによっては社会的な利益をもたらす手段にもなり、他人から私的な利益をかすめ取る方法にもなります。おそらくは双曲割引や現状維持バイアスなどの消費者の選択バイアスは、市場のプレーヤーには以前から知られ利用されていたものではないかと思われます。彼らは私たち研究者よりもずっと以前から行動経済学的であったと言えるかもしれません。そして、選択を誘導する技術が、全体として社会をよくする方向に用いられる必然性は現段階では見当たりません。

消費者信用市場の貸し手たちは、消費者の双曲割引をうまく利用して利益を上げているように見えます。[40] クレジットカード会社は、勧誘金利（ティーザーレート）や入会時の優遇ポイント制を使って、双曲的で「単純」な消費者から高い利潤を得ます。スポーツ・ジムの経営者は月決め料金を絶妙な水準に設定することで、ダイエットを計画する「単純」な人たちを集め、結果的に高い利用料を払わせます。「スマーター・ランチルームズ」プロジェクトによって昼食を誘導された子供は、マーケットやコンビニに向かうとレジの前に置かれた特売のジャンクフードに誘導されます。もちろんここに登場するプレーヤーたちは法を犯しているわけでは決してありません。リバタリアン・パターナリズムが標榜する選択の誘導は、まさにそれが選択の「自由」を侵さない方法であるからこそ両刃の剣なのです。

こうして考えてみると、選び手のクセを利用して選択枠組みを工夫することは短期的・漸進的な政策として有効であり重要ですが、長期的には、選択の枠組みやデフォルトに過度に依存しない政策の方向が望ましいでしょう。たとえば、さまざまな教育の機会を設けてこうした選択バイアスの悪影響を自覚させていくことが必要であり、その一方で、デフォルトを作らず、自主的な意思決定を前提とする枠組みを作っていくことも重要と考えられます。

また長期的な利益を評価する視野を養える環境を整備することも重要です。たとえば、公共心や倫理観の養成です。エインズリーの木の絵でいえば、たとえ近づいても、向こうにあるビル（長期の利益）が手前の木より常に大きく見えるような目を養うことが肝要です。ロバート・フランクは名著『オデッセウスの鎖』の中で、愛情や利他心といった感情が長期の利益に自分をコミットさせる機能を持つことを強調しています。

まとめ

前章まで見てきた経済学や心理学の実証的な知見に基づきながら、本章では、自制問題――つまり、現在（短期）の自分と将来（長期）の自分の利害対立――にどのように対処し、自滅的な選択をどのように回避すればよいのかということについて考えてきました。意思決定者の選択技術ということでいえば、まず日々の選択や行動を通して自分自身の自制問題の深刻さを知り、それを織り込んだ「賢明」な選択を行う必要があります。自身の自制問題が理解できれば、稀少な認知能力と意志力を効果的に使って長期的な利益を確保する工夫がいくつか考えられます。コミットメント技術を使って将来の自分の手を縛ることは効果的な方法です。計画期間を短くすることも一法です。

国から家庭までさまざまな組織の成員の意思決定を助ける方法については、リバタリアン・パターナリズムという新しい考え方を紹介しました。意思決定者が持つ選択バイアスを逆に利用することによって、自由な選択を規制することなく選択を長期利益の方向に誘導（ナッジ）する介入方法です。すでにこの方法は、年金制度や学校食堂のレイアウトなどいくつかの現場で生かされつつあり、今後も、漸進的に制度を改善していくうえで有効な処方箋を提供してくれるはずです。

ただ、選択バイアスを利用して（正確にいえば、そこにつけ込んで）消費者を誘導する知恵は市場のプレイヤーたちにとっては私的な利益をかすめ取る方法にもなり得ます。長期的には、教育の機会を設けてこうした選択バイアスの悪影響を自覚させることが重要であり、加えて、デフォルトの設計に頼らずに自主的な決定を要請するルールや枠組みを作っていくことが必要でしょう。

【注】

（1）Bénabou and Tirole（2004）参照。

（2）たとえば、ロイ・バウマイスター等の心理学の研究（Baumeister and Vohs, 2003）やニコラス・バーガー等の経済実験（Burgere *et al.*, 2011）参照。
（3）Sourdin（2008）参照。
（4）エインズリー（２００６）、第5章。
（5）選択のルール化とそのメリット・デメリットについては、エインズリー（２００６）が精神医学的な観点からも含めて詳しく論じています。また、ベナブーとティロールは、マイ・ルールを含めた内的（ソフト）なコミットメントの利用を、「賢明」な選択者の最適戦略として導出しています。
（6）Melvin and Unayama（2012）参照。ただし、宇南山たちは、年金給付間隔の短縮が年金サイクルを弱めたという因果関係については慎重に考えを留保しています。
（7）Mazur and Logue（1978）参照。
（8）Logue and Mazur（1981）参照。
（9）Shiv and Fedorikhin（1999）参照。
（10）Della Vigna and Malmendier（2006）参照。
（11）たとえば、リチャード・セイラーら多くの研究者は、「リバタリアン・パターナリズム」という表現を用いています（たとえば、Thaler and Sunstein, 2003; セイラー＝サンスティーン、２００９）。デヴィッド・レイブソン等は「ビナイン・パターナリズム」という言葉を充てています（Benjamin and Laibson, 2003）。
（12）セイラー＝サンスティーン（２００９）。
（13）Carroll *et al.*（2009）参照。また、セイラー＝サンスティーン（２００９）には、リバタリアン・パターナリズムの介入例が豊富に示されています。リバタリアン・パターナリズムの応用の可能性については、最近出版された齊藤・中川（２０１２）も参照してください。
（14）Madrian and Shea（2001）参照。

(15) このことは岩本(2010)が指摘しています。
(16) 厚生労働省「後発医薬品の使用促進等」(「平成20年度診療報酬改定における主要改定項目について」)。
(17) 健康保険組合連合会(2008、2011)参照。
(18) Downs *et al.* (2009) 参照。
(19) Schwartz (2007)、Just and Wansink (2009) 参照。
(20) Just *et al.* (2008)、Lee (2012) 参照。
(21) Thaler and Benartzi (2004) 参照。
(22) セイラー=サスティーン(2009)、第6章。
(23) Loewenstein *et al.* (2007) 参照。
(24) Thaler and Sunstein (2003) 参照。
(25) Carroll *et al.* (2009) 参照。
(26) タバコの害については、たとえば厚生労働省(2002)や宮島(2007)を参照して下さい。
(27) 依田(2010)参照。
(28) 厚生労働省『平成20年国民健康・栄養調査』。
(29) 消費者庁食品表示課「食品表示をめぐる主要な論点」2011年1月。
(30) Variyam and Cawley (2006) 参照。
(31) Scharff (2009) 参照。
(32) 後期高齢者医療保険制度自体、廃止を含めて現在大きな改正が検討されていますが、今後肥満などによる医療費負担増を保険料に反映させていく制度が導入されることも十分考えられます。
(33) Cutler and Glaeser (2005) 参照。
(34) 内臓脂肪症候群を肥満関連の症候群と定義することの是非、日本の内臓脂肪症候群の診断基準などさまざまな論点で議論がなされています（Hara *et al.*, 2006; 前田（2008）参照）。

(35) 金融庁資料「貸金業法等の改正について」。

(36) 2006年1月に出された最高裁判決によって、それまで出資法によって「みなし弁済」として29・2%まで認められていた金利が実質的に認められないものと判断されたことから、利息制限法の上限金利（たとえば、10万円未満の貸借では20%）を超える過払い分の返還請求が可能となりました。その結果、2006年の前半には、実際上消費者金融市場の取引金利の上限は引き下げられています。

(37) Laibson (1996)、Krusell *et al.* (2002, 2010) 参照。

(38) たとえば、米国オレゴン州ではペイデーローンの一律な規制によって、流動性が大幅に減少し平均的な消費者の厚生が損なわれたという報告もあります (Zinman, 2010)。

(39) これは、ハイドヒューとコスゼギによる提案です (Heidhues and Köszegi, 2010)。

(40) グレーゾーン金利廃止前の消費者金融市場の実態については、井手（2007）参照。

むすびに代えて

一般読者のみなさんに理解していただくことを念頭におきながらも、できるだけ理論的な筋道を省略せずに丁寧に説明した結果、章や節の難易度に多少のばらつきが出たかもしれません。平易に説明したつもりですが、読者に多少とも忍耐を強いる結果になっているとすれば私の筆力のなさに起因しているといわねばなりません。

言うべきことは本文に尽くしていますが、割愛した2つの問題があります。

1つは、属性と選好の問題です。時間割引率で測られるせっかちさの程度や、双曲割引の有無と大きさで測られる現在バイアスの程度は、多くの場合、年齢や性差、所得など、意思決定者の属性と相関することが知られています（たとえば、池田・大竹・筒井（2005）、Ikeda and Kang（2011）をご覧ください）。このトピックを事実発見的な興味で議論することは可能でしたが、その事実を説明する理論的な仮説まで提示するとなると、とても本書1冊に収めることはできないと判断しました。

もう1つは、ファルク・グルとウォルフガング・ペセンドルファーの、いわゆる誘惑と自制をめぐる議論です（Gul and Pesendorfer, 2001, 2004）。グルたちは、コミットメント手段の利用を説明する新しい理論として、魅力的な選択肢を（選べるのに）選ばなかった場合に生じる不効用を明示的に考慮することを提案しています。健康的な食事を選択する場合、もし目前にケーキがある場合にはそれを諦めなければならない辛さが不満足として負担されなければならないと考えるわけです。その場合、選択者はあらかじめケーキを選択メニューから除外しておくことで、健康的な選択がより簡単に実現できることになります。それがコミットメント手段の利用を説明することになります。ただこのモデルでは、選択は常に辻褄のあった合理的なものになり、過剰消費などという長期的に不利益を被る自滅選択は起こりえません。グルたちの研究は、あくまでも合理的な意思決定を前提にして人間の行動を記述しようとする試みです。現実を説明するうえで、グルたちのこうしたスタンスの方が適切なのか、本書が依拠するような双曲割引のモデルが適切であるのかは、多分に今後の実証研究の進展を待つ必要があるでしょう（Krusell *et al.*, 2010 など、両者を統合する試みも行われつつあります）。ただ、本書で示したように、自分のルーズさに無自覚な人ほど自滅選択の傾向が強いことが事実だとすれば、そうした事実を、介入を必要としない合理的な行動によってすべて説明することには、多少とも困難が伴うのではないかというのが私の印象です。

これら割愛した問題については、新たな機会を設けて取り組みたいと考えています。

著者紹介

1957年大阪生まれ．大阪大学社会経済研究所教授．行動経済学会会長，雑誌『行動経済学』編集委員，神戸大学経営学部卒業，大阪大学博士（経済学）．神戸大学経営学部助教授，大阪大学経済学部助教授を経て現職．国際誌 *International Economic Review, Journal of Finance, Journal of Health Economics, Journal of International Economics, Journal of Monetary Economics,* などに論文多数．共編『現代経済学の潮流2010』（東洋経済新報社，2010年）．

自滅する選択

2012年５月31日　第１刷発行
2012年11月14日　第３刷発行

著　者　池《いけ》田《だ》新《しん》介《すけ》
発行者　山縣裕一郎

発行所　〒103-8345
東京都中央区日本橋本石町１-２-１　東洋経済新報社
電話　東洋経済コールセンター03(5605)7021

印刷・製本　東港出版印刷

Printed in Japan　　ISBN 978-4-492-31422-7　　http://www.toyokeizai.net/

索 引

ア行

カ行

サ行

タ行

ナ行

ハ行

マ行

ヤ行

ラ行

ワ行

参照文献

A　外国語文献

Ainslie, G.W., 1974, Impulse control in pigeons, *Journal of the Experimental Analysis of Behvaior* 21, 485–489.

Ariely, D. and K. Wertenbroch, 2002, Procrastination, deadline, and performance: Using precommmitment to regulate one's behavior, *Psychological Science* 13, 219–224.

Baumeister, R. and K. Vohs, 2003, Willpower, choice and self-control, in G. Loewenstein, D. Read, and R. Baumeister, eds., *Time and Decision: Economic and Psychological Perspectives on Intertemporal Choice*, Russell Sage Foundation, New York, 201–216.

Bénabou, R. and J. Tirole, 2004, Willpower and personal rules, *Journal of Political Economy* 112, 848–886.

Benjamin, D.J. and D.I. Laibson, 2003, Good policies for bad governments: Behavioral political economy, a paper presented at Federal Reserve Bank of Boston Behavioral Economics Conference.

Benzion, U., A. Rapoport, and J. Yagil, 1989, Discount rates inferred from decisions: A experimental study, *Management Science* 35, 270–284.

Burger, N., G. Charness, and J. Lynham, 2011, Field and online experiments on self-control, *Journal of Economic Behavior and Organization* 77, 393–404.

Carroll, G.D., J.J. Choi, D. Laibson, B.C. Madrian, and A. Metrick, 2009, Optimal defaults and active decisions, *Quarterly Journal of Economics* 124, 1639–1974.

Chapman, G.B., 1996, Temporal discounting and utility for health and money, *Journal of Experimental Psychology: Learning, Memory, and Cognition* 22, 771–791.

Chapman, G.B., 2000, Preferences for improving and declining sequences of health outcomes, *Journal of Behavioral Decision Making* 13, 203–218.

Chapman, G.B. and J.R. Winquist, 1998, The magnitude effect: Temporal discount rates and restaurant tips, *Psychonomic Bulletin & Review* 5, 119–123.

Cutler, D.M. and E. Glaeser, 2005, What explains differences in smoking, drinking, and other health-related behaviors, *American Economic Review Papers and Proceedings* 95, 238–242.

Della Vigna, S. and U. Malmendier, 2006, Paying not to go to the gym, *American*

Economic Review 96, 694–719.

Diamond, P. and B. Köszegi, 2003, Quasi-hyperbolic discounting and retirement, *Journal of Public Economics* 87, 1839–1872.

Downs, J.S., G. Loewenstein, and J. Wisdom, 2009, Strategies for promoting healthier food choices, *American Economic Review* 99, 159–164.

Figner, B., D. Knoch, E.J. Johnson, A.R. Krosch, S.H. Lisanby, E. Fehr, and E.U. Weber, 2010, Lateral prefrontal cortex and self-control in intertemporal choice, *Nature Neuroscience* 13, 538–539.

Flegal, K.M., B.I. Graubard, D.F. Williamson, and M.H. Gail, 2005, Excess deaths associated with underweight, overweight, and obesity, *Journal of American Medical Association* 293., 1861–1867.

Frank, R. and R.H. Hutchens, 1993, Wages, seniority, and the demand for rising consumption profiles, *Journal of Economic Behavior and Organization* 21, 251–276.

Frederick, S.G., G. Loewenstein, and T. O'Donoghue, 2002, Time discounting and time preference: A critical review, *Journal of Economic Literature* 40, 351–401.

Glimcher, P.W., J.W. Kable, and K. Louie, 2007, Neuroeconomic studies of impulsivity: Now or just as soon as possible, *American Economic Review* 97, 142–147.

Gul, F. and W. Pesendorfer, 2001, Temptation and self-control, *Econometrica* 69, 1403–1435.

Gul, F. and W. Pesendorfer, 2004, Self-control and the theory of consumption, *Econometrica* 72, 119–158.

Hara K, Y. Matsushita, M. Horikoshi, and N. Yoshiike, 2006, A proposal for the cutoff point of waist circumference for the diagnosis of metabolic syndrome in the Japanese population, *Diabetes Care* 29, 1123–1124.

Hariri, A.R., S.M. Brown, D.E. Williamson, J.D. Flory, H. de Wit, and S.B. Manuck, 2006, Preference for immediate over delayed rewards is associated with magnitude of ventral striatal activity, *Journal of Neuroscience* 20, 13213–13217.

Heidhues, P. and B. Köszegi, 2010, Exploiting naivete about self-control in the credit market, *American Economic Review* 100, 2279–2303.

Herrnstein, R.J., 1961, Relative and absolute strengths of response as a function of frequency of reinforcement, *Journal of the Experimental Analysis of Behavior* 4, 267–272.

Ikeda, S., M. Kang, and F. Ohtake, 2010, Hyperbolic discounting, the sign effect, and the body mass index, *Journal of Health Economics* 29, 268–284.

Ikeda, S., M. Kang, F. Ohtake, and Y. Tsutsui, 2010, Time preference, time discounting biases, and debt holding behavior, a paper presented at the Nagahama Workshop on the Economics of Time and Choices, held at Shiga, 4–6 February.

Ikeda, S. and M. Kang, 2011, Generalized hyperbolic discounting, borrowing aversion, and debt holding, *Osaka University ISER Discussion Paper* No. 817 (SSRN-ID1942169).

Just, D.R. and B. Wansink, 2009, Smarter lunchrooms: Using behavioral economics to improve meal selection, *Choices* 24 (3).

Just, D.R., B. Wansink, L. Mancino, and J. Guthrie, 2008, Behavioral economic concepts to encourage healthy eating in school cafeterias Experiments and lessons from college students, *Economic Research Report Number* 68, United States Department of Agriculture.

Kable, J.W. and P.W. Glimcher, 2007, The neural correlates of subjective value during intertemporal choice, *Nature Neuroscience* 10, 1625–1633.

Kable, J.W. and P.W. Glimcher, 2010, An 'as soon as possible' effect in human intertemporal decision making: Behavioral evidence and neural mechanisms, *Journal of Neurophysiology* 103, 2513–2531.

Kahneman, D. and A. Tversky, 1979, Prospect theory: An analysis of decision under risk, *Econometrica* 47, 263–292.

Kang, M. and S. Ikeda, 2010, Time discounting and smoking behavior under tax hikes, *Osaka University ISER Discussion Paper* No. 782 (SSRN-ID1628879).

Keren, G. and P. Roelofsma, 1995, Immediacy and certainty in intertemporal choice, *Organization Behavior and Human Decision Processes* 63, 287–297.

Kim, B.K. and Zauberman G., 2009, Perception of anticipatory time in temporal discounting, *Journal of Neuroscience, Psychology, and Economics* 2, 91–101.

Kinari, Y., F. Ohtake, and Y. Tsutsui, 2009, Time discounting: Declining impatience and interval effect, *Journal of Risk and Uncertainty* 39, 87–112.

Komlos, J., P.K. Smith, and B. Bogin, 2004, Obesity and the rate of time preference: Is there a connection? *Journal of Biosocial Science* 36, 209–219.

Krusell, P., B. Kuruşçu, and A.A. Smith, Jr., 2002, Equilibrium welfare and government policy with quasi-geometric discounting, *Journal of Economic Theory* 105, 42–72.

Krusell, P., B. Kuruşçu, and A.A. Smith, Jr., 2010, Temptation and taxation, *Econometrica* 78, 2063–2084.

Kuriyama, S., I. Tsuji, T. Ohkubo, Y. Anzai, K. Takahashi, Y. Watanabe, Y. Nishino, and S. Hisamichi, 2002, Medical care expenditure associated with body mass index in Japan: The Ohsaki study, *International Journal of Obesity* 26, 1069–1074.

Laibson, D., 1996, Hyperbolic discount function, undersaving, and saving policy, *NBER Working Paper* 5635.

Laibson, D., 1997, Golden eggs and hyperbolic discounting, *Quarterly Journal of Economics* 112, 443–477.

Laibson, D., A. Repetto, and J. Tobacman, 2003, A Debt Puzzle, in P. Aghion, R. Frydman, J. Stiglitz, and M. Woodford, eds., *Knowledge, Information, and Expectations in Modern Economics: In Honor of Edmund S. Phelps*, Princeton, Princeton U.P.

Laibson, D., A. Repetto, and J. Tobacman, 2007, Estimating discount functions with consumption choices over the lifecycle, *NBER Working Paper* 13314.（*American Economic Review* 掲載予定）

Lee, J., 2012, Small steps towards a smarter lunchroom: A case study. Food and Brand Lab, Cornell University.

Loewenstein, G., 1988, Frames of mind in intetertemporal choice, *Management Science* 34, 200–214.

Loewenstein, G., T. Brennan, and K. Volpp, 2007, Asymmetric paternalism to improve health behavior, *Journal of American Medical Association* 298, 2415–2417.

Loewenstein, G. and D. Prelec, 1991, Negative time prefernce, *American Economic Review* 81, 347–352.

Loewenstein, G. and D. Prelec, 1992, Anomalies in intertemporal choice: Evidence and an interpretation, *Quarterly Journal of Economics* 107, 573–597.

Loewenstein, G., S. Rick, and J.D. Cohen, 2008, Neuroeconomics, *Annual Review of Psychology* 59, 647–672.

Loewenstein, G. and N. Sicherman, 1991, Do workers prefer increasing wage profiles? *Journal of Labor Economics* 9, 67–84.

Loewenstein, G. and R.H. Thaler, 1989, Anomalies Intertemporal choice, *Journal of Economic Perspective* 3, 181–193.

Logue, A.W. and J.E. Mazur, 1981, Maintenance of self-control acquired through a fading procedure: Follow-up on Mazur and Logue (1978), *Behaviour Analysis Letters* 1, 131–137.

Madrian, B.C. and D.F. Shea, 2001, The power of suggestion: Inertia in 401 (k)

participation and savings behavior, *Quarterly Journal of Economics* 116, 1149–1225.

Mastrobuoni, G. and M. Weinberg, 2010, Heterogeneity in intra-monthly consumption patterns, self-control, and savings at retirement, *American Economic Journal: Economic Policy* 1, 163–189.

Matthews, L.R. and W. Temple, 1979, Concurrent schedule assessment of food preference in cows, *Journal of the Experimental Analysis and Behavior* 32, 245–254.

Mazur, J.E., 1987, An adjusting procedure for studying delayed reinforcement, in M. L. Commons, J.E. Mazur, J.A. Navin, and H. Rachlin eds., *Quantitative Analysis of Behavior 5, The Effect of Delay and of Intervening Events on Reinforcement Value*, 55–73.

Mazur, J.E. and A.W. Logue, 1978, Choice in a 'self-control' paradigm: Effects of a fading procedure, *Journal of the Experimental Analysis of Behavior* 30, 11–17.

McClure, S.M., K.M. Ericson, D.I. Laibson, G. Loewenstein, and J.D. Cohen, 2007, Time discounting for primary rewards, *Journal of Neurosceince* 27, 5769–5804.

McClure, S.M., D.I. Laibson, G. Loewenstein, and J.D. Cohen, 2004, Separable Neural systems value immediate and delayed monetary rewards, *Science* 306, 503–507.

Meier, S. and C. Sprenger, 2010, Present-biased preferences and credit card borrowing, *American Economic Journal: Applied Economics* 2:1, 193–210.

Melvin, S., Jr. and T. Unayama, 2012, The consumption response to seasonal income: evidence from Japanese public pension benefits, forthcoming in *American Economic Journal: Applied Economics.*

O'Donoghue, Ted and M. Rabin, 1999, Doing it now or later, *American Economic Review* 89, 103–124.

O'Donoghue, Ted and M. Rabin, 2001, Choice and procrastination, *Quarterly Journal of Economics* 116, 121–160.

Ono, Y., K. Ogawa, and A. Yoshida, 2004, The liquidity trap and persistent unemployment with dynamic optimizing agents: Empirical evidence, *Japanese Economic Review* 55, 355–371.

Ozdenoren, E., S. Salant, and D. Silverman, 2012, Willpower and the optimal control of visceral urges, forthcoming in *Journal of the European Economic Association.*

Peters, J., 2011, The role of the medical orbitofrontal cortex in intermporal choice:

Prospection or valuation? *Journal of Neuroscience* 31, 5889–5890.

Richards, T.J., S.F. Hamilton, and G. Pofahl, 2010, Obesity and hyperbolic discounting: An experimental analysis, selected paper prepared for presentation at the Agricultural & Applied Economics Association 2010 AAEA, WAEA and CAES Joint Annual Meeting, Denver, CO, July 25–27, 2010.

Roelofsma, P.H.M.P., 1996, Modelling intertemporal choices: An anomaly approach, *Acta Psychologica* 93, 5–22.

Samuelson, P., 1937, A note on measurement of utility, *Review of Economic Studies* 4, No. 2, 155–161.

Scharff, R.L., 2009, Obesity and hyperbolic discounitng: Evidence and implications, *Journal of Consumer Policy* 32, 3–21.

Schwartz, M.B., 2007, The influences of a verbal prompt on school lunch fruit consumption: A pilot study, *International Journal of Behavioral Nutrition and Physical Activity* 4, 1–5.

Sellitto, M., E. Ciaramelli, and G. di Pellegrino, 2010, Myopic discounting of future rewards after medial orbitofronal damage in humans, *Journal of Neuroscience* 30, 16429–16436.

Shapiro J.M., 2005, Is there a daily discount rate? Evidence from the food stamp nutrition cycle? *Journal of Public Economics* 89, 303–325.

Shefrin, H.M. and R.H. Thaler, 1988, The behavioral life-cycle hypothesis, *Economic Inquiry* 26, 609–643.

Shiv, B. and A. Fedorikhin, 1999, Heart and mind in conflict: The interplay of affect and cognition in consumer decision, *Journal of Consumer Research* 26, 278–292.

Shui, H. and L.M. Ausubel, 2005, Time inconsistency in the credit card market, *University of Maryland Discussion Paper*.

Skiba P.M. and J. Tobacman, 2008, Payday loans, uncertainty, and discounting: Explaining patterns of borrowing, repayment, and default, mimeo.

Smith, P.K., B. Bogin, and D. Bishai, 2005, Are time preference and body mass index associated ? *Economics and Human Biology* 3, 259–270.

Sourdin, P., 2008, Pension contributions as a commitment device: Evidence of sophistication among time-inconsistent households, *Journal of Economic Psychology* 29, 577–596.

Stevens, J.R., E.V. Hallinan, and M.D. Hauser, 2005, The ecology and evolution of patience in two New World monkeys, *Biological Letters* 1, 223–226.

Strotz, R.H., 1955–1956, Myopia and inconsistency in dynamic utility maximization, *Review of Economic Sturdies* 23, 165–180.

Takahashi, T., 2005, Loss of self-control in intertemporal choice may be attributable to logarithmic time-perception. *Medical Hypotheses* 65, 691–693.

Tanaka, S.C., K. Doya, G. Okada, K. Ueda, Y. Okamoto, and S. Yamazaki, 2004, Prediction of immediate and future rewards differently recruits cortico-basal ganglia loops, *Nature Neuroscience* 7, 887–893.

Tanaka, T. and T. Murooka, 2012, Self-contol problems and consumption-saving decisions: Theory and empirical evidence, *Japanese Economic Review* 63, 23–37.

Tanaka, T. and Q. Nguyen, 2010, Risk and time preference: Linking experimental and household survey data from Vietnam, *American Economic Review* 100, 557–571.

Thaler, R., 1981, Some empirical evidence on dynamic inconsistency, *Economics Letters* 8, 201–207.

Thaler, R.H., 1993, Anomalies saving, fungibility, and mental accounts, *Journal of Economic Perspectives* 4, 193–205.

Thaler, R.H. and S. Benartzi, 2004, Save more tomorrow: Using behavioral economics to increase employee saving, *Journal of Political Economy* 112, 164–187.

Thaler, R.H. and C.R. Sunstein, 2003, Libertarian paternalism, *American Economic Review Papers and Proceedings* 93, 175–179.

Variyam, J.N. and J. Cawley, 2006, Nutrition labels and obesity, *NBER Working Paper* 11956.

Villar, J.G. and C. Quintana-Demeque, 2009, Income and body mass index in Europe, *Economics & Human Biology* 7, 73–83.

Wong, W., 2008, How much time-inconsistency is there and does it matter? Evidence on self-awareness, size, and effects, *Journal of Economic Behavior and Organization* 68, 645–656.

Woolverton, W.L. and K. Alling, 1999, Choice under concurrent VI schedules: Comparison of behavior maintained by cocaine or food, *Psychopharmacology* 141, 47–56.

Zauberman, G., B.K. Kim, S. Malkoc, and J.R., Bettman 2009, Discounting time and time discounting: Subjective time perception and intertemporal preferences, *Journal of Marketing Research* 46, 543–556.

Zinman, J., 2010, Restricting consumer credit access: Household survey evidence on effects around the Oregon rate cap, *Journal of Banking and Finance* 34, 546–556.

B 邦語・邦語訳文献（五十音順）

池田新介，2006，「経済行動を左右する『時間割引率』」（「学者が斬る」）『週刊エコノミスト』2006年2月21日号.

池田新介，2006，「書評：ジョージ・エインズリー著『誘惑される意志』「長期的利益確保する「意志」とは?」（「この一冊」）『日本経済新聞』2006年10月8日.

池田新介，2007，「人間心理と多重債務問題」（「経済教室」）『日本経済新聞』2007年2月14日.

池田新介，2008，「肥満と負債，強い相関」（「経済教室」）『日本経済新聞』2008年4月8日.

池田新介，2008，「タバコ中毒のメカニズムを解く」大竹文雄編『こんなに使える経済学：肥満から出世まで』ちくま新書，所収.

池田新介，2008，「なぜあなたは太り，あの人はやせるのか」大竹文雄編『こんなに使える経済学：肥満から出世まで』ちくま新書，所収.

池田新介，2009，「時間と選択」（「やさしい経済学」），『日本経済新聞』2009年5月15日〜5月26日.

池田新介・大竹文雄・筒井義郎，2005，「時間割引率：経済実験とアンケートによる分析」Osaka University ISER Discussion Paper No. 638.

イソップ（中務哲郎訳），1999，『イソップ寓話集』岩波文庫.

依田高典，2010，『行動経済学：感情に揺れる経済心理』中公新書.

依田高典・後藤励・西村周三，2009，『行動健康経済学：人はなぜ判断を誤るのか』日本評論社.

井手壮平，2007，『サラ金崩壊：グレーゾーン金利撤廃をめぐる300日戦争』早川書房.

岩本康志，2009，「行動経済学は政策をどう変えるのか」池田新介・市村英彦・伊藤秀史編『現代経済学の潮流2009』東洋経済新報社.

G.エインズリー（山形浩生訳），2006，『誘惑される意志：人はなぜ自滅的行動をするのか』NTT出版.

大竹文雄・池田新介・依田高典・村井俊哉，2011，「行動経済学から社会病理を考える：肥満・喫煙・多重債務」（日本経済学会2010年度秋季大会パネル討論Ⅱ）阿部顕三・大垣昌夫・小川一夫・田渕隆俊編『現代経済学の潮流2011』東洋経済新報社.

小野善康，1992，『貨幣経済の動学理論：ケインズの復権』東京大学出版会.

健康保険組合連合会，2008・2011，「医療に関する国民意識調査報告書，平成20年・平成23年」.

川西政明，2012，『新・日本文壇史』第7巻，岩波書店.

厚生労働省，2002，『新版喫煙と健康：喫煙と健康問題に関する検討会報告書』保健同人社．

厚生労働省，2008，『平成20年度診療報酬改定における主要改訂項目について』．

厚生労働省，2008，『平成20年国民健康・栄養調査』．

齊藤誠・中川雅之編著，2012，『人間行動から考える地震リスクのマネジメント：新しい社会制度を設計する』勁草書房．

消費者庁食品表示課，2011，「食品表示をめぐる論点」．

総務省，2010，「2010年度世帯主年齢階級別貯蓄・負債」『家計調査』．
R.セイラー・C.サンスティーン（遠藤真美訳），2009，『実践行動経済学：健康、富、幸福への聡明な選択』日経BP社．
筒井義郎・大竹文雄・晝間文彦・池田新介，2007，「上限金利規制の是非：行動経済学的アプローチ」『現代ファイナンス』No. 22, 25-73.
日本クレジット協会，2010，『クレジットカード動態調査集計結果一覧』．
日本肥満学会肥満症診断基準検討委員会（委員長　松澤佑次），2000，「新しい肥満の判定と肥満症の診断基準」，『肥満研究』6，18-28.
晝間文彦・池田新介，2007，「経済実験とアンケート調査に基づく時間割引率の研究」『金融経済研究』第25号, 14-33.
広田すみれ・増田真也・坂上貴之編著，2006，『心理学が描くリスクの世界：行動的意思決定入門』（改訂版）慶應義塾大学出版会．
R.フランク（山岸俊男監訳），1995，『オデッセウスの鎖：適応プログラムとしての感情』サイエンス社．
ホメロス（松平千秋訳），1994，『オデュッセイア（上・下）』岩波文庫．
A.マーシャル（馬場啓之助訳），1965，『マーシャル経済学原理』東洋経済新報社．
前田和久，2008，『特定保健指導の決め手　メタボリックシンドロームを防ぐ「グッド・ダイエット」』医歯薬出版．

宮島英紀，2007，『まだ、タバコですか？』講談社現代新書．